XIANDAI EYU DE FENXIHUA XIANXIANG JIQI BIAOXIAN

现代俄语的分析化现象及其表现

陈丹丹 著

世界图书出版公司

广州·上海·西安·北京

图书在版编目（CIP）数据

现代俄语的分析化现象及其表现 / 陈丹丹著. --广州：世界图书出版广东有限公司，2020.5（2025.1重印）
ISBN 978-7-5192-7407-8

Ⅰ．①现… Ⅱ．①陈… Ⅲ．①俄语－研究 Ⅳ．①H35

中国版本图书馆 CIP 数据核字（2020）第 061773 号

书　　名	现代俄语的分析化现象及其表现	
	XIANDAI E'YU DE FENXIHUA XIANXIANG JIQI BIAOXIAN	
著　　者	陈丹丹	
策划编辑	刘正武	
责任编辑	张东文	
出版发行	世界图书出版广东有限公司	
地　　址	广州市海珠区新港西路大江冲 25 号	
邮　　编	510300	
发行电话	020-84451969　84459539	
网　　址	http://www.gdst.com.cn	
邮　　箱	wpc_gdst@163.com	
经　　销	新华书店	
印　　刷	悦读天下（山东）印务有限公司	
开　　本	787 mm × 1092 mm　1/16	
印　　张	20.5	
字　　数	385 千字	
版　　次	2020 年 5 月第 1 版　　2025 年 1 月第 2 次印刷	
国际书号	ISBN 978-7-5192-7407-8	
定　　价	98.00 元	

中文摘要

本论文研究了现代俄语分析化的发展及其表现。论文主要涉及以下几个核心问题：语言类型学对分析语和综合语的定义和分类；分析化的哲学基础、定义和具体表现；世界语言范围内的分析化现象、英语和汉语在分析化方面的各自表现；俄罗斯语言学界对俄语分析化的研究现状与成果；俄语分析化产生的内外原因及具体表现。

绪论部分介绍了本论文选题的背景、论文的理论意义和实践价值、研究目的和方法、论文的结构、创新、语料来源等内容。

第一章主要介绍本论文的研究背景。

本章通过对古典语言类型的划分及其特点进行介绍，并分析了分析语、综合语的划分依据、各自特征和优缺点。我们认为两种语言各有其特色，在不同的时间段满足人们的不同需求。另外还探讨了"分析"和"综合"的哲学概念，以及"分析性"和"综合性"、"分析化"和"综合化"的语言学概念，及其各自的具体表现。我们认为世界语言在整体上从综合转向分析是符合人类交际和发展需要的。与此同时，还介绍了自然主义语言观和语言类型学奠基人洪堡特对语言的分析化现象做出的贡献和不足。

最后我们还介绍了英语和汉语在分析化方面的不同表现，希望以此来给大家一种直观的印象，即世界上绝大多数的语言都处在从综合到分析的转变过程之中，哪怕是分析程度极高的汉语，历史上也存在着分析性加深的发展过程。

第二章介绍俄语分析化现象的相关理论背景。

在这一章内我们分析了俄罗斯语言学界对于俄语分析化现象的研究历史、研究成果和研究特色，以及中国俄语学界对此方面展开的研究。并对现代俄语分析化的表现进行了分类和介绍。

本章还简要介绍了引起俄语发生变化的内外原因，并重点结合 M. B. Панов 的语言发展观，即"二元对立论"详细介绍了引起语言分析化现象的内部原因。我们认为，语言从综合向分析转变是内外因素共同作用的结果，内因是根本，决定了发展方向，外因是催化剂，决定了发展速度。

第三章主要介绍现代俄语构词层面的分析化现象。

构词层面的分析化主要表现在派生词结构中黏着性的增加：旧的构词模式中词是作为词形的聚合体，而新的多产的构词模式中词变成了词素组合体（В. В. Борисенко，2007：211），即各成分在组成新词的同时又各自保留独立性。

构词领域分析化的特点是词素语义的可推导性，以及结构的可分解性，这直接与黏着化相关。但我们认为，黏着化现象不可能完全等同于分析化现象，因为黏着化是第二位的，是分析化的结果，是词素结构和语义高度可推导性的结果。

俄语构词层面分析化的具体表现有：

1. 组合构词法的变异与活跃；
2. 构词前缀的实词化；
3. 基数数词直接进入构词模式；
4. 截短构词法的能产化；
5. 外来词根或词缀的能产性增加；
6. 缩略语的大量出现。

第四章主要介绍现代俄语形态层面的分析化现象。

分析化现象在俄语形态层面的表现就是基本词类在俄语发展过程中所产生的语法不变化性（грамматическая неизменяемость）。综合语最典型的特征就是词汇具有复杂的形态变化，并通过这些变化来表达各种语法意义，一个词具有形态聚合体，是一批词形的代表。而分析语则没有或者少有变化，语法意义通过重音、虚词和文本来表示，因此俄语形态层面不变化性的大量增加就是分析化增强的典型表现。具体就是指不变化词数量的增加和种类的增多，这在现代俄语的大多数词类中都有很明显的表现。

近年来在外部社会因素和语言内部因素的共同作用下，俄语的主要词类，如名词、动词、形容词、形动词、数词等传统上有着丰富形态变化的词类中，不变化词的数量和种类越来越多。另外副词、副动词、无人称述谓词和助词类，如前置词、连接词、语气词等俄语中早就存在的不变化词类，近年来在不变化性方面也有所发展，其数量和种类也是越来越多。

副词是现代俄语分析化现象的核心词汇。因为首先俄语中的副词始终都是不变化的，分析性的，在外形上就符合分析语词汇的特征，其次它们没有屈折形态，其在句子中的语法意义也只能通过词与词之间的组合关系来表示，这也是分析性的特征。再则对于副词来说，搭配性是第一位的，因此副词的不变化会对其他词类产生影响。因此俄语中副词是存在最早、最广为人知、对其他词类的分析化现象影响最深的一种分析性词类。

20 世纪 20 年代末，出现了一种新的语法类别——分析化形容词。分析化形容词具有修饰名词的意义和功能，同时又不具备性数格变化。它们的主要特点和具体表现是"零变格""不变化的"和"只有一种形式，其中包括了各种数、性和格的意义"。比如某些表示颜色的词：платье *беж*, костюм *хаки*；某些工艺品的种类：юбка *клеш*, воротник *плиссе*, лента *бордо*；以及其他一些，比如：часы *пик*, стиль *модерн*, вес *нетто* 等。

分析化形容词摆脱了屈折的形态变化，缩减了编码，形式更加简单，减轻了人们的交际负担，符合语言发展的经济原则。形容词原有的由形式体现的语法意义转而变成由句子中的组合关系来体现，符合分析化现象，其数量和种类的增多也反映了俄语的分析化现象的增强。

我们根据"独立性"的标准把分析化形容词划分为两大部分，即：分析化形容词的核心和外围部分，核心部分是指表示颜色和语言的非派生词：беж, хаки, хинди, эсперанто 等；外围部分是指一些词素或介于词和词素之间的过渡单位。这些单位因为不具有全面的独立性，因此只做分析化定语，是分析化形容词的外围部分。随着分析化进程的发展，它们很有可能会获得进一步的独立性，变成真正的分析化形容词。比如 зав-, зам-, парт-, пом-, пред-, проф-, соц-, спец- 等。这一类词的数量和种类的增多也反映了分析化现象的增强。

可做分析化定语的词并不仅限于分析化形容词，还有一部分兼类词和同音异义词。我们认为，这一类成分是潜在的可做分析化定语的兼类词和同音异义词。它们数量的增多也反映了形态层面俄语分析化现象的增加。

动词作为句子的核心成分，一直是语言中最稳定的部分，很难被各种变化所影响。然而随着社会的发展和分析化现象的深入，俄语动词也表现出了一些分析化的趋势。这主要表现在：双体动词数量的增加和广泛应用；动词变位形式的简化；部分带 -ся 动词可支配第四格做直接补语等方面。

在俄语分析化这一普遍发展趋势的影响和带动下，俄语数词领域也出现了分析化的发展现象，这主要体现在俄语数词格形式的减少和不变化性的增加。

虚词和物主代词 его, её 和 их 是代词领域分析化现象最明显的表现。它们做定语时不变化，在现代俄语中通常也是作为最本源的分析性形式。因为它们自出现之初就是最分析化的现象。本文中我们主要分析了代词性形容词 сама 近年来在分析化方面的发展。

第五章主要介绍现代俄语句法层面即结构层面的分析化现象。

根据传统句法学的理论，句子和句子之间有明显的界线，句子内部的句法关系也一样清晰。但在如今带有分析型结构的句子中这种界线和句法关系会变得模糊，以往完整的句子被分割成许多部分，句子成分之间不再有明确的语法关系，语法意义只能通过其他手段（如词序、语调、停顿等）体现，以往连续的句法链条、鲜明的从属关系发展到今天较为松散的结构，各成分之间的相对独立，句法联系较为隐秘。音律面貌也发生了变化：句段长度大大缩短，句子成分间的分散破坏了句子的句法框架，句子的表现力越来越多地通过语法结构本身而不是词汇来体现。句法构造变得越来越分散，越来越片段化；形式上的句法联系越来越弱，越来越自由，黏着性的结构越来越多。这一切无形之中皆增强了俄语句法的分析性，削弱了它的严谨性、支配性和复杂的完整性。

俄语句法的分析性倾向和简化趋势在句法的各个层次和各个方面都有所表现。具体表现在句子框架内格功能的弱化、前置词使用的积极化，以及提位复指结构和分割结构等功能的强化。

本研究的重点和创新主要在于以下几个方面：

一、梳理了语言类型的起始背景及其对现代语言研究的意义。

二、阐释了分析性和综合性的典型表现及其在时代背景下的地位。

三、阐明分析化较之综合化在现代交际中的优势，说明了为什么语言会出现分析化而不是相反的趋势。

四、以英语和汉语为例，梳理了世界语言在分析化进程中的特点。

五、指出了俄语分析化现象在俄语中的表现，并且通过现象汇集证明俄语中分析化的大量存在。

六、从语言内和语言外两个方面来解释俄语分析化的原因。

七、搜集了大量的分析化现象并将这些现象分门别类进行说明，从整体上说明俄语的分析化现象。

八、对构词层面黏着化和分析化之间的关联进行了解释。

九、根据独立性的标准把分析化形容词划分为核心和外围两部分。

十、对分析化形容词、兼类词和同音异义词做分析化定语做了区分。

十一、本论文还从句子结构层面进行了分析化研究，说明俄语分析化不仅在具体的语言单位，甚至在句子层面也有显现。我们还对这些现象进行了详细的描述和说明。本论文不仅努力从语言现象说明俄语的分析化表现，还将其同世界语言联系在一起，并从二元对立的角度说明了出现分析化的语言内部原因。

十二、本论文不仅有理论——语言类型的生成、观点、结论，还和语言哲学有关联，并根据现代俄语的现状对这些理论进行说明和阐释。本论文的研究成果对俄语教学和习得，以及把握俄语的发展趋势都有重要意义。

十三、本论文富有大量的例证，并以此证明分析化不仅是现象，还是趋势。

关键词：语言类型学：生成、理论与观点；俄语分析化：梳理、描写与阐释

俄文摘要

Основные типы языков мира классифицируются типологией по формам выражения грамматического значения на аналитический язык и синтетический язык.

В синтетическом языке лексическая единица в то время несет как лексическое значение, так и грамматическое значение и структурое значение. И её грамматика ясно, хорошо и логично структурирована. Гибок и её порядок слов. В нем легко выделять речевые центры и усиливать эмоциональное выражение, поэтому выражение идей более тонко и целесообразно. Синтетический язык не подходит для быстрого общения и письма, и не способствует пониманию дискурса слушателем, поскольку его слова несут много значений и меняются слишком сложно. Кроме того, поскольку информация, содержащаяся одним словом слишком плотная, семантический интервал слишком мал, и мало пространства для украшения, усиления, подчёркивания. В аналитическом языке значения семантики и грамматики несут разные слова. Большая наглядность и более выразительные возможности. Ибо разрыв между словами увеличился потому и семантическое пространство расширилось для того, чтобы легко заполнять, расширять и украшать предложения и выражать более тонко. И слова в нём, как правило, расположены в соответствии с линейным мышлением логического порядка, в соответствие с законами коммуникации, и поэтому легко выражать и понимать.

Оппозиция между аналитическим языком и синтетическим языком не является абсолютной. Любой язык в определённой степени является комплесом синтеза и анализа. Никакой язык не является "чисто аналитическим языком" или "чисто синтетическим языком". Чтобы определить тип языка, нужно смотреть его грамматическую структуру в большинстве.

Вид языка является динамисный. Известный русский ученый В. Г. Гак говорит, что с развитием языка, анализ и синтез языка могут преобразованы друг в друга. Например, облик вида английского, датского, итальянского и испанского языков уже совершенно преобразился. Французский язык в ходе эволюции с латыни к современному французском тоже испытал значительные изменения. Можно сказать, "Язык находится в ходе частого изменения от синтеза на анализ, или от анализа на синтез." (Tongqiang, 1996: 17) Русский язык не является исключением.

По особенностям структуры русский язык принадлежит к типу флективных языков, которые входят в составе синтетического языка. Русский язык богат морфологическими изменениями. Различное грамматическое значение между словами главно выражается морфологическими изменениями. Системы морфологических изменений и выражение комбинированного закона слов с помощью морфологических изменений являются основой структуры русской грамматики. Между ними образуется очень сложная сеть морфологического измения, не полезная для общения. С развитием общества и расширения обмена с внешним миром, русский язык начал свой ход аналитизации. В последние годы ход аналитизации русского языка ускоряется, что в основном отражается в прагматической изменчивости синтетического правила грамматики русского языка, в росте количеств неизменяемых слов, в появлении моделей словообразования и так далее. Появление и развитие аналитизации русского языка являются результатом содействия внутренних и внешних факторов языка, таких как национальной когнитивной психологии, политической реформы, экономии прагматики и такое подобное.

Эта статья сосредоточена на причинах возникновения и ускорения аналитизации в русском языке в последние годы, а также на её конкретных выражениях в словообразовательном, морфологическом и синтаксическом уровне и сравнении и аргументировании их с помощью больших количеств предложений и данных.

Это исследование фокусируется на следующих аспектах:

Во-первых, начало и фон типологии и её значение для исследования современных языков;

Во-вторых, интерпретация типичного проявления анализации и синтезации и их положения в современное время;

В-третьих, описание преимуществ анализации по сравнению с синтезации в современной связи и почему в языке появляется аналитизация, а не противоположная тенденция;

В-четвертых, прочесываем особенности аналитизации всех языков в мире;

В-пятых, указываем появление аналитизации в русском языке, а также доказываем наличие аналитизации в большом количестве путем объединения феноменов;

В-шестых, объясняем причины аналитизации русского языка с обеих аспектов языка, внешних и внутренних;

Семь, собираем явления аналитизации в большом количестве и классифицируем эти явления, объясняем развития аналитизации русского языка в целом;

Восемь, объясняем связи между аналитизацией и агглютинацией;

Девять, в соответствии с критериями независимости делим аналитическое прилагательное на две части: ядро и периферийные;

X, различаем аналитическое прилагательное и многофункциональное слово и омонимы как аналиты;

XI, анализируем аналитизацию на уровне структуры предложения и показываем, что аналитизация появляется не только в конкретных языковых единицах, но и на уровне предложения. Эта статья не только пытает объяснить аналитизацию русского языка с точки зрения языковых явлений, но и связывать это с языками мира, так и с точки антиномии анализируем внутренние причины появления аналитизации;

XII, в этой статье имеются не только теория: производство лингвистических типов, точка зрения и выводы; но и объясние с точки языковой философии, и также описание и интерпретация этих теорий с точки современного русского языка. Результаты этого исследования имеют важное значение для преподавания и приобретения русского языка, а также понимания тенденции развития русского языка;

XIII, в этой статье есть богатые обильные доказательства, чтобы доказывать, что анализация является не только явлением, но тенденцией.

Ключевые слова: Лингвистическая типология: производство, теория и точка зрения; Аналитизация русского языка: расческа, описание и интерпретация

英文摘要

According to the forms of expression of grammar, typology divide the major languages of the world into the analytic language and synthetic language.

In synthetic language a lexical unit bears lexical meaning, grammatical meaning and structure meaning at the same time.

In synthetic language grammar is clear, well-structured, logical and the word order is flexible, can highlight the speech center, and help express emotions, make idea expressing finer and more appropriate. Because the word bears too many meanings, and the vocabulary changes too complicatedly, synthetic language is not suitable for fast communication and written statements, is not conducive to the listener's understanding and resolution of discourse. Also, because the information carried by a single word is too dense, the semantic gap is too small, the space that can be modified, enhanced, emphasized is relatively narrow.

The words meaning, grammatical meaning and structure meaning is borne by the different words in the analytic language with more intuitive and greater expressive potential. The analytic language widens the gap between words, expands the semantic space, and is easy to fill, expand and modify sentences, so it make expression more delicate. And words of analytic language is usually arranged in accordance with the linear thinking in a logical order, more in line with the laws of communication, easy to express and understand.

The analytic language and synthetic language are not absolute opponent, any kind of language are unity of analytic and synthetic to some extent. There is no kind of language is "pure analytic language" or "pure synthetic language." Analyzing an language is analytic or synthetic is on the basis of looking at the most structure of grammar is analytic or synthetic.

The synthesis or analysis of language is not static. A famous Russian scholars

В. Г. Гак believe that with the development of language, analysis and synthesis property of language can be transformed into each other. On this point there are a lot of illustration, English, Danish, Italian, Spanish have transformed from synthesis to analysis. French in evolution from Latin to modern French has also undergone major changes. We can say, "the language type is among frequent changes from synthesis to analysis, or analysis to synthesis." (徐通锵, 1996: 207) The Russian is no exception.

By type of structural features Russian language should belong to the the inflected language of synthetic language. Russian is a language with rich morphological changes, various grammatical meaning between word was mainly reflect by morphological changes. Morphological change system and by morphological changes to express the law of combination in words is the basis of Russian grammar structure. Between them formed a complex, is not conducive to communication network, interlocking each other. With the development of society and expand exchanges with the outside world, the Russian began to shift from analytic to synthetic language. In recent years, the analytic process of Russian is accelerating, which is mainly reflected by pragmatic variation of original synthetic grammar rules, the increase of the number unchanged words, the highlights of analytic nature of word formation and other aspects. The Russian analytic trend of development is a production of internal factors and the external factors of language, such as national cognitive psychology, political system reform, pragmatic economic and so on.

This article will focus on the cause of the emergence and acceleration of recent analytic trends in Russian, as well as specific performance in word formation, morphological and syntactic level, and we will compare and demonstrate with a large number of sentences and data.

Keywords: typology: production, theory and point of view; analytic trends of the Russian: comb, description and interpretation

目　录

绪 论

0.1 选题依据

语言是一种社会现象，它的交际性、社会性、时代性以及它通过人们的认识反映客观世界各种事物、现象和关系的特点，注定了它的发展变化与社会文化的发展变化间存在着与生俱来就密不可分的关系。社会是语言生成的客观基础，也是语言发展的原因和动力。语言是社会发展的产物，也反映社会，推动社会的认识、交际，保障社会协调。语言和社会可以相互说明、相互印证。人们不仅可以通过社会的发展了解语言，而且可以通过语言的发展洞察社会。

语言与社会共变。社会变化愈激烈，语言变化就愈大，Г. В. Степанов院士曾指出："社会功能的变化导出语言构造个别成分以致整个语言构造的变化。语言发展的内部规律只是在社会功能的范围内并依赖于后者才能由潜在形态变为现实。"[①] 不言而喻，语言的发展变化有其内在的规律，但是作为社会交际的工具，语言的发展变化始终受到社会需要、社会变化和发展的推动。自 1985 年苏联实行社会制度的全面改革，特别是 1991 年苏联解体后，俄罗斯社会生活的全部领域发生了翻天覆地的变化。俄语作为一门典型的有着屈折变化的综合语，近年来的分析化变化也越来越多地吸引着研究者们的目光。

按照语法意义的表达形式，类型学将世界上的主要语言分为分析语（синтетический язык）和综合语（флективный язык）[②]。分析语指"一种语言的类型，其语法关系通过虚词、词序、语调等而非通过词变来表达，即不是在词形范围内通过词素的语法转换来体现"[③]。比如：汉语。而综合语则

---

① Степанов Г В. *Язык. Литература. Поэтика* [M]. Москва: Наука, 1988: 79.

② 关于世界语言的分类在本论文第一章第一节中有详细介绍。

③ Ярцева В Н. *Лингвистический энциклопедический словарь* [M]. Москва:

指"一种语言类型，其语法意义通过综合的方式来表达，即词尾的变化、词缀融合、异干构形、内部屈折、重音（形态意义上的）、重叠等"[①]。主要代表为：现代语言中的俄语、德语、立陶宛语等。

综合语的重点在于"综"，一个词汇单位同时承担着多种意义的表达，即词汇意义、语法意义和结构意义。综合语语法明确，结构严谨，逻辑性强，词序灵活，能凸显言语的中心，加强情感的抒发，使思想表达得更精细、更贴切。综合语的缺点在于使用时不仅要同时考虑其词汇意义、语法意义，还要考虑其在句中的结构意义。由于承担意义过多，词汇变化就过于复杂。因而不太适合传播和习得，也不利于听话人对于话语的理解和解析。同时，因为单个词汇携带的信息过于密集，无语义缝隙，故而对其进行修饰、加强、强调的空间就比较狭窄。此外，综合语的语义主要通过词形变化来体现，句子中词语的排列顺序有时候显得过于随意，容易给理解造成负担。

分析语的重点在于"分"，词汇意义、语法意义、结构意义由不同的词汇分别承担，行为和行为名称分开表达。可表示更加丰富的形象意义，具有更强的直观性，具有更大的表意潜力，能更好地满足扩大同义、反义词的需要，增大互换能力，如主动、被动关系，提高准确性。由于分析语的语义由不同的词汇分别承担，拉大了词汇之间的间隙，扩大了语义表达的空间，便于对句子进行填充，扩展和修饰，使表达更加细腻。分析语的词汇通常按照思维由先至后的线性逻辑顺序进行排列，更加符合交际规律，易于表达和理解。虽然在表达同一语义时，分析语与综合语相比，句子较长，词汇较多，似乎给记忆造成了更大的负担，但因其词形变化较少，独立词所携带的语义较为单纯，语序更加符合人类的思维规律，因此在选词造句和进行语义破解的时候比综合语容易得多，更加符合思维的省力原则，众所周知，人类的认知从来就是以最小的努力获得最大收获的思维活动，因此，在处理任何信息的时候，大脑只调用和激活最相关的语境信息，相关语境也是一种优化组合和建构。人的这种认知方式决定了任何语言都将走向去繁求简的发展之路。

分析语和综合语的对立不是绝对的，任何一种语言从某种程度上说都是分析性和综合性的统一体，没有哪种语言是"纯综合语"或者"纯分析语"，判断一种语言是综合语还是分析语的依据是看该种语言中绝大部分语

Советская энциклопедия, 1990: 188.

[①] Ярцева В Н. *Лингвистический энциклопедический словарь* [M]. Москва: Советская энциклопедия, 1990: 188.

法结构是综合性的还是分析性的。

　　语言的分析性或综合性也不是一成不变的，俄罗斯著名学者 В. Г. Гак 认为，随着语言的发展，分析性与综合性可以相互转化。关于这一点已经有很多例证，英语、丹麦语、意大利语、西班牙语都是由综合性语言转变为分析性语言的，法语在从拉丁语到现代法语的演变过程中也在这方面发生了重大变化，可以说"语言处于从综合型到分析型，又从分析型到综合型的经常变动之中"（徐通锵，1996：207）。因此，我们认为，在语言内外因素的共同作用下，世界上的语言，尤其是印欧语系中普遍存在着分析化的发展趋势，俄语也不例外。本文将重点分析导致近年来俄语分析化出现和加速的原因，以及其在构词、形态和句法层面的具体表现，并用例句和数据对其进行证实。

　　俄语就其语言类型结构特点而言，应属综合语中的屈折语①。俄语是一种形态变化丰富的语言，词与词的各种语法意义主要是通过词的形态变化来体现。鉴于此，形态变化体系和借助形态变化体系表达词与词结合的规律是俄语语法结构的基础，它们之间形成了相当复杂的形式变化网络，彼此环环相扣。但随着社会的发展以及与外界交流的扩展，俄语作为综合语也不是一成不变的。俄语的分析性与综合性自其产生之日起就相伴而生，近年来俄语分析化的进程在加速。这主要体现在俄语中原有的综合性语法规则的语用变异、不变化词形数量的增加、构词模式的分析性凸显等方面。俄语分析化的产生与发展是语言内在因素和民族文化心理、政治制度变革、语用经济化等语言外在因素共同作用的结果。这意味着俄语加快了分析化的进程，以从复杂的形态变化中解脱出来，方便了交际，彰显了个性，反映了情感，加速了表达。

　　"分析化"在俄语中相对应的有两个词，即"аналитизм"和"анализация"。通过对两个词进行比较后我们认为，前者是指语言的一种先天或本质的属性，凸显的是分析特性的特征，而这种特征不仅是典型的，而且是绝对的，是界定事物本质的要素。而后者则是指一种变化的进程，强调的是从综合向分析转变和发展的过程或进程，凸显的是渐变、渐进的趋势。虽然目前在俄语语言学界前者的使用频率要远远大于后者，但结合本文的实际研究情况②，我们选取"анализация"作为本文"分析化"对应的俄语

---

　　① 综合语又可以分为屈折语和多式综合语。
　　② 我们的落脚点在俄语从综合向分析转变的具体进程。

词语。

0.2　论文的现实意义

分析俄语的发展变化过程不管是对其客观现状的描写，还是对俄语的变化进行整体上的界定，或者对俄语中的各种现象进行划分都有意义。语言学家们虽然从各个角度对此现象做出过分析和研究，但总的来说，研究仍显得相对较为零散，不太系统，也缺乏深层次的理论架构。而中国俄语学界对于俄语分析化现象的关注和研究则更少，相关的论文和著作数量不多，系统性和理论性也是相对缺乏。

本文对 20 世纪 80 年代中期至今俄语语言和言语发展过程中的分析化现象进行了分析。在年代框架上我们参考了《 Русский язык конца XX столетия 》（1996）一书的界定，该书认为 1985 年是俄语中许多大的变化发生的起点。80 年代后期至 90 年代初苏联解体对俄语和俄罗斯社会产生了巨大的影响。不仅言语中出现了大量的个性化现象，各种非标准语的成分纷纷涌入标准语，比如黑话、俗语等。而且表达方式也发生了重大变化，从较正式的官方语言变成了轻松、自由、随意的老百姓口语。而口语重要性的提升也恰恰是导致俄语分析化现象的原因之一。总之，在各种因素的共同作用之下，现代俄语各层级内也都发生了一系列重大的变化，分析化趋势是其中较为明显的表现之一。

有些语言学家在描述各种语言变化时，常常对语言的系统性考虑不足。众所周知，语言是一个体系，体系中的任何一个单位都由其他单位决定同时也决定了很多其他单位。社会因素虽然一般只会对个别的语言环节产生作用，不过随后就会产生一系列的反应，引发一系列其他改变，甚至是整个语言层面的改变。这些改变可能会非常微小甚至不易察觉，但它们仍然能够形成一定的互相作用"场"，而非孤立的点。不考虑语言的系统性，不考虑各种系统之间的"链式反应"，是不可能取得好的研究成果的。俄语分析化的发展也绝不是仅限于俄语的某一独立片面的环节，而是从各个层级都有所表现。因此，我们对俄语分析化现象的研究也必须更加系统，更加全面。

本文试图梳理并分析俄语各层级中的分析化现象的具体表现，以及导致现代俄语中分析化现象增强的原因，并借用俄语语料库来对我们的研究进行佐证。本文的语料必须满足以下条件：包含反映现实俄语语言现象的单位，并且是该时代最典型和最本质的语言。数十年的时间段对于语言来说，只是一段很短的历史。要想发现这一段很短时间内语言发生的变化，需要对大量可以反映语言事实的语料进行研究。本文以近二十年来的语料为支撑，众所周知，这二十几年的语言变化正是因为社会的剧变所导致。众所周知，语言是社会的产物，它随社会的变化而变化，社会变化越剧烈，语言的变化就越大。

该研究能够有利于大家对分析化趋势这个现代俄语发展过程中的主线形成一个较为系统的认识。我们认为，所谓分析化，就是主要体现为构词的黏着化趋势、形态层面词变的减弱和句法层面各成分的分散化，而这些也正是现代俄语体系最突出的特征。

术语方面对俄语的分析化现象至今没有一个明确的定性，词汇、形态等个别分析化现象中术语理解方面的不统一也证明了这一点。本文要试图解决这一问题。

0.3 论文的理论意义

理论意义在于进一步研究学习上述学者的思想，梳理并理清语言类型学中的基本概念及主要特征，并在此基础上对现代俄语各层级的分析化趋势进行归纳与分析，总结现阶段俄语各层级分析化现象的特点与产生原因。对俄语的未来发展进行预测。

语言类型学要解释的是不同的语言类型之间都有哪些内在的一致性，这种一致性在哪些方面表现为一套规则系统，这套规则系统背后是什么样的制约规律在起作用，这种规律性的作用是否作用于世界上所有的语言；语言有多少类型，每一类有哪些共性，这些共性的特点是什么，以及各类型的本质不同是什么。通过对语言的各种不同类型的考察，发现某些规则是某些类型的语言所具有的，而另一些语言并不具有。而且规则的背后或许存在某种更为深刻的制约原则，或者说某种更高的规则。这种更高的规则决定了语言发展的普遍规律。这种更高层次的规律便是所有语言都具有的。从这个意义上来说，语言类型学也同样追求对人类的语言做出普遍的解释，并且通过建立一套有层次的规则系统来解释。研究俄语的分析化现象在印欧语系普遍出现分析化倾向的背景之下，对于揭示这一现象背后的深层原因也是有借鉴意义的。

0.4 论文的实践意义

本文的实践意义在于，能够对俄语教学实践提供一定的理论指导，并从整体上对俄语的发展和分析化问题进行一个系统的总结。研究的结论和语料将对俄语语法的学习者（无论是俄罗斯人还是非俄罗斯人）有一定的促进作用，对学习和有效使用俄语进行工作和交流有积极意义，对认识语言的发展规律有启发作用。尤其是本文还涉及了一些常见的问题，如特殊词的变格（外来名词、以 -ово, -ино 结尾的俄罗斯地名、缩略语）、不变化定语的语法特点、俄语副词的构词等，更是对俄语学习者有积极的借鉴作用。在研究领域方面，本文则对 20 世纪末、21 世纪初俄语新词的描写和词典编撰有着积极的意义。

0.5 论文的研究对象、目的、方法论及理论基础

20 世纪末、21 世纪初俄语各层级都出现了分析化的发展趋势，并且该趋势的发展速度较之前明显加快。本文重点研究什么是分析化，其主要特征有哪些，在俄语中反映在哪些方面，以及其优点何在。

因此，本文的研究客体是俄语各个层级的分析化现象，及分析化现象的总趋势。

研究对象是俄语中与分析化趋势相关的各个语言层级的单位。

研究目的是揭示俄语系统各层面的分析化现象。世界上不同语言的结构千差万别，但这种差别和变异也不是随意和无限的，本研究依据语言类型学理论来研究人类语言的类型发展与变异，试图努力对这些变异做出理论解释，并从逻辑上说明语言类型的发展规律。

发掘隐藏在千变万化的语言表象背后的深刻共性，并对人类语言发展的普遍规律做出统一解释是本研究的终极目标。因此，我们要探讨对普遍规律起支配作用的动因。

本研究要解决的任务有：

1）分析化现象作为俄语发展的主线，其本质特点是什么；

2）术语"分析化"的概念组成是什么，其哲学依据是什么；

3）俄语各层级中分析化现象的具体体现；

4）总结分析化现象产生的原因。

研究方法有：对俄语各层级的分析化现象进行梳理和统计，对统计数据

进行分析，采用的方法为对比法、文本分析法、列举法等。

其方法论基础为普通语言学、对比语言学、语言类型学、社会语言学的相关研究成果，以俄罗斯语言学家的理论为主，如：Т. Б. Астен, Ш. Балли, В. В. Виноградов, Е. А. Земская, Е. В. Клобуков, З. И. Левит, И. А. Мельчук, М. В. Панов, Е. Д. Поливанов, Ю. В. Рощина, Э. Сепир, А. Е. Супрун, Г. И. Тираспольский 等。

0.6　论文的创新

一、全面地对俄语各层级的分析化现象和产生的原因进行详细的描述，这在中国俄语学界并不多见；

二、借助 М. В. Панов 语言发展的"二元对立论"来对造成分析化现象出现的语言内部原因进行分析是本文的一大特色；

三、本文对俄语构词层面的分析化现象，黏着化与分析化之间关系的分析，以及第三章中对于分析化形容词、兼类词和同音异义词的区分是一次新的尝试；

四、对分析化和分析性概念定义的完善，对分析化现象进行哲学解释，对分析语和综合语各自特点的总结也是本文的创新所在。

0.7　论文的结构

绪论里说明论文的选题依据、现实意义、理论意义、实践意义、研究对象、目的、方法论、理论基础、创新和结构。

第一章"论文研究的理论背景"主要介绍本文的研究背景，首先就是术语明确，包括"分析"和"综合"的哲学概念、"分析性"和"综合性"、"分析化"和"综合化"的语言学概念。其次是"分析语"和"综合语"概念的产生、划分依据、各自特点等。这一章内我们还涉及了古典语言类型的相关理论、洪堡特的语言类型学观，以及自然主义语言观在世界语言分析化现象方面所做出的贡献和不足。为了使大家对世界语言的分析化现象有一个直观的印象，本文还对英语和汉语的分析化现象做了一些介绍。

第二章"现代俄语分析化现象的研究"中主要介绍俄罗斯和中国的俄语学界对于该问题的研究成果和看法。此外还探讨了传统研究中对俄语分析化现象的分类和不同俄语语言层级分析化的不同特点；以及现代俄语分析化现象的原因，我们从语言内和语言外两个方面对此进行了探讨。我们认为，语言内因素决定了语言的发展方向，而语言外因素决定了语言的发展速度。现代俄语出现分析化现象是在语言内外因素的共同作用下产生的。

第三章"现代俄语构词层面的分析化现象"主要解释俄语构词层面分析化和黏着化之间的关系，并列举出大量的例证来对此进行证明，例证主要从组合构词法的变异与活跃、构词前缀的实词化、基数词直接进入构词模式、截短构词法的能产化、外来词根或词缀的能产性增加、缩略语的大量出现等六个方面展开。

第四章"现代俄语形态层面的分析化现象"主要解释和说明现代俄语在形态层面的分析化现象，主要从名词、副词、形容词、兼类词和同音异义词、动词、数词、代词和虚词七个方面进行展开。我们认为，基本词类的不变化性是形态层面最典型的分析化现象。

第五章"现代俄语句法层面的分析化现象"主要从解释和说明现代俄语在句法层面的分析化现象，主要从分析性动名词词组、前置词使用的积极化、格范畴的变化、意义一致原则的倾向、述谓单位的繁化、句子的接续和切分结构、复指结构、句子的压缩和简化、从属不定式结构的积极化、同等成分的分析化等十个方面展开。最后我们还探讨了句法层面分析现象出现的原因。我们认为，俄语句法层面的分析化主要体现在句子结构黏着性的增加和各成分结合松散性的增加。

结论里说明本研究得出的结论、存在的问题和不足、研究展望等。

0.8　语料来源

我们认为，报刊语言最能反映时代语言的特点。因此，本论文中的语料大多来自《 Аргументы и Факты 》《 Известия 》《 Комсомольская правда 》《 Московский Комсомолец 》《 Независимая Газета 》《 Правда 》等报纸于 1999—2004 年之间被收录进互联网的内容，我们主要借助俄罗斯国家语料库（ Националный корпус русского языка ）完成了这些例句的搜集工作。形态层面的新词主要来自《 Новый словарь русского языка 》(НТС)、《 Словарь новых слов русского языка 1950-х – 1980-х гг. под ред. Н.З.Котеловой 》(СНС)、《 Толковый словарь русского языка конца XX в. Языковые изменения под ред. Г.Н.Скляревской, СПб., 1998 》(ТС-XX)、《 электронный орфографический словарь 》(РО)、《 Новый словарь иностранных слов 》

（НСИС）、《Новое в русской лексике》（НРЛ）等几部词典。此外，还有少数语料来自文学作品、新闻播报、互联网等。

本论文中所涉及的语料来源的缩写形式主要有：

АиФ: Аргументы и Факты

Лит. газета: Литературная газета

МК: Московский Комсомолец

МН: Московская новость

МО: Министерство обороны Российской Федерации

НГ: Независимая газета

НТВ: общероссийский телеканал

Посл. новости: Последние новости

РИА, Новости: Российское агентство международной информации

Сов. Россия: Современная Россия

ТВ, ТВС, ЭМ, ТВЦ: телеканал России

Эконом. газ: Экономическая газета

0.9　结论

一、现代俄语中存在着较为明显的分析化现象，并且在俄语的各个层面上都有体现，呈系统性，故而可以称之为趋势；

二、构词层面的分析化主要是指构词方式黏着性的增加；

三、形态层面的分析化主要是指各种词类的不变化性；

四、句法层面的分析化主要是指句子成分的黏着化、松散化；

五、分析化这一现象是由多种原因造成的，有语言内的，也有语言外的；

六、分析化现象的趋势会一直存在，因为它符合现阶段人类语言发展的需求。

第一章　论文研究的理论背景

众所周知，印欧语系大多都是以复杂的形态变化为典型特征。但是，近一百多年来，在语言内外因素的共同作用之下，印欧语言中普遍出现了一种从综合到分析的转变，而且这种趋势近年来有愈来愈快的趋势。比如英语、丹麦语、意大利语、西班牙语都已经由综合性语言转变为了分析性语言。法语在从拉丁语到现代法语的演变过程中也在这方面发生了重大变化。

想要了解这一现象及其背后的原因，我们首先要掌握相关的语言学背景知识，即世界语言类型的划分，各语言类型的特点和它们之间的差异，以及导致语言出现这种发展趋势的内外因素。

世界上的语言大概有 6000 种，按照不同的标准可以将世界上的语言分为很多类型，这里我们主要介绍古典语言类型学派对语言类型的分类，以及这些分类下不同语言类型的特点和它们之间的关系，这是我们进行本研究所必须要进行的理论铺垫。首先我们来介绍一下古典语言类型学。

1.1　分析语和综合语的概念

语言类型学起源于 18 世纪，可以将其分为两个阶段，第一阶段研究者主要关注语言的形态，将形态作为唯一参项对语言进行归类，我们将其称为古典语言类型学。代表人物有威廉·洪堡特（W. Humboldt）、施莱格尔兄弟（A. Schlegel, F. Schlegel）、葆朴（F. Bopp）、施莱希尔（A. Schleicher）、麦克斯·缪勒（M. Muller）、威斯利·鲍威尔（W. Powell）等。第二阶段是以格林伯格（H. Greenberg）为首的现代语言类型学，主要关注于语序方面，和本文的研究无关。

类型学（типология）从"类型"一词派生，学术界认为，语言类型学即是研究同一语系或不同语系的语言和方言的共同特征，并对这些语言进行类型划分。

古典语言类型学对语言形态进行认知性的分类，帮助我们认识语言，让我们更多地了解语言。它主要通过每种语言的形态特点将世界的诸多语言进行划分归类。它要解释的是不同的语言类型内部存在的一致性，并且这类有规则的系统受什么样的规律制约。古典语言类型学在词汇形态划分方面取得了巨大的成绩。他们根据词的形态（词素融合程度）或有无形态把世界上的语言分为孤立语、黏着语、屈折语和综合语，又根据语言的句法关系把语言分为综合语和分析语。

1.1.1　古典语言类型学的诞生

古典语言类型学诞生的主要原因在于人们对语言共性进行探索的需求。

生成语言学认为，人类语言存在共性，这是由物种遗传所决定的。人类语言的表现形式各异，但这些差异却受一定条件的限制。真正的语言学研究，应该努力去挖掘和发现这些语言共性。古典语言类型学就是在这一背景下诞生的。

语言共性假说并非生成语言学的专利。早在中世纪，罗马哲学家波伊提乌（A. Boethius）就提出了语言的普遍现象问题。他认为语义具有普遍性，像“好”“人”“道德”等概念具有普遍性质一样，各种语言都具备普遍性。很明显，这种语言共性是概念系统在语言上的表现。13 世纪，语言学者基尔沃比（R. Kilwardby）就认为语言学应努力发现一般语言的本质。17 世纪的《普遍唯理语法》（*Gramaire Generaieet Raisonnee*）是西方第一部语言共性研究的著作。它不依赖个别语言的具体事实，因此它对语言现象的解释具有普遍意义，所提出的理论可使用于不同的语言。1751 年，英国哲学家哈里斯（J. Harris）发表了《对语言和普遍语法的哲学探讨》（*Hermes, A Philosophical Inquiry Concerning Universal Grammar*）。他强调语言的普遍性，反对经验主义的观点，主张天赋论，认为语言的共性就是人类概括共同思想的能力。

1808 年，F. 施莱格尔最早对语言进行形态分类，在著作《论印度人的语言和智慧》（*On the Language and Wisdom of India*）中提出了三种形态类型：孤立语、黏着语、形态语。

1836 年，洪堡特提出，语言学研究应该探究隐藏在个性现象背后的共性现象，这种语言共性就是有限语言手段的无限运用。并在《人类语言结构种种》（*The Variety of Human Language Stucture*）中提出了一个新的类型——多式综合语。在此基础上，逐渐产生了古典语言类型学。

1.1.2　古典语言类型学的特点

刘丹青将当今世界语言学分为三大学派：生成（形式）语言学、功能语言学、语言类型学。它们所追求的目标都是一致的：对世界上的语义进行统一的理论解释。它们是三种不同的语言学研究范式，区别在于解释的方法和途径的差别。

生成语言学认为语言是一个自给自足的系统，因此它试图从语言系统内部对语言做出解释，其解释的基础是人的语言心理机制——一套先天的语言普遍原则。这套原则规定了哪些语言单位之间的组合是合格的，而哪些语言单位之间的组合是不合格的（或者是不被接受的）。世界上所有的语言所表现的各种差异都可以通过这些普遍的规则得到解释。对这些普遍原则的描写形成了一些"理论"，这些理论都被看作是对人类普遍语言机制的描述或解释。生成语言学认定这些基本原则存在于人类的语言系统中，它们左右着人类的语言结构。因此，生成语言学可以从某一种语言的研究入手，通过对某一种语言的深入研究来发现或描述这种原则系统。

功能主义语言学认为语言是一个开放的、不自给自足的系统。对语言的准确考察必须结合使用语言的环境、使用语言的心理、使用语言的对象，以及对语言密切相关的社会、心理、认知等多个角度进行。因此功能主义语言学所涉及的研究范围相当广泛，其中就包括了社会语言学、心理语言学、认知语言学、语篇语言学、话语分析、语用分析等。功能主义语言学对某一具体语言现象的分析和解释也是建立在具体语境、文本语境、交际双方、社会背景、认知心理、认知加工机制等因素的基础上的。功能主义语言学在语言的"结构之外"发现了相当多的制约语言现象的重要因素，对这些因素的观察和研究也已经成为当代语言学研究的重要内容。

而语言类型学的特征则体现在其研究方法上，它和另外两者的差别在于，形式语言学是在语言系统内部做解释，功能主义主要在语言外部做解释，语言类型学是主要通过跨语言比较，通过大量的语言考察、统计和对比，观察存在于这些语言背后的起制约作用的普遍性的因素。这些普遍性因素造就了人类语言多姿多彩的表现形式，通过这些普遍性我们可以解释为什么某些语言形式是可以接受的，而另一些语言形式却不能被接受。

刘丹青（2003）有趣地用三个发音相近的英文单词来概括这三种研究范式的特征：

形式学派是 test（测试），即通过对个别语言的测试来建立普遍的语言规律；

功能学派是 text（语篇），即通过语境对语言的制约来建立语言的普遍规律；

类型学派是 attest（证明），通过大量的语言统计并从中发现普遍的蕴含规律来证明语言普遍规律的存在。

1.1.3 古典语言类型学研究的价值和意义

语言类型学是建立人类语言类型体系，按语法现象将语言进行分类，不追问语言之间是否有亲属关系的分类方法，属于共时性的划分。语言类型学认为，世界上的语言既有其普遍的共性的一面，又有其个性张扬的一面，语言的个性可通过普遍的共性来得到解释。通过对传统语言类型学和现代语言类型学的探索，可以进一步了解世界语言的结构、语法规则和内在联系，进而揭示语言的发展规律和人类语言的特征，对我们认识语言共性、深入研究某一具体语言具有重要意义。

语言类型学的研究成果可以告诉我们，世界上所有的语言都有类型上的一致性，这种一致性实际上就是普遍性，或者共性。某种类型的语言肯定有某种特定的形式，而可能不会有另外的某种形式。某种语言形式在这个语言中是可能被接受的，而另一种语言形式对它来说却是绝对不可能接受的。这样我们就可以根据语言的这种类型特征得到很多这样的规则，或者预测某种现象的可能存在或者不可能存在，这是最关键的理解价值。因为它能提供我们某种"预测"的能力，而理论的主要价值就在于对事物的预测。因此语言类型学对世界语言的划分是一种追求普遍共性理论解释的工作。这种理论尽可能地对所有语言具有普遍的解释价值。

1.1.4 古典语言类型学的划分方法

按照古典语言类型学的分类方法，最主要的语言类型有两种：一是形态类型（孤立语、黏着语、屈折语和多式综合语），二是句法类型（分析语和综合语）。下面我们来分别介绍一下这两种分类方法下的语言类型的差异。

1.1.4.1 四分法

19 世纪和 20 世纪初，古典语言类型学根据词的形态（词素融合程度）或有无形态变化把各种语言划分为孤立语、黏着语、屈折语和合成语。语言有共性，不同类型之间的语言之间也有共性。

德国施莱格尔兄弟最早发现世界上的各种不同语言并非无序地存在，他们最早注意到的是语言中比词更小的单位词素（морфема）的形态各有不同。某些语言内部存在着某些共同的特点，它们和另一些语言之间有着某种一致性的差别。

F. 施莱格尔在《论印度人的语言和智慧》（1808）中将语言分成了缀加语和屈折语。随后他的哥哥 A. 施莱格尔在《普罗旺斯语言和文学探考》（1808）中提出了第三个语言类型：无结构语，指的是既没有缀加也没有屈折的语言。之后德国语言学家 A. 施莱希尔将两兄弟的三种语言类型总结为：黏着语、屈折语和孤立语，这三个术语一直沿用至今。随后洪堡特又提出了合成语的概念，也就是现在常说的多式综合语。下面我们分别来看看这四种语言的特征和区别。

孤立语又名词根语、无形态语，是以词的结构为主要标准而划分出来的语言类型，其特点是：多是根词、复合词，少或者缺乏词的形态变化和附加词素，很少派生词，几乎没有只表示语法意义的语法形式，词与词的关系靠语序和虚词来表示。孤立语的特点是没有屈折形态，几乎每个词都是由一个词素构成，即大多数词都是单词素词。代表语言有汉语、苗语、越语、缅语等汉藏语系。

黏着语和屈折语也是以词的形态结构为主要标准而划分出来的语言类型，它们主要用附加词素（词缀和词尾）或其他内部屈折（黏着语不用内部屈折）作为主要语法手段。这两类语言都有附加词素，但附加词素和词干（或词根）的关系不同。

黏着语里每种语法意义只用一个附加词素来表示，每一个附加词素也只表示一种语法意义。词素与词素之间的界限是明确的，它们也并非只和词相连，即不仅可以依附在词后，还可以依附在短语后面，语法的意义通过词素的自由组合来表示。它的词根一般不发生变化，具有一定意义的附加词素按照词序黏附在词根的后面来构造新词或表示同一个词的不同形态。它的各个部分的联系比较松散，语法关系和结构由语言成分的自由组合表示，我们能够很容易地区分开。代表语言有土耳其语、芬兰语、匈牙利语、日语、维吾尔语等。例如，哈萨克语"我们被互相联在一起了"的表述为：bir-le-s-t'ir-il-di-k，其中 bir 表示一，-le 构成动词，-s 表示相互态，-t'ir 表示强制态，-il 表示被动态，-di 表示过去时，-k 表示第一人称复数。再比如土耳其语"他们从前爱过"的表述为：sev-miš-dir-ler，sev 表示爱，-miš 表示过去时，

-dir 表示第三人称，-ler 表示复数；而"他们将要爱"的表述则为：sev-erek -dir-ler，sev 表示爱，-erek 表示将来时，-dir 表示第三人称，-ler 表示复数。

　　屈折语是广泛使用词的形态变化作为语法手段的语言，分内部屈折（词内部变化）和外部屈折（词尾的变化）。词内词素和词素之间没有明确的界限，同一个词内不同范畴的表达融合成一个单一的不可分的形式，屈折变化成分的独立性很弱，词素完全依附于词根，成为词的一部分，甚至完全无法与词剥离，而且不在短语层面上出现。它在三个方面跟黏着语不同：（1）屈折语常用内部屈折作为语法手段，如英语的单复数 man – men, foot – feet。（2）屈折语一个附加词素可以同时表示两个以上的语法意义，一种语法意义可用多个词形变化表示。如俄语 книгу 的 y 表示阴性、单数、第四格三个语法意义，而名词复数的主格可通过加词尾""-и""-ы""-а""-я"构成。（3）屈折语的词干和词尾结合很紧，甚至不能截然分开，如 книга 的第一格形式去掉词尾 -a，книг 就不能独立存在。1、2 两条尤为重要。俄语的 домам 与格鲁吉亚语的 сахлэбс 同是多数、与格，意思都可能是"给予许多房子（以及家具之类的东西）"。Сахлэбс 包含两个词缀：名词复数词缀 -эб- 和与格 -c。俄语则只用一个 -ам。它不能拆开，拆开之后，不管是 -a 还是 -м 都既不能表示复数，也不能表示与格。因此格鲁吉亚语是黏着语，俄语是屈折语。此外，屈折语词的语法意义除通过附加成分表示外，还可以通过词根音变来表达，如德语。印欧语系和闪含语系的许多语言属于屈折语类型。

　　多式综合语又叫编插语、复综语，也是以词的结构为主要标准划分出来的语言类型之一。它通常以一个词根（一般是动词词根）为中心，在它的前后加上各种表示词汇意义和语法意义的成分（比如时、体、态、式、人称、数等），构成一个很复杂的"词"。即一个词的构成成分同时又是另一个词的组成部分，许多成分互相编插组合，连缀成句子。在这种语言里分不出词和句子，句子是语言的基本单位，离开句子无所谓词，词（实际只是词根）包含在句子里。比如动词含有多种复杂成分，通过这些成分表示不同的语法意义。表示动作的成分，表示施动—受动的成分同表示其他语法意义的成分，修饰成分同表示被修饰成分紧密连接，构成一个句子。它综合了在其他类型语言中一般需要用整个句子来表达多种关系和意义，即一个句子往往是一个词的复杂形式或一个复杂词的形式，多式综合语的名称也由此而来。例如北美印第安人的契努语"我来是为了把这个交给她"的表述为："-i -n-i- -á -l -u-d-am." -i - 表示最近过去时，-n- 是代词主语"我"，-i- 是代词宾语"它"，-á- 是第二个代词宾语"她"，-l 表示前面的代词附加词素是间接宾语，-u- 表示动作离开说话人，-d- 表示"给"，-am 指动作的位置意义。古亚细亚语和美洲的许多印第安语都属于编插语。

至此，我们见到了最早的四种语言类型：孤立语、黏着语、屈折语和多式综合语。这四种语言类型是从语言中最基本的单位"词"的外形以及词中词素的结合程度做出的划分。在语言学中也叫作从形态学（морфология）角度做出的划分。

1.1.4.2　二分法

还有一种语言类型的划分，是从语言的句法关系角度做出的。有一种语言的语法主要是通过功能词（主要是虚词中的介词、连词和助词等）、语序和语境来表示语法关系的（意合），这种语言被划分为分析语，如汉语、越南语、萨摩亚语。与此相对的另一类语言是综合语，这一类语言通过词形屈折变化和词缀与词根的紧密结合来表示句法关系（形合）。

A. 施莱格尔第一个引入了"分析"和"综合"的概念①。他在将语言分为缀加语、屈折语和无结构语之后，又进一步将屈折语细分为分析语和综合语："屈折语细分为两类，我把它们叫作综合语和分析语，我所说的分析语必须在名词前使用冠词、在动词前使用人称代词、在变位中借助于助动词、用介词替代缺少的格词尾，通过副词表达形容词的比较程度，以及其他。综合语是指不用所有迂回手段的语言。"

为什么 A. 施莱格尔要将屈折语再细分为分析语和综合语呢？格林伯格认为这和其语言优越论有关系。既然他把屈折语看作是最完美的语言形态，而且语言类型间的发展是不可逆的，那么又如何解释相比较古代希腊语、拉丁语，现代印欧语趋向于丧失屈折。为了解释这个问题，A. 施莱格尔不得不再提出综合语和分析语的概念，用综合语指代古典语言，用分析语指代现代印欧语，这样就可以避免其理论体系的崩溃。

施莱格尔这样做还可以继续将分析语和综合语也纳入到其语言优越论里。既然语言的形态结构是文化的直接体现，那么"它们（综合语）属于人类智力的另一个阶段，比起分析语来说它表现为更同步的行为，所有心智能力的驱动也更及时。理性主宰着综合语，除了其他的能力外理性更多地发挥作用，因此，理性可以更好地让人理解自己的活动。我认为，通过比较古代

---

① Schlegel A. *Uber die Sprache und Weisheit der Indier* [M]. Heidelberg: Mohr und Zimmer, 1808: 8.

智慧和现代思想，我们可以发现和语言间存在的对立相似的对立，有创造力的伟大综合来自古代社会，而得到完善的分析则留给了现代社会。"[1] 例如，梵语、古希腊语、拉丁语都是完美的、高等的古代文化的产物，而现代印欧语则是完美系统的退化，是和文化的倒退相关的。这种观点过于强调了文化决定论，而且戴着有色眼镜来看待语言类型，因此是片面的。

A. 施莱格尔首创了分析和综合的概念，将分析和综合看作语言表达的两种形态方式，这是有着划时代意义的。但他只是将综合语和分析语看作是屈折语的子集，这是其局限性。事实上，"综合—分析"是和"孤立—黏着—屈折—多式综合"相平行的概念。

1850 年 A. 施莱希尔重新引入了 A. 施莱格尔的分析/综合术语，并将其范围从屈折语扩展到了所有的语言类型。A. 施莱希尔也是语言进化论的拥护者。

半个世纪之后，萨丕尔吸收了 A. 施莱格尔和 A. 施莱希尔等前辈的理论精华，提出了一套更为完整的理论体系。[2] 其对分析语、综合语、多式综合语的定义如下：

1. 分析语："一个语言不结合多个概念在一个词中（汉语），或者是非常经济的（英语、法语）。在一个分析语中，句子总是最重要的，词居于次要地位。"

2. 综合语："在综合语中，多个概念密集地聚集在一起，词是一个丰富的集合，但是有这样一个趋势，总体来看，倾向于保持一个词中的一系列具体意义在一个中等的范围。"

3. 多式综合语："超过普通的综合。词的构成是极端的。概念通过在词根要素上的派生词或者异根替换来表示的。"

事实上，多式综合语是一种最典型、最极端的综合语。

现代语言类型学的开创者格林伯格运用美国结构主义的分析方法，量化了形态类型的分类，提出了一种数量指标的概念。他根据词素和词的比例，即综合度来描述语言形态类型。综合度就是词的复杂度，可以用"词素/词"这样一个公式计算。综合度在理论上的最低值是 1.00，也就是单词素词

---

① Schlegel A. *Uber die Sprache und Weisheit der Indier* [M]. Heidelberg: Mohr und Zimmer, 1808: 8

② Edward Sapir. *An introduction to the study of speech* [M]. New York: Harcourt, Brace and Company, 1921: 35.

的情况。完全分析语的综合度就是 1.00；适度综合语则平均一个词有两个词素，综合度是 2.00；多式综合语应该是最高、最极端的综合语。在分析了 8 个不同来源的语言之后，格林伯格认为：最典型的分析语的综合度是 1.00—1.99，综合语为 2.00—2.99，多式综合语≥3[①]。根据他的划分方法，我们可以得出以下的结果：

表 1-1

	安南语	波斯语	英语	盎格鲁—撒克逊语	雅库特语	俄语	斯瓦希里语	梵语	爱斯基摩语
综合度	1.06	1.52	1.68	2.12	2.17	2.33	2.55	2.59	3.72
	分析语			综合语					多式综合语

格林伯格创立了对综合和分析进行量化的测量方法，提供了建立公式的可能性，让我们可以更加客观地去计算综合度，从而确定一门语言是综合性的还是分析性的。另外，还可以根据得出的数值来得出两个临近语言的区别，如爱斯基摩语和梵语的综合度差为 1.13，而安南语和梵语的综合度差为 1.53，两个差距基本相同。我们可以认为，爱斯基摩语和梵语之间与安南语和梵语之间的综合度差类似。遗憾的是，格林伯格并没有继续他在该方面的研究，而是主要把他的精力放在了语序语言类型学上。

俄罗斯语言学界认为，语言是综合的还是分析的取决于两个方面：1）句子中的语法意义是通过词汇内部还是词汇外部来表达。如果语法意义通过词汇内部来表达，即形态变化，那就是综合的方式。如果通过词汇外部表达，即句法意义，那就是分析的方式。2）语法形式是连成一体的还是可以分割的。(《Языкознание》，1998；В. Г. Гак，2000；Б. А. Успенский，1965）比如俄语 Я читаю книгу. "читаю" 一词除了表示语义 "读" 之外，还表示很多语法意义：第一人称、单数、主动态、现在时、未完成体等；而 "книгу" 除了 "书" 之外，还表示补语，阴性，单数等语法意义。这些意义集中在一个词上，不可分割，因此是综合性的表达。

结合以上学者的观点，我们也提出了三点判断标准：

1）语法意义是主要通过词汇表达还是句子表达，如果以词汇表达为

① Greenberg J H. *A survey of African prosodic systems* [J]. Culture in History, 1960 (4): 78.

主，那就是综合语，以句子表达为主，那就是分析语；

2）语法意义是集中在一个词上，还是分摊到不同的句子成分上，如果是集中的，就是综合语，如果是分摊的，就是分析语；

3）词、词组或句子的组成部分是彼此可分的，还是不可分的，如果是可分的，就是分析语，如果是不可分的，就是综合语。

1.1.4.3 两种划分方式下不同语言类型之间的关系

古典语言类型学最主要的语言类型有两类：一类是按形态类型分为孤立语、黏着语、屈折语、多式综合语；另一类是按语法的表达方式分为分析语和综合语。两种分类下不同类型的语言之间也不是毫无关联的。传统上认为，分析语能清楚地区分出它的各个要素，尤其是词根，孤立型语言最严格遵循这一点，这使得"孤立"成为分析型语言结构的最完美体现。因此通常认为，孤立语是分析性程度最高的语言，而其他三种都属于综合语。按照程度从低到高排列大约是：屈折语、黏着语和多式综合语。

不过现在有一种看法认为黏着语也属于分析语，而且是最具分析性的语言类型，因为在这类语言中要素的可分离性已经深入到了词素一级。因此说仅有屈折语和多式综合语属于综合语，而孤立语和黏着语属于分析语。这四种语言之间在综合与分析方面的关系如图所示：

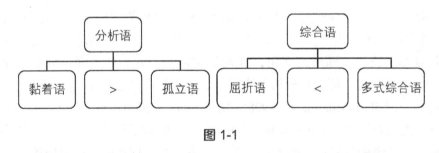

图 1-1

由上图可以看出，黏着语和孤立语同属于分析语，且黏着语的分析性要大于分析语。屈折语和多式综合语同属于综合语，且多式综合语的综合性要大于屈折语。

也就是说，俄语作为一门屈折语，它同时也是综合语，只不过划分的角度不同。其作为屈折语的特征同时也是其作为综合语的特征。比如作为屈折语，俄语最典型的词汇特征就是词尾有着丰富的屈折变化，并通过这种变化来表达各种语法意义。而这恰恰也正是综合语的典型表现，因为综合性的特征就是将各种意义集中到一个词汇上。比如俄语句子"Я читаю книгу."从"читаю"和"книгу"的屈折变化上，我们可以判断出这是一门屈折语。而正是因为它们的屈折变化又导致了多个语法意义"第一人称、单数、现在时、主动态；补语、单数、阴性"等集中在同一个词上，不可分割，因此它们又是综合性的表达。所以俄语的屈折性也就代表着综合性，当屈折性下降，或者屈折性向黏着性和孤立性转变时，必然代表着综合性的下降和分析性的增强。而在句法层面，屈折语的句子中各成分通过屈折变化紧紧连为一体，词汇屈折性的降低就会导致句子各成分之间彼此限制性的弱化和句法链条的松散，也就意味着句子结构分析性的增加。屈折语构词层面最大的特征是各词素之间彼此结合紧密，不易分开，而在黏着性的构词方式下，各词素之间界限分明，可轻易分开并与其他成分再组合。所以俄语在构词层面向黏着性构词法的转变也意味着分析性的增加。

1.1.5 综合语和分析语的典型特征

百科辞典认为，分析语是指"一种语言的类型，其语法关系通过虚词、词序、语调等而非通过词变来表达"[①]（*Большой энциклопедический словарь*，1999：48）。而综合语则是指"一种语言类型，其语法意义通过词缀、内部屈折等方式表达"[②]（*Большой энциклопедический словарь*，1999：1100）。

综合语的重点在于"综"，一个词汇单位同时承担着词汇意义、语法意义和结构意义。比如俄语 Я читаю книгу."читаю"既表示"读"，又表示"主动态""现在时""第一人称""单数"等，还同时通过自身的变化连接主语和谓语。多种意义集中在一个词上，因此是综合性的表达。综合语的具体表现是词形变化丰富，语法意义主要通过词的形态变化来表示，语法形式从总体上把握句子结构，并通过整体形式来确定整个结构的语法意义和语义，同一个成分在不同的文本中会表现出不一样的形态面貌，句子各成分之间有着严格的限制修饰关系，由于语法结构为一体，故而语义联系紧密，彼此不易剥离开来，句法链条十分严谨，词序较不固定。词与词之间的语义缝隙

---

① Тип языков, в к-рых грамматич. значение выражаются не формами слов, а гл. обр. служебными словами, порядком слов, интонацией и т.

② Класс языков, в к-рых грамматич. значения выражаются в пределах слова с помощью аффиксов или внутр. флексии.

小，单个词的变化多而复杂。这些在俄语中都是很典型的。

分析语的重点在于"分"，词汇意义、语法意义、结构意义由不同的词汇分别承担，行为和行为名称分开表达。"Я читаю книгу."在汉语中的表达就是"我正在读一本书。""读"只表示语义，其他的语法意义转而分别通过虚词、词序来表示。这就是分析性的表达方式。分析语的具体表现是，词与词之间的语法联系本身不是通过词本身的形态变化，而主要是靠词序、虚词和语调。词汇没有或很少屈折变化，相应的，词与词之间也没有很严格的彼此限制关系，句法链条也相对松散，句子中的各成分可以轻松剥离出整体，并能与其他成分进行再次组合。语法形式联系无外显形态，似乎每个词语都单独存在，语义间隙大。语法意义主要通过句子的组合关系来表达，词序与综合语相比也较为固定，通常是按照主谓宾的先后顺序进行排列。这些在汉语中都是很典型的。

分析语和综合语的对立不是绝对的，任何一种语言从某种程度上说都是分析性和综合性的统一体，没有哪种语言是"纯综合语"或者"纯分析语"，判断一种语言是综合语还是分析语的依据，是看该种语言中绝大部分语法结构是综合性的还是分析性的。

语言是综合性的还是分析性的也不是一成不变的，俄罗斯著名学者 B. Г. Гак（2000：832）认为，随着语言的发展，分析性与综合性可以相互转化。首次提出分析和综合这一概念的 A. 施莱格尔认为，即使没有受到外来干扰的影响，语言自身的演变规律决定了它们很自然地就会向分析的方向发展。我们也持同样的观点，认为语言从综合向分析发展是其必然的趋势。

尤其是近年来随着社会的不断发展与融合，世界语言发展的总态势是语法关系趋于简化和词汇趋于同化，在保留各民族语言特色的同时，均强调减少形态变化及形态变化所表达的各种意义，用较少的语法形式来表达词法和句法意义，来实现交际的方便与省力，即综合性减弱，分析性加强。许多语言都走上从综合向分析的转变过程，关于这一点已经有很多例证，英语、丹麦语、意大利语、西班牙语都是由综合性语言转变为分析性语言的，法语在从拉丁语到现代法语的演变过程中也在这方面发生了重大变化。[①]

---

① 关于英语语言类型的转变我们在 1.3.1 中有详细论述。

1.1.6　综合语和分析语的优缺点

综合语的优点在于：语法明确，结构严谨，逻辑性强，词序灵活，能凸显言语的中心，加强情感的抒发，使思想表达得更精细、更贴切。在封建社会，只有达官显贵才能有机会接受良好教育，才能熟练掌握并使用复杂变化的综合语，因而复杂的综合语往往是身份和智慧的象征。

综合语的缺点在于：使用时不仅要同时考虑其词汇意义、语法意义，还要考虑其在句中的结构意义，并根据所携带的意义选择相应的语法形式。由于词汇承担意义过多，变化过于复杂，综合语不利于二语习得者对于话语的理解和解析，因此不太适合快速地习得和推广。同时，因为单个词汇携带的信息过于密集，语义缝隙太小，能对其进行修饰、加强、强调的空间就比较狭窄。此外，综合语的语义主要通过词形变化来体现，语序的重要性与分析语相比略低，因此在使用过程中，句子中词语的排列顺序有时过于主观，容易给交际者尤其是母语不是该语的人造成理解负担。

分析语的优点在于：一、可表示更加丰富的形象意义，具有更强的直观性、更大的表意潜力，能更好地满足扩大同义或反义词的需要，增大互换能力，如主动、被动关系，提高表达的准确性。比如"письмо сына"这种综合性的表达下，既可以表示"儿子写的信"，也可以表示"给儿子写的信"，意思相对模糊不清，而"письмо от сына"这种分析性的表达方式下，意思就更明确。二、表达更加细腻，由于分析语的语义由不同的词汇分别承担，拉大了词汇之间的缝隙，扩大了语义表达的空间，所以便于对句子进行填充、扩展和修饰。比如综合性的"помочь"和分析性的"оказать помощь"相比，后者有更多的可修饰空间，可以变成"оказать большую помощь"。三、分析语的词汇通常按照思维由先至后的线性逻辑顺序进行排列，更加符合言语交际的规律，易于表达和理解。比如俄语中"Я люблю тебя"和"Тебя я люблю"，意思差别不大，而在汉语中则只能按照主谓宾的方式排列。四、更省力，虽然在表达同一语义时，分析语与综合语相比，句子较长，词汇较多，似乎给记忆造成了更大的负担，但因其词形变化较少，独立词所携带的语义较为单纯，语序更加符合人类的思维规律，因此在选词造句和进行语义破解的时候比综合语容易得多，更加符合思维的省力原则。众所周知，人类进行认知时，从来都是以最小的努力获得最大的收获为目的的，因此，在处理任何信息的时候，大脑只调用和激活最相关的语境信息，相关语境也是一种优化组合和建构。人的这种认知方式也决定了任何语言都将走向去繁求简的发展之路。

分析语的缺点在于：由于词汇的语法外显没有或很少，所以在要表达的意义总量一致的情况下，所使用的词汇量就要大于综合语，而且会有很多同音异义词存在。在记忆和辨析这些同音异义词的时候记忆负担要比综合语重。

总之，综合语和分析语作为不同的语言类型，各有特色，各有优缺点，不同时期满足了不同民族的不同需求，都为人们的交际史做出了贡献。每个民族都根据其需要选择了相应的语言类型。同一民族在不同历史时期所选择的类型也会发生变化。古时印欧国家大多选择了变化复杂的综合语，共同的原因主要在于：1）受古拉丁语和古希腊语的影响，这两种语言随着基督教文化一起迅速传播至西方各国，它们严谨的语法结构和精细的表达方式有利于教义和各种政府告示的精准表达和传播，因而受到了旧时社会上层阶级的青睐。2）在封建社会，人的逻辑思维普遍不发达，综合语严密的语法变化规则有利于人们逻辑思维能力的提高，因而成了许多民族的选择。3）古西方国家多是法制社会，万事讲究以法理为准，各种法律条款的制定越精细到位越好，对语言来说亦是如此，语法也是法。只不过法律限制的是人，而语法限制的是语言单位，与法律条款的制定同理，越精细的语法规则统领下的语言表达就越精准到位。

如今的社会与之前相比，已经发生了很大的变化，在快速交际为主且人人都是交际参与者的信息爆炸时代，人们会倾向于选择形式更加简约、更加方便的分析语作为交际手段。而且此时人们的思维也已经十分发达，已经没有必要再通过学习复杂的语法系统来提升逻辑思维能力，此时过于冗余的语法反而对记忆和表达造成了负担。

我们不能就此判断综合语和分析语孰优孰劣，只能说存在即是合理，每一种现象、每一种选择背后都是多种主客观因素共同作用的结果。

1.1.7　古典语言类型学对语言分析化现象的研究与看法

前面我们已经说过，不管是"二分法""三分法"，还是"四分法"都是古典语言类型学的划分方法。古典语言类型学对语言类型的划分和语言分析化现象的研究做出了重大贡献和理论铺垫，但是也存在着不少的时代局限性。下面我们来看看其贡献和局限性的具体所在，这里重点介绍当时比较突出的自然主义语言观和洪堡特的语言类型观。

1.1.7.1　自然主义语言观在语言分析化现象研究方面的贡献与局限性

关于语言的分析化现象方向，我们不得不提到自然主义语言观这一派别。任何一种语言学说，无论它立足于什么角度、采用什么研究方法，最终都必须对人类语言本质特点做出回答。人们对语言本质特点的认识，就是语言学家常说的语言观。

持自然主义语言观的语言学家们运用生物进化学说研究语言问题，把与语言的发展与生物有机体的发展变化联系起来，使得语言科学具有了历史发展的观点，克服了过去静止的、固定不变的语言观。与此同时，也在很大程度上克服了过去虚构的历史观和零散无序的经验主义研究方法，从而建立了科学的历史观和实证主义的比较研究方法。一些语言学家从生物进化论中借入"形态学""发生学分类法"等概念和分类方法，并将其运用于语言的类型分类和谱系分类，取得了客观的成绩。其结果是语言类型的三分法（孤立语、黏着语、屈折语）或四分法（孤立语、黏着语、屈折语、编插语/多式综合语）分类模式的建立，以及关于印欧语言亲属关系"谱系树"理论的建立。可以说，他们对语言类型学的创立和发展做出了重大的贡献。

但在欧洲中心论的影响下，早期的生物进化学说特别是拉马克的生物进化模式也在一定程度上对语言学产生了负面影响。这种负面影响的突出标志是"语言进化论"。语言进化论认为，语言的衰亡与语言本身有关。有些语言比较成功，有些语言不太成功。主要原因是有些语言比其他语言具有更强的适应能力。这种对不同的语言类型赋予了不同的价值的做法是我们所不能认同的。

比如，F. 施莱格尔在《论印度人的语言和智慧》中指出，梵语类语言是通过屈折变化（词根内部变化）表达各种不同语法关系的，它们的结构是"有机地形成的"[①]。与此对立的是"机械"的方式，即词根本身不发生变化，而是借助于词缀或虚词来表达语法意义。在他看来，只有梵语、希腊语所代表的印欧语言才是"有机"的，它们有其内部的形式构造，这对使用者而言构成有机的整体，而其他语言都是"机械"的。F. 施莱格尔立足于语言的意义要素和关系要素以及二者相互关系的性质，看待不同类型的语言。

---

① Schlegel F. *Uber die Sprache und Weisheit der Indier* [M]. Heidelberg: Mohr und Zimmer, 1808: 35.

在他看来，意义是孤立语中的唯一要素，因此它只有词根；关系要素加在意义要素之上的是黏着语；关系要素和意义要素构成统一体的语言是屈折语。他认为，这三种类型的语言构成了人类语言发展的三个阶段："一切比较复杂的语言形式都来源于比较简单的语言形式，语言的黏着形式产生于孤立形式，而屈折形式又产生于黏着形式。"施莱格尔把这三种语言类型看作有机生长的三个阶段：孤立语是语言的童年时期；黏着语是语言的青年时期；屈折语则是语言的壮年时期。

F. 施莱格尔还进一步把语言的分类与社会组织形式联系起来，认为孤立语是以家庭为社会组织形态的人群所使用的语言；黏着语是游牧民族的语言；屈折语是具有高度发达的政治组织形态的民族所使用的。在 F. 施莱格尔眼里，语言只有植物和动物式的发展，而不是社会现象式的发展，这就从根本上否认了语言的历史发展和语言的社会本质属性。

在达尔文的《物种起源》出版之后，F. 施莱格尔于 1863 年出版了《达尔文理论与语言学》，试图运用达尔文学说解释语言的产生、发展和变化。在他看来，达尔文的学说基本上适用于"语言有机体"[①]，应当把语言看作是一个生长、死亡和演化成新形式的生物过程，"语言是有机体，其产生不以人们的意志为转移；语言根据确定的规律成长起来，不断发展、逐渐衰老，最终走向死亡。我们通常称为'生命'的一系列现象，也见于语言之中。"[②]

葆朴也是如此，在他的著作中，已经形成了语言学中的自然主义观念。他指出："语言应该被看作是自然的有机体。那是因为一切语言都是按照固定的法则形成，按照生命内部原则的进程发展，最后逐渐死亡，因为这些语言不再被人们理解了，于是，它们不是就此被人抛置不用，就是将它的成员或形式肢解开来。"[③]在他看来，人的意志没有能力采用有机的方法改变语言中的成分，就像人的意志无法改变人体的组织一样，因此，应该把语言看作一种自然的创造。

---

① Schelgel F. *Die Darwiniche Teorie und die Sprachwissenchaft* [M]. Berlin: Speyer Peters, 1863: 42.

② Schelgel F. *Die Darwiniche Teorie und die Sprachwissenchaft* [M]. Berlin: Speyer Peters, 1863: 42.

③ Bopp F. *Über J. Grimm's Deutsche Grammatik* [M]. Berlin: Grimm's Deutsche Grammatik und Graff's Althochdeutschen Sprachschatz mit Begründung, 1827.

开历史比较语言学先河的英国语言学家琼斯看到，梵语具有发达的屈折形式和丰富的形态变化，从而断定"梵语比希腊语更完善，比拉丁语更丰富，比二者都提炼得更加高雅"[①]。

英国语言学家麦克斯·缪勒虽然对语言的生物学理论做了不少修正，但仍然保留了这种学说的本质。他在《论语言的层理》中指出，从孤立到黏着再到屈折，语言的发展就像岩石的层理所记录的地质年代一样，是连续不断的。"没有一种语言能够不经过黏着和孤立的地层（strata）而直接成为屈折语；没有一种黏着语不是扎根于它底下的孤立语的地层。"[②]

美国语言进化论的早期代表是著名的印第安语语言学家约翰·威斯利·鲍威尔。鲍威尔于 1879 年创建了"史密斯学会人种局"[③]，并对印第安语的分类研究做出了重大贡献，被誉为"里程碑"式的研究成果。然而，鲍威尔却是"语言优劣论"的笃信者。他和这种理论的鼓吹者认为，一种语言的语法是社会进化的自然产物。野蛮时代是"句子词汇"（sentence words）的时代；原始时代是"词组时汇"（phrase words）的时代；文明时代是"思想词汇"（idea words）的时代。印第安语中普遍存在的"多式综合"是野蛮时代的象征。在他们看来，野蛮原始的语言自然会被淘汰。

在种族主义思潮的影响下，西方哲学界、思想界、学术界和语言学界中的一些人曲解生物进化学说，把"进化"等同于"进步"，简单地把语言的发展与生物有机体的进化等同起来，简单地把语言的发展进化与人类社会文化的发展进步等同起来，从而导致了"种族优劣论"等错误观念的长期盛行。即使今天，这种错误观念依然没有完全绝迹。

语言进化论实质上是一种语言文化歧视的理念，因为它是从欧洲白人的立场出发，以白人的语言文化为坐标立标准，分等级，判优劣而构建的一种理论。按照这种理论，除了一些语言之外，世界上的多数语言都是落后的、不发达的，或是"家庭社会形态"，或者是"游牧民族"的"低级"语言。

---

① Jones W A. *Discourse on the Institution of a Society, for Inquiring into the History* [J]. Civil and Natural, The Antiquities, Arts, Sciences and Literature of Asia', Asiatick Researches, 1788, 4 (12): 24.

② Muller F M. *Lectures on the science of language delivered at the Royal Institution of Great Britain in February, March, April, and May, Second Series* [R]. New York: Charles Scribner, 1865: 124.

③ the Bureau of Ethnology at the Smithsonian Institution

在他们的理论框架中，汉语是孤立语，是缺乏高度发达的社会组织形态的语言，是最低级的语言。

自然主义语言观在研究过程中，还发现了语言从综合到分析的这一普遍发展趋势，尽管他们对此现象持否定的态度，并且企图从语言退化的角度来解释此现象。比如德国语言学家 J. 格里木（Jacob Grimm）看到，古日耳曼语拥有丰富和多样化的词尾变化现象，而在现代日耳曼语中，这些词尾变化已经消失。甚至有人把一些语言比如梵语、希腊语、拉丁语的古老形式看作语言发展的最高峰，而把后来语言的分析化看作语言的衰败，或是对原始语言的破坏。

这种把生物进化等同于进步的观念，导致了长时期的不良后果，其突出表现就是"社会达尔文主义"的泛滥。这种理论根据假设的进化程度，排列人类的种群与文化类型，并且把白种欧洲人排在最顶端，把他们征服的殖民地排在最底端。当今，这种思想仍然是导致人们形成傲慢心态的一个重要因素。人们普遍相信，人类控制着居住在地球上几百万种其他物种，而不是与它们平等相处。也就是说，人类是地球乃至整个宇宙的主宰，人类与几百万种其他物种的关系是主宰和被主宰、控制和被控制的关系，而不是平等的、和谐相处的关系。

"进化论之父"达尔文虽然相信，在语言中"更好的、更简洁、更容易的形式会一直占上风。它们之所以取胜是因为它们有内在的优势"。但是，他始终认为：生物的变化只能导致其更适应所生活的环境，而不是导致其结构复杂性或异质性的前提，即并没有赋予进化以高等或低等之类的价值含义。一方水土养一方人，不同的文化、不同的文明、不同的社会形态下形成了不同的语言类型。同样，语言的变化也是为了适应使用者和社会的需求，也不存在什么价值高低之分。

我们认为，应当辩证地看待自然主义语言观。他们从生物进化的角度来看待分析语言是没有错的。因为语言的发展变化必然与社会和时代相适应，在社会形态从简单到复杂的发展过程中，语言也必然经历一个从简单到复杂的过程，这种复杂化的过程不仅体现在词汇量的增多，还体现在语法的完善上。但这种复杂化绝不会无限制地增加下去，那样反而会对交际造成阻碍。一旦语言和社会的形式发展到了一定程度之后，又必然要求语言回归到更加简单、更加便于交际的层面上。因为语言最根本的还是其工具属性，其一切设计都是为了满足交际的便捷。过于复杂的语法和词汇显然是不利于快速交际和语言的传播，因此必然会被逐渐淘汰，要么复杂的形式被淘汰，要么该语言被淘汰。众所周知，人类追求在功能相同的情况下尽可能简化的目标，语言也在方便交际之中，日趋简化。其表现之一，就是复杂形态的简化。这种简化其实是一种进步，因为它符合社会的需求。

存在即是合理，语言的发展是客观的，并不受个人意志所转移。语言到底有无优劣之分？所谓的"优"指什么？所谓的"劣"又是什么？回答这个问题必须考虑到社会发展进步的历程。社会的发展程度及当时的意识形态决定了语言的面貌类型只是语言的一种形式。语言毕竟是工具，它服务于社会的各个领域，方便使用，便于交往，适于交流及各种信息的传递是语言发展的原动力和永动力。如果说从孤立到屈折反映的是社会运转规则的建立，即社会秩序的建立，那么从综合到分析则更多地反映社会交流与互动的心理建构。从社会的需要、交际心理、文化传播、信息交流上来看，语言从综合到分析、从屈折到孤立或黏着方向的转变是有意义的，因为在现代社会条件下，更简洁、更简单的语言形式就更容易被人接受。如果印欧语系的语言类型是"最先进的"，那么它们为什么还要向所谓的落后方面发展？既然语言的分析化现象已经存在且是很多欧洲综合语的共有现象，那么必然有其出现的客观原因。我们应该尊重事实并且探究导致该现象出现的背后因素，从而可以对其下一步的发展趋势做出预测。

关键在于，语言是进步还是退步不是要看其形态是变得更复杂了还是更简单了，而是看这种形态是不是更加符合时代的需要，更加对交际有利。显然，分析语形式更加简便，也更加符合当下日益加速的社会发展的需求，语言出现分析化现象也是合理的、进步的。由此，自然主义语言观所认为的，语言从屈折到孤立，从综合到分析的转变是一种语言的退化，这种观点显然是有时代局限性的，也不被我们所认同。

1.1.7.2 洪堡特的语言类型学观

洪堡特是 19 世纪德国学术思想界的一颗巨星。他学识渊博，兴趣广，涉足领域十分广泛，同时也是语言类型学的奠基人。他的语言研究在立足点、视野的广度和理论高度上都超出同时代的语言学家，有其独到之处。其著作经过了时间的检验，历久弥新，引起学术界越来越多的关注。他对语言类型的划分做出了巨大的贡献，对语言的分析化现象态势也有自己的看法。因此有必要对其相关理论进行一些介绍。

洪堡特强调语言是一个"有机的整体"，认为"结构性是一切语言最一般、最深刻的特点"（姚小平，1999：47），因而他主张根据语言结构类型为语言分类。他主要根据作为语法单位的词的占优势的结构状况，把语言分为三种类型，即：孤立型、黏着型和屈折型。黏着这一术语就是他首先提出来的。除了这种分类方法外，洪堡特又根据句子结构的类型，提出一种类型四分法，即一类像汉语这样的语言，语法关系的表达依靠词序或者其他词的添加；另一类像梵语这样的语言，语法关系由词形变化表示；再一类像美洲印第安语的有些语言，句子的语法关系被编插在一个单词之中；最后一类就是像土耳其语这样的黏着型的语言，语法关系由语言的成分自由组合来表示。然而，洪堡特有时又只承认语言的两种极端类型，即纯粹的孤立型或屈折型。其他语言类型，依次排序于这两个极端类型之间，形成一个连续的阶梯。因此可以说，洪堡特对最初的语言类型的划分做出了重要的贡献。这种划分方式是语言四分法的雏形，至今仍被人们所认同和引用，也是本文中我们进行研究的理论基础。

其类型分类理论的主要特点是把语言的不同类型看作演变次序中的不同阶段，即把孤立型—黏着型—屈折型看作是一种演变的顺序，认为它反映了人类精神向着充分实现人类语言的潜在可能的方向发展和进步的一种过程。这也是受自然主义语言观和语言进化论影响的结果。

洪堡特认为，语言与人类的精神发展深深地交织在一起，它伴随着人类的精神发展经过每一个局部的前进或倒退阶段，从语言中可以辨认出任何一种文化状态。语言并不是活动的产物，而是一种精神的不由自主的放射，它并不是各民族的作品，而是各民族通过其内在的灵慧而获得的一种天赋。一个民族的精神特性和语言状态处于一种十分密切的交融状态，以至于如果一方已经产生，就肯定能完全派生出另一方，因为心智和语言只允许和促成它们所中意的形式。语言可以说是各民族精神的外在表现，他们的语言即是他们的精神，他们的精神即是他们的语言，人们怎样想象两者的一致都不过分。

洪堡特认为，语言作为认知手段和表达工具必须满足精神活动的需要。精神首先要求语言分辨内容与形式、实体与关系，而"如果语言要适合于思维的需要，那它就必须在构造上尽可能地对应于思维的有机体"（姚小平，1999：49）。语言的发展隶从于思维的发展，它应该步步紧随思想，建立起与思维形式相一致的语言形式。精神不仅创造出了每一种语言形式，而且也规定了语言形式可能的变异范围。精神不间断的活动也在使用上对于语言真正的结构和原本的形式结构有着一定的、持续的影响。

他还进一步为人类的三类语言即孤立语、黏着语、屈折语赋予了价值判断，认为屈折语是发展最完美的语言，孤立语是最不发达的语言，黏着语居于二者之间。在洪堡特看来，人类语言是沿着一条阶梯式的道路发展的。语言由低向高的阶梯式发展，体现了人类精神在追求完美语言（语法）观念道路上的一种进步。在他看来，最完美的语言（语法）观念，显然是最纯粹的屈折形式。

另外，他相信，以语法形式丰富的语言作为工具，思维活动会更加自由、更加广阔，思想的表达也更加细微、更加准确。他认为当逻辑关系同语法关系准确对应起来时，思维就变得灵敏，当语言使精神习惯于严格区分语法形式时，精神就被越来越引向形式的、纯粹的思维。这两者是密不可分地互相关联的。思维要求概念具有清晰、明确性，而概念的清晰、明确在很大程度上则取决于语法形式的表达方式。语言在结构上必须尽可能地对应于思维的有机体。语言的语法结构体现了它对思维有机体的关照。精神为达到自身的目的在语言中促成一定的构造，这种构造越是发达，精神与语言的联系就越紧密。因此，丰富多样、明确限定并顺利地构造起来的语法形式，可使思维变得灵活敏捷，而思维的灵活敏捷则是在雄辩的、辩证的演说中表现得最为明显。

他认为汉语既然不是这样的语言，那么，它对包括理解在内的整个思维活动就会产生消极的影响。"思维和语言的本性决定了那些没有语法形式或语法形式不是很完善的语言会对智能活动起干扰而不是促进作用"（姚小平，1999：49）。洪堡特把屈折语看作人类语言的楷模，在他看来，"梵语是最古老并且最早具有真正语法形式结构的一种；此外，梵语的有机体如此出色和完备，以至于在形式上只需添加很少的东西。堪与梵语并列的是闪米特语言。但毫无疑问，只有希腊语才达到了结构完善的顶峰。"（姚小平，1999：49）

我们认为，洪堡特主张屈折语更有利于思维，无非是因为屈折语用明确的标记标示出与逻辑范畴相对应的语言范畴。如果认为一定的逻辑范畴存在于所有的语言之中，并且构成了正确思维的必要前提的话，那么，这些逻辑范畴的外在语法标记并不是人类思维本质所必须要求的。因为没有这样的外在语法标记，人类同样可以正常地、正确地思维。事实上，使用孤立型语言的民族与使用屈折型语言的民族，在思维能力上并没有高低之分。洪堡特把屈折语视为人类语言的楷模，也是欧洲中心的观点在作怪。如果说一定的逻辑范畴存在于所有语言之中，构成了正确思维的必要前提，那么，这些逻辑范畴的外在语法标记是否也为人类思维本质上所要求呢？答案是否定的，因为常识告诉我们，没有这样的外在语法标记，人类同样可以正常地、正确地思维。事实也证明，使用孤立语言的民族与使用屈折性语言的民族在思维能力上是没有高低之分的。人类达到正确思维的语言方法可以不止一种，任何类型的语言经过自我发展，都能够同样有效地为现代思维服务。

人的思维天生没有差异，也没有高低之分。语言的形式差别多是来自社会文化的区别，而不是来自思维的差异。西方社会长期受古希腊文明的影响，普遍尊崇法治法理统领社会的一切。反映到语言上亦是如此，即语言要有严格的语法。因此我们看到的印欧语言大多是具有复杂语法形态变化的屈折语。语言的发展水平应该和社会的发展水平，而不是和思维的发展水平成正比。因此，洪堡特把语言形式和思维类型挂钩，是具有时代局限性的。

洪堡特类型分类理论的另一个重要特点，是由语言类型阶梯的认识，引出了类型优劣的看法。他的思想是矛盾的：一方面，世界主义的情怀以及他所倡导的"语言是民族精神"的观念要求他平等地看待所有的语言和文化；另一方面，古典主义的思想和有机体的观念又使他对古希腊的文化情有独钟，把古希腊的文化看作是人类文化最纯粹的代表。在进行语言比较时，他一方面强调每一种语言都体现了独特的民族个性；认为语言作为精神活动的工具，不同的类型是有高低优劣之分的。另一方面，又对梵语、希腊语等屈折变化丰富的印欧语言赞不绝口，把它们的语法称为一种"幸运的有机体"（der gluckliche Organiemus），认为："语言是人这一有机生命体在感性和精神活动中的直接表现，所以语言自然地具有一切有机生命的本性。"他甚至声称："语言中有效的生命原则主要依赖于语言的屈折性质。"他的结论是，"梵语这样的屈折语言最靠近语言的理想，……至于被视作处于类型的另一极端的汉语，虽然有某些优点，但终究被他认为是没有语法基础的语言，……要低级得多。"（姚小平，1999：39）所有其他的语言，洪堡特则拿它们来跟梵语或汉语相比较，从而决定它们的优劣程度。因此，洪堡特的语言形式观以及相关的语言价值观都存在着明显的缺陷，也是受自然主义语言观和语言进化论影响的结果。

同时和我们一样，洪堡特也看到了语言发展过程中出现的从综合到分析的转变，他对此的解释是："在对语言发生影响的全部因素中，最活跃的就是人的精神本身，语言也就经历了精神最有生气的变化。而且与精神进程相一致的是，由于对精神内在见解的坚固性越来越信赖而导致过于细致的变化成为了多余的东西。理解的便利取代了特征符号与圆润音节统一起来时由想象带来的喜悦，并把这些形式分解成助动词和介词。理解与此同时把更省力这一目的置于高于语言其他优点的地位，因为无论如何这个分析性的方法降低了理解的费力程度，甚至在一些具体情况中，当综合性的方法较难达到确切性的时候分析性的方法增加了确切程度。但在使用这些语法助词的时候，屈折变化却越来越多余，并渐渐失去了语言知觉对它的重视。因此不管是出于什么原因，有一点可以肯定，真正屈折变化的语言形式通过这种方法变得越来越贫乏，常常用语法词来代替它们，这就可能使屈折变化语言在各个细节部分接近那些由于不同的和不完善的原则而有别于它们语系的语言（分析语）。我们在今天的德语和英语中常见这种例子，而且后者更多。"（姚小平，1999：48）

由此可以看出，同我们的观点一样，洪堡特在对于类型进行研究的过程中，也发现了语言中普遍存在的综合性降低、分析性增加的趋势，他也从省力原则出发对此进行解释，认为分析性的表达方式比综合性的方式更省力、更确切。这也和我们的观点不谋而合。

洪堡特的语言研究之所以取得了如此卓越的成就，主要是因为他的研究对象涉及范围广并且其研究始终立于哲学的高度。洪堡特的语言学说具有宽广的知识背景和多重的方法基础。哲学、文学、美学、历史、古典文化等传统人文领域，是构成这一背景和基础的重要部分。另一相当重要的部分则是新兴的人文学科，人类学、人种志学、经济学，以及生物、生理、解剖、心理、地理、地质等自然科学。洪堡特的语言研究以恢宏博大著称，这主要由三个原因合而铸成：第一，他涉猎的语言极多，他的对象不是一种语言，或一类语言，而是世界语言；第二，他的研究自始至终立于哲学的高度；第三，他并非为语言而研究语言，而是把语言研究看作"人的研究"的一个部分。

总的来说，洪堡特从结构特点对语言进行类型分类的研究，从共时描写的角度来说，对后来的类型学研究是有铺垫和推动作用的。但他那种把语言类型分为等级优劣的观点，现在看来，就显得很不合适。这只能说明，跟某些早期的类型研究者一样，洪堡特也存在着"欧洲中心主义"的偏见。

1.2 "分析化"相关概念的语言学定义

研究分析化趋势首先要明确"分析化"的定义。语言的各个层级都存在着对分析化现象的研究，术语定义模糊会导致研究结果互相矛盾。因此有必要先明确一下分析化现象在语言学研究领域内的定义。

1.2.1 "分析"和"综合"的哲学概念

"分析"一词来自希腊语，同义词为"分解、分开"，意为"在人的认知或实践行为过程中将一个整体（东西、特性、过程或者关系）在思维或现实中切分成部分"（百度百科）。分析是一种科学的思维活动，也是人类认识世界的必然过程。因为自然界中的万事万物都不是单纯的和不可分的，而是具有复杂的构成。它们总是由不同的部分、方面、因素和层次组成。客观事物的复杂性决定了思维分析的必要性，没有分析，人们就不可能对事物有清晰的认识和掌握。

"综合"是分析的反义词，是指"在人的认知或实践行为过程中将一个整体（东西、特性、过程或者关系）在思维或现实中联合为整体"（百度百科）。

随着社会的发展，人类的分析能力也是在逐步提高，分析的深度也在不断深化。分析的目的又是向下一步的综合做好准备。分析和综合是互相对立的，但又是彼此统一的。分析的目的是更好地综合，越容易分析的事物才能越容易综合。在不断地再分析和再综合的过程中，人们最终达到了认识世界的目的。因此，两者都是人类的思维和认知活动的必然过程，不管是在漫长的人类发展过程中，还是在每一次的思维活动中，两者都是同时存在，一起发挥作用，帮助人们更好地认识世界。

"分析"和"分解"是同义词，"分析性"与"可分解性"（расчлененность）亦是如此。两者在概念上的相关就是语言哲学对"分析化"一词进行释义的基础。《新哲学词典》对语言的定义为，语言作为一种符号体系其基本的特征是能够全方位表达人类的认知过程和认知状态，以及作为认知结果的对世界的整体想象。既然分析和综合是认识世界和表达世界的必需方式和必然过程。而语言又是人类对认识世界的过程、状态和结果的全方位的表达。那么语言必然是分析性的（其单位意义的可分解性，并可按照一定的规则将其组合起来）。

也正是语言具有分析性才使得人们能够组织出文本这一带有各种情态的复杂符号体系。因此，分析性就是语言用以实现基本交际功能的普遍特征。语言的分析性具体表现为语言成分的"可分解性"，我们认为这是一个语法问题，是分析性特点在形态和句法层面所表现出的特点，也是分析性词汇单位的特点。既然在认识的过程中，越容易被分析的东西就越容易被综合，也越容易被认识。那么在语言中也同样如此，越容易被轻松分解的语言成分就越容易被重新组合起来，使用起来自然就越方便。这就完全可以解释现代俄语构词层面黏着性构词方式越来越多的原因。黏着性的构词法较综合性的构词法更容易被轻松分解并再组合，方便使用，所以说，这种构词法的背后也是综合性。这一点在后面我们会进行详细的描述。扩大到形态方面，不变化词的大量增多也是分析性增加的表现，与构词黏着性同理，不变化词与其他句子成分之间彼此独立，更容易分解，也更容易再组合，使用起来方便简单，利于交际。而句子层面的分析化亦是如此，分析性的句法链条与综合性的句法链条相比，最大的特点就是各成分比较松散，易分开也易组合，更方便。

1.2.2 "分析性"和"综合性"的语言学概念

关于分析性和综合性，在现代俄语语法研究领域有两个研究方向：一、一种能够影响语言类型所属的语言结构特性；二、不同词类表达语法意义的特有方式。第一个研究方向认为，俄语正在经历一个"从综合语转变成分析综合语的过渡期"（分析化）（В. В. Виноградов，1972：39）。第二个研究方向的观点最为常见，即分析性现象就是基础意义（词汇意义）和补充意义（语法意义）的分开表达。

在《语言学百科辞典》（*Лингвистический энциклопедический словарь*）关于分析性是这样定义的："一种与综合性相对应的类型学特征，表现为词的基本意义（词汇意义）和补充意义（语法、构词意义）分开表达。分析性在形态学上体现为词的不变化性，以及分析性结构形式（复合结构）的存在。"[1]（《Языкознание》，2000：31）。综合性是与分析性相对立的一面，是综合语所常有的一种特性，其语法意义主要通过综合的方式来表达，具体表现为一个词汇单位同时承担多种意义（词汇意义、语法意义、修辞意义等），主要特征为词形变化十分丰富。

语法意义通过语言成分的读音和书写的变化来体现。词汇和句子是发生语法变化的基本单位，因此，"语言之间类型学的差别与表达语法意义的读音是否发生改变，以及句子语法意义是通过词汇内部还是词汇外部来表达紧

---

① Противопоставляемое синтетизму типологическое свойство, проявляющееся в раздельном выражении основного (лексического) и дополнительного (грамматического, словообразовательного) значений, слова. Аналитизм проявляется в морфологической неизменяемости слова; и наличии аналитических (сложных) конструкций (форм).

密相连。"① 如果语法意义通过词汇内部来表达，即形态变化，那就是综合的方式。综合方式的语法意义通过词尾的变化、词缀融合、异干构形、重音（形态意义上的）等方式来表达。这就是语言的综合性特征。对于俄语来说这些方式都是很典型的。反之，如果通过词汇外部表达句法意义，那就是分析的方式。分析方式的语法意义通过词序、虚实词相结合、语调等方式表达。（《Языкознание》，1998）这就是语言的分析性特征。

语法的分析性和综合性也是判断分析语和综合语的主要依据。这主要看其大部分的语法表达方式是分析性的还是综合性的。

由此可见，语言学意义上的"分析性"是指分析语所常有的一种特性（свойство），即该语言的语法意义是可分解的，主要通过分析的方式来表达，即概念意义和语法意义的分开表达。此外，形式和内容的一一对应也是分析性的特征。（В. Г. Гак，2000）И. Б. Руберт（2003）认为，分析性不仅仅是一种语言类型特征，还是语言和文本的发展进化趋势。这和我们的观点不谋而合。

句法层面分析性的具体表现为其语法意义不是通过表意的实词来体现，而是由各种表情态、表语法的虚词来承担，与表意成分分开，比如前置词、冠词、连接词、助词、助动词等。形态层面的主要特征为词的不变化性和分析性结构形式的存在。词素层面的分析性是指词素以黏着性的方式结合，彼此界限清晰，都倾向于单值性，且对于说话人来说具有心理现实性，即在说话人的意识里易分解和语义化。（Н. Б. Мечковская，2001）。

1.2.3 "分析化"和"综合化"的语言学概念

关于分析化，俄语中与此相关的有两个相似的词："аналитизм"和"анализация"，通过比较后我们认为，前者是指语言的一种先天或本质的属性，凸显的是特性，这种特征是典型的、具有代表性的，是指具体的显现分析化的分析性特征，只有具备了分析性的特征，我们才可以说，语言存在着分析化。而后者则是指一种变化及其变化的过程，强调的是从综合向分析转变和发展的过程、进程，凸显的是渐变、渐进的趋势。虽然目前在俄语语言学界前者的使用频率要远远大于后者，但结合本文的实际研究情况（我们的落脚点在俄语从综合向分析转变的具体进程），我们选取"аналитизация"

---

① Гак В Г. *Сравнительная типология французского и русского языка* [M]. Москва: Просвещение, 1983: 83.

作为本文"分析化"对应的俄语词语。

与 1.2.2 中我们介绍的分析性不同,"分析化"是指一种发展过程与趋势(тенденция),指语言从综合性逐步向分析性转变的过程,重点在于分析性程度的加深,从无到有,从少到多,从弱到强。现代语言学界认为分析化现象是分析性结构的发展,即语法系统获得了分析性的形态特征(О. С. Ахманова,1966:67)。狭义的分析化是指词汇和语法意义的分开表达。广义的分析化是指词的语法功能并不由其词素组成来预先确定,语法材料不固定且可以自由产生,并随其使用的文本发生变化,即词不再有词变屈折和语法形式,并且越来越多地变成"纯词根"词汇,其语法角色不再由后缀和词尾来表达,而是通过纯功能的形式表达,比如文本和句子结构。因此,句子层面文本重要性的提升也是分析化现象的表现。

В. Г. Гак 认为,分析化是由单个语言的发展所引起的语言类型学特征。持类似观点的有 О. С. Ахманова,她在词典《Словарь лингвистических терминов》(1966)中认为分析化现象就是分析性结构的发展,即"语言的语法体系获得了与综合语结构相反的分析性形态。"(О. С. Ахманова,1966:457)

В. Я. Плоткин 的观点比较具有权威,他认为,分析化是俄语所有语言层级都有的普遍特性,"分析化现象意味着语言类型特征的改变,因此会彻底转变该语言的形态面貌。其中,词的词素间关系的转变非常重要。分析性和综合性是词素和词的组合关系属性的两个极点。"[1](В. Я. Плоткин,1984:24)

В. Я. Плоткин 指出,对于综合化来说,其特点是实义切分上所谓的自由的词序,而对于分析化来说,则是"词的结构变得比较随意"(В. Я. Плоткин,1984:24),具体表现为一系列综合性特征的消失,比如融合性、词素对接的模糊性、形态的复杂性等,词素的语音外貌变得更加稳定、更加独立。(В. Я. Плоткин,1984:84)

我们认为,语言的分析化就是一门以综合性表达为主的语言逐渐向分析

---

[1] Аналитизация означает изменение типологической характеристики языка. Поэтому оно радикально преобразует всю его морфологию. В частности, важное место среди её проявлений занимает преобразование межморфемных отношений, в слове. Аналитизм и синтетизм представляют собой два полюса в характере синтагматики морфем и слов.

性表达为主转变的过程。主要表现在：一、语法意义从通过由词汇表达转向由句子表达；二、语法意义从集中在一个词上变为分摊到不同的句子成分上；三、词、词组或句子的组成部分由不可分变为可分。针对俄语这中屈折语性质的综合语来说，其分析化的具体表现为构词层面黏着性的增加，形态层面不变化词的大量增加，句法层面格功能的弱化、前置词使用的积极化，复指结构、切分结构和接续结构的大量使用，文本重要性的增加等。

1.3　世界语言从综合到分析的发展与转变

众所周知，印欧语系以丰富的屈折变化为典型特征，不过目前其语言类型正在经历着从综合性到分析性的转变进程，尽管对于不同的语言来说该进程有快有慢、有深有浅，但无一例外不受到其影响。其中英语、丹麦语、荷兰语、保加利亚语、法语、意大利语等已经基本完成了从综合语到分析语的转变。其他还有一些语言尚在转变的过程之中。而俄语因为各种因素的影响，已经算是印欧语言中分析化现象程度较低的语言之一了。下面我们以英语为例，来看看一门语言是如何从综合变成分析的。

1.3.1　英语从综合到分析的转变

直至 16 世纪，英语和意大利语、法语、西班牙语一样，都是各自国家的民族语言。当时英语在文化上的影响还不如意大利语和法语，在使用范围上不如西班牙语。而在 400 年后的今天，英语已成为世界上分布通行最广的语种之一，并且日益成为国际交往的通用工具，不再为一个国家一个民族所专有，是一种中性的信息媒介。从现代英语本身的特点来看，它成为国际通用语也不是偶然的。与欧洲的其他语言相比，英语的词汇系统比较简单。现代英语只有很少的屈折形式，即词尾变化。而欧洲其他语言的形容词却随着名词的性、数、格而发生相应的变化。至于英语的动词，就更容易掌握了，因为它没有复杂的形态变位。众所周知，在摆脱屈折词法方面，没有哪一种语言比汉语做得更彻底，而在从屈折语向孤立语过渡方面，英语比其他任何一种欧洲语言都更接近汉语。也就是说，比起德语、法语、西班牙语、希腊语、俄语等，英语较为彻底地摆脱了繁复的屈折变化，而这种变化恰恰是印欧语系的主要特征之一。萨丕尔指出过英语中的三种发展趋势。他认为："有几条重要的发展脉络，每一条都在数百年内发挥着作用，也都将在未来的数百年内继续发挥作用。"[①] 这三个趋势是指：1）格数量的减少；2）将词作为一种"语法手段来使用"（虚词化）；3）倾向于词的不变化性，以及意义和词之间的对应更为普通、缺少色彩。很明显，这三个趋势都是分析化的典型表现。

英语在它 1500 多年的历史发展过程中，经历了由屈折到孤立，由词形的多变到甚至不变化的发展过程。"屈折"是通过增加表示数、体、格等的屈折词缀来展示句中词语的语法关系，而这种词缀的增加又不影响或改变原词的语法属性或词类。英语中的大多数屈折形式的变化，开始于古英语晚期，莎士比亚时代变化最大。从形态类型上看，古英语（公元 449—1100 年）是典型的屈折语之一，词形变化很丰富，有一整套完备的名词和形容词等的变格体系和动词的变位形式。比如名词、代词和形容词都有五个格（主格、生格、与格、宾格和工具格），各个格不一定有不同的形式（与格和工具格往往形式相同），形容词有强变化和弱变化之分，并在性、数、格上与所修饰的名词一致，此外名词还有两个数和三个性。动词的变化也是丰富多彩，分强动词和弱动词两类，各有变化方式。

中世纪初叶（8—11 世纪），当中国正朝着文明的巅峰迈进时，英国还只是一个两度遭受外敌入侵的弱小岛国。斯堪的那维亚人的语言与当时的英语在一定程度上可以互通，由此可以推断在当时杂居的人口中渐渐发展出一种混合语（creolization）。对于当时的盎格鲁人和斯堪的那维亚人来说，他们各自语言里不同的词尾变化是他们互相沟通的障碍，因此在交流中被渐渐舍弃；而主要由词干组成的两种语言的词汇却是大同小异，成为他们交流的基础。经历这一混合语阶段之后，进入 12 世纪的英语语法已经大为改变了。

与此相应，另一次语言剧变随着诺耳曼人征服英国而发生了。诺耳曼人虽说是斯堪的那维亚人的后裔，讲的却是一种罗曼语——法语，与英语的关系相对较远。在此后的三个世纪里，英语完全失去了它的官方地位：不仅统治阶级操法语，任何想发迹的人也必须学习法语。对于英语来说，这的确是一个"黑暗时代"。由于缺少官方订立的书面语言的标准，英语在操不同方言的人们的交流中发生了迅速的变化。

中古英语时期（公元 1100—1500 年），英语沦为没有受过教育的人的语言，人们在使用英语的过程中，错误地把强动词当作弱动词使用，把其过去

---

① Сепир Э. *Язык. Пер. С англ* [M]. Москва: Соцэкгиз, 1934: 128.

时和过去分词的变化当作弱动词来变化。后来，这种变法逐渐为大众所接受并流传了下来。词的屈折形式消失必然影响句法结构。古英语的词序可以不固定，词序的语义功能很不明显，但到中古英语时期，表达主要依赖于词序。这是屈折形式逐渐消失带来的必然后果。介词、连词、关系代词等的语义功能就显得非常重要了。

词序的固定是中古英语过渡到现代英语的一个标志。14 世纪末、15 世纪初，由于英语名词丧失了格的形态变化，宾语的位置便固定在动词之后，形成了今天的"主语—谓语—宾语"的基本句式。后来的变化进一步强化了这种模式，例如构成问句时助动词"do"的加入确保了主—谓—宾结构即便在问句中也依然不变：试比较"Know ye not?"与"Do you not know?"。

从 16 世纪开始，有些词的屈折形式开始完全消失了。主要表现为虚拟语气屈折消失及诸如 ye, thou, thee, thy 和 throe 的有限使用。一直到15、16世纪才出现标准英语，而这时，英语的屈折变化的简化已经和今天相差无几了。今天词的屈折形式消失的趋向仍在进行，如口语中 who 代替 whom 的情况，如：Who did you hear from? 此外现代英语的动词词法也要简单得多。英语已基本上消除了陈述式与虚拟式的区分，而这种区分在其他欧洲语言里仍然十分重要。英语中只有一两个地方单数与复数的差别消失，从而使虚拟式得以残存，例如：If I were to help you（而不是 If I was to help you）。不过 were 的这种用法如今越来越少，渐渐地只出现在一些固定表达法里了，例如 If I were you。另一方面，现代英语在它的初创阶段演化出了一组没有屈折变化的情态助动词，如 can 和 will，可以部分替代虚拟式。此外，现代英语在它的整个发展阶段还表现出一种喜用进行时态的倾向，而进行时与其说是一种屈折变化，倒不如说是一种句法变化。这一倾向似乎仍在继续，具体表现在从前极少用于进行时的动词比如 want, hope 之类，现在也常以进行时出现了。例如：What were you wanting? I am hoping you will help me.

现代英语另一个特点就是词尾屈折变化的消失。所谓屈折变化的消失，并不是指现代英语就没有屈折变化形式，只是相对于古英语、中古英语而言，现代英语的屈折变化大大地减少了或消失了。英语词法的屈折变化已简化到这样的程度，即除去不规则形式外，全部语言中只剩下四种常用的后缀：-ed（动词过去式与过去分词），-(e)s（名词复数和第三人称单数情况下的动词现在时），-er（比较级），-est（最高级）。

而且随着全球使用英语的人数剧增，英语的分析化进程正在加剧。经济原则是语言发展的第一促进力。人们总是希望能用尽可能快捷、少量的语言，表达最丰富的意义与内涵，屈折语、黏着语形式复杂，不利于记忆与交流，因此，英语越发注重语序而非词的屈折变化，分析化程度也越来越深。

因此，从语法系统上看，英语语法已经由原来综合性表达方式为主转变成现代分析性表达的方式为主，其句中的语义关系主要是由词序和虚词来表示。英语已经基本完成了其分析化的发展进程，这一质的飞跃使得现代英语的语法结构较其他语言更具灵活性。语法简单、方便、易学是当代英语的典型特征。英语之所以能够成为非英语国家学习和使用人数最多的世界语，除了经济因素之外，它从综合语到分析语的转变也是不可忽略的原因之一。可以说，分析化不仅是英语成为世界语的原因之一，也是它成为世界语的必然结果。那么根据目前中国经济的发展速度和汉语的语言类型特点来看，我们是不是可以大胆预测，汉语有可能是继英语之后，下一个非汉语国家学习和使用人数最多的世界语呢？

下面我们就来看看汉语作为一门最典型、最彻底的分析语，在历史上是不是也曾经有过一些分析性程度加深的表现呢？答案是肯定的。

1.3.2　汉语分析性程度的加深

现代汉语作为一门典型的分析语，其中也存在着一些综合性的表达形式，从历时的角度来看，汉语至少在词汇上经历了从综合到分析的变化。古文讲究以诗为语，言简义丰，尽量以极少的字来激发读者的联想，表达丰富的含义。格律的要求也是少而精。古汉字，包括现在已经不再常用的汉字，有很多都是用一个字指代现在的一个词组，这也是为了减少记录所需的载体。例如，查查从"马"字部的汉字，可发现各类"青马""黄马""白马"等等不同类属的马，古时都是用具综合语性的单字词表达：

骠：黄毛白点马

骢：青白马

骓：青白杂色马

骐：青黑格子纹马

骥：好马

骏：好马

骃：一种良马

駃：另一种骏马

骃：骏马；壮马

驹：少壮马

骟：已阉割的马

骝：黑鬣黑尾红马

骖：车前两侧的马

骓：骖马

騧：黑嘴黄马

駤：壮马貌

駸：状马疾驰貌

騁：马驰貌

骒：雌马

骀：劣马

驽：劣马，走不快的马

驷：一车四马

驸：一车数马

駽：1）暗色面额白马；2）青马；3）杂色牲口

骍：赤马（也指赤牛）

骢：浅黑带白杂毛马

具综合语特色的古汉语单字词占版面的空间的确是少很多，但如果要全记得并纯熟应用这些单字词，难度会比学习具分析语特色的多字词高很多，而且汉字词的数量也会无止境地增加下去，因此，这种方法渐渐发展到尽头。今天，汉语改用分析性的表达方法，用有限的字构成无限的词，放弃了为每个复合意义造一个新的单字的做法，不再用一个字来综合地表述多个意思或特性。也正因为这个原因，汉字的数量没有大量地增加下去，新词均用已有的旧字组合而成，因此很多词均能顾名思义，懂汉语的人学习新词时不一定需要查词典，因此，中文词典的改版密度，也远远不及英文词典来得频密。这也是现代汉语这种高度分析性的语言相对于英语这种中等程度分析性语言的优势所在。

此外，古汉语在语法层面很常见的综合性的表达方式有：使动用法、意动用法、为动用法、词类活用。下面分别举例说明：

一、使动用法

项伯杀人，臣活之。（《鸿门宴》）

春风又**绿**江南岸。（王安石《泊船瓜州》）

纵江东父老怜而**王**我，我何面目见之？（《史记·项羽本纪》）

这里的"活""绿""王"除了本身的词汇意义外，还多了一层表达使动的语法意义，意思是"使宾语活、使宾语生"，因此是综合性的表达方式。

二、意动用法

孔子登东山而**小**鲁，登泰山而**小**天下。（《孟子·尽心上》）

甘其食，**美**其服，**安**其居，**乐**其俗。（《道德经·小国寡民》）

夫人之，我可以不**夫人**之乎？（《谷梁传·僖公八年》）

这里的"小""甘""美""安""乐""夫人"除了本身的词汇意义之外，还多了一层表达意动的语法意义，意思是"以……为小""认为……是甘、美、安、乐""把……当作夫人"，因此也是综合性的表达方式。

三、为动用法

将免者以告，公令医**守**之。（《勾践灭吴》）

念**悲**其远也。（《触龙说赵太后》）

杀人如不能举，**刑**人如恐不胜。（《项羽本纪》）

这里的"守""悲""刑"除了本身的词汇意义之外，还多了一层表示为动的语法意义，可分别译作"为……接生""为……而伤心""对……用刑"，因此是综合性的表达方式。

四、词类活用

狐鸣呼曰："大楚兴，陈涉王。"（《陈涉世家》）

项伯乃**夜**驰之沛公军。（《鸿门宴》）

假舟楫者，非能**水**也，而绝江河。（《荀子·劝学》）

这里的"狐鸣"意为"像狐狸一样鸣叫"，"夜"意为"在夜里"，"水"意为"会游泳"，我们认为，这种词类活用的现象都是除了词汇意义之外，还具有或多或少的语法意义，符合综合语集各种意义于一词的特点，因此具有综合性的特征。

如今随着社会的发展，汉语中这些综合性的表达方式因为不符合交际的简便性需求，已经渐渐地被淘汰。其中所蕴含的语法意义转而通过虚词和词序来表达。

除了上述古汉语之外，还有研究认为，上古汉语（南北朝以前，早可推至秦汉前）很有可能是一门屈折语，没有声调，而且汉字是多音节，如同西方语言，不同于现在的单音节，有复辅音（如"目"为[mruk]）。不仅如此，还有复杂的动词形态和前后缀。1920 年，瑞典最有影响的汉学家歌德堡大学教授、校长高本汉发表题为《原始汉语是屈折语》（*Le proto-chinois, langue flexionelle*）的论文（《亚细亚杂志》），其中揭示了上古汉语有代词的格屈折变化痕迹。这篇论文是高本汉用法文写的最后一批论文中的一篇，引起了轰动。20 年代以后，高本汉转而改用英文写作。多年来他不止一次地转向汉语中的屈折和派生问题，例如，1933 年发表的《汉语词族》（*Word Families in Chinese*），以及后来发表的《汉语语音系列中的同源词》（*Cognate Words in Chinese Phonetic Serises*）。

大部分语言学家认为，原始汉藏语的语音语法和嘉绒语相似：没有明确的声调系统，有复辅音，有复杂的动词形态。法国学者奥德里库尔（Haudricourt）早在 1954 年就发现汉语的声调是后期才产生的，战国时的汉语没有声调，到了南北朝韵尾 -s 和喉塞音分别演变成去声和上声。上古汉语也有复杂的形态，例如：使动的 s- 前缀：登（端母登韵）上古汉语 teen，增（精母登韵）s-teen（e 为倒写，n 为长脚后鼻音）。再比如温州师范学院的金理新教授所著的《上古汉语形态研究》一书中系统深入地探讨了上古汉语的复杂形态，其中包括前缀*s-、前缀*g-、前缀*r-、前缀*m-、前缀*fi-、后缀*-s、后缀*-fi、后缀*-d、后缀*-n、后缀*-g 等。另外他还有论文《论形态在确定汉藏同源词中的重要意义》《上古汉语的~*l-和~*r-辅音声母》《上古汉语的*-l-中缀》等都是研究这个问题的。

嘉绒语和藏语里存在着同上古汉语一样的 s- 使动前缀。嘉绒语（rGyal-rong skad）属于汉藏语系藏缅语族的羌语支，通行于四川省的甘孜藏族自治州（dKar-mdzes）和阿坝藏族羌族自治州（rNga-ba）。嘉绒语是一种非常原始的语言，是汉藏语系的"活化石"，它保留了原始汉藏语的一些语音形式（例如：复杂的复辅音）和构词手段。嘉绒语对了解古汉语的语音和语法有重大的意义，因为语言历史研究比较有助于构拟上古汉语的语音系统。

嘉绒语的动词形态相当丰富，除了时态，还表示人称范畴：动词的人称和数与主语/宾语一致。在汉藏语系里，除了嘉绒语，有许多语言也呈现动词的人称标记，例如景颇语。有的学者甚至怀疑，原始汉藏语可能有相同的动词人称标记，但是这个标记系统在汉语、藏语和缅甸语里消失了，只保留在比较原始的语言里。在汉藏语系里，藏语和汉语具有悠久的文献传统，却丢失了原始语一些很重要的特征，反而是处于边缘地区的语言比较接近原始语。

此外，以前普遍认为上古汉语是一种以单音节为主的语言，每一个汉字代表一个音节。但是近几年，通过音韵学和汉藏语系原始语言的拟构，中国学者潘悟云和法国学者沙加尔不谋而合地得出了一致的结论（不过这个结论目前还存在争议）：上古汉语体现出与现代汉语非常不同的特征。上古汉语不仅有复辅音，也有次要音节，汉朝以前，一个汉字可以代表两个音节：次要音节和主要音节，第一个音节是弱化音节，其主元音为 e，没有韵尾。不仅如此，上古汉语还有复杂的动词形态和前后缀。汉语之所以变成现在的形态，无论是发音还是语法，是东晋十六国，即"五胡乱华"以及后来屡次北方民族南下统治中原导致民族大迁徙和混杂的结果。商代成熟的甲骨文可能也有助于语法形态的改变。第一，是因为象形文字不表音，不体现原始汉藏语通过语音变化（屈折语的前后缀变化）表现复杂的语法现象，所以原先的语音的综合语特征通过文字而弱化。第二，因为东夷的语言可能本身是分析语，他们形成的原始象形文字系统体现自身的分析语特征，因而原始汉语在书写过程和以文本为工具的传播过程中也强化了它的分析语倾向的演变。

因此，现代汉语作为一门典型的高度的分析语，也有可能是从综合语演变而来的。虽然这只是个假说，有待进一步的研究和考证，但是也不难反映出，所有的语言都在向着分析化或更加分析化的趋势发展，哪怕是分析程度最高的汉语，也难逃此规律。

1.4　本章小结

1. 古典语言类型学根据语言中词素的结合方式把语言分为孤立语、黏着语、屈折语、多式综合语；根据句法关系把语言分为分析语和综合语。两种分类之间也不是毫无关联的。通常认为，孤立语是分析性程度最高的语言，而其他三种都属于综合语。不过现在有一种看法认为黏着语也属于分析语，而且是最具分析性的语言类型，因为它们要素的可分离性已经深入到了词素一级。因此屈折语和多式综合语属于综合语，而孤立语和黏着语属于分析语。

作为屈折语，俄语最典型的词汇特征就是词尾有着丰富的屈折变化，并通过这种变化来表达各种语法意义。而这恰恰也正是综合语的典型表现，因为综合性的特征就是将各种意义集中到一个词上。所以俄语的屈折性也就意味着综合性，屈折性的降低必然代表着综合性的下降和分析性的增强。而在句法层面，屈折语的句子中各成分通过屈折变化紧紧连为一体，词汇屈折性的降低就会导致句子各成分之间彼此限制性的弱化和句法链条的松散，也就意味着句子结构分析性的增加。屈折语构词层面最大的特征是各词素之间彼此结合紧密、不易分开，而在黏着性的构词方式下，各词素之间界限分明，可轻易分开并与其他成分再组合。所以俄语在构词层面向黏着性构词法的转变也意味着分析性的增加。

2. 我们认为，语言的发展和变化具有它自己的特点和规律，这种变化和发展是在人们认识和使用的过程中，在原有的基础上逐步形成的，它带有渐变的性质。正因为如此，语言的发展往往不为人们所察觉。语言，首先是它的基本词汇和基本的语法规则始终保持着它最大限度的稳定性，正是这种稳定性保证了它强大的生命力和民族文化传统的继承性。我国优秀的古典文学名著《水浒》《红楼梦》，俄罗斯的经典巨作《叶甫盖尼·奥涅金》《战争与和平》，这些不朽的作品至今为世人所理解并作为世界文学宝库中的颗颗明珠而放射着它们璀璨的光芒，就有力地说明了这一点。另一方面，我们又发现，现代的语言较之几个世纪以前，甚至于几十年前确实存在着某些差异。语言的这种相对的稳定性和绝对的变化性是辩证的统一。并且语言具有共性，汉语如此，俄语亦然。随着现代社会生活节奏的加快，语言的变化速度也在提速，俄语作为一门典型的有着屈折变化的综合语，近年来在语言类型学方面发生的变化也越来越多地吸引着研究者们的目光。

3. 分析语和综合语的对立不是绝对的，任何一种语言从某种程度上说都是分析性和综合性的统一体，没有哪种语言是"纯综合语"或者"纯分析语"，判断一种语言是综合语还是分析语的依据，是看该种语言中绝大部分语法结构是综合性的还是分析性的。分析语和综合语也各有优缺点，满足了人们在不同时期的不同需求。

语言的分析性或综合性也不是一成不变的，俄罗斯著名学者 В. Г. Гак 认为，"随着语言的发展，分析性与综合性可以互相转化"[①]。在综合语中不断形成一些分析性结构，这些结构可能在将来把综合形式排挤掉，但也可能转化为另一种综合性结构。关于这一点已经有很多例证，英语、丹麦语、意

---

① Ярцева В Н. *Лингвистический энциклопедический словарь* [M]. Москва: Советская энциклопедия, 1990: 451.

大利语、西班牙语都是由综合性语言转变为分析性语言的，法语在从拉丁语到现代法语的演变过程中也在这方面发生了重大变化。俄语在此大趋势背景之下，也正处在分析化的进程之中，近年来在各种语言内外因素的影响之下，俄语的分析化现象有越来越加速的倾向，这一点在语言的各个层级都有所体现。

4. 19世纪西方的语言沙文主义者喜欢从语言"进化"或"衰退"的角度来看待语言类型的转变，极力夸赞他们的语言是世界上最先进的语言，极力贬损汉语等分析语的地位，认为它们是"落后的""未开化的"，只是词汇的堆积和简单的排列而已，词和词之间无形式联系标记。然而由于语言学研究的发展，也由于英语等西方主要语言已完全或正在变为分析语的事实，他们只好给了汉语等典型的分析语以应有的地位。20世纪初 O. Jespersen 等人则持截然相反的观点，认为综合现象比分析现象更古老，所有语言都是在从综合向分析转化，因此分析语与综合语相比，更为简单、方便，更简单易学，在语序上与思维同步，更便于思维的表达和理解，更能满足人的交际需求。G. N. Leech 在谈到英语语法的发展趋势时指出"在从屈折语向孤立语过渡方面，英语比其他任何一种欧洲语言都更接近汉语"（G. N. Leech，1995：1）。

根据我们的观察，语言类型的转变方向主要是从综合语转向分析语，尤其在快速发展的近现代社会条件下，分析化的趋势越来越明显，越来越加速，印欧语系中已经出现了大量的例证，英语、丹麦语、意大利语、西班牙语都已经基本完成了从综合到分析的转变。本文分析了英语分析化转变的过程和原因，汉语作为典型的分析语在漫长的发展过程中也出现了分析性特征加强的现象。那么是否可以说分析语比综合语更为先进呢？我们认为，语言仅仅是一门工具，有其自身的发展规律，无所谓优劣，不能从语言使用者的角度来为语言扣上"进步"或"落后"的帽子。存在即是合理，一切现象的出现必然有其背后的客观需求所在。

虽然我们不赞同语言孰优孰劣之说，但至少有一点可以肯定，语言的分析化现象是一个必然趋势，虽然在不同时代、不同社会背景之下，该趋势的表现有所不同，速度也各有差异，但总的发展方向是确定无疑的。

5. "分析"和"分解"是同义词，"分析性"与"可分解性"（расчлененность）亦是如此。两者在概念上的相关就是语言哲学对"分析化"一词进行释义的基础。

正是语言具有分析性才使得人们能够组织出文本这一带有各种情态的复

杂符号体系。因此，分析性就是语言用以实现基本交际功能的普遍特征。语言的分析性具体表现为语言成分的"可分解性"。

6. "分析化"是指一种发展趋势（тенденция），指语言从综合性逐步向分析性转变的过程，重点在于分析性程度的加深，从无到有，从弱到强。狭义的分析化是指词汇和语法意义的分开表达。广义的分析化是指词的语法功能并不由其词素组成来预先确定，语法材料不固定且可以自由产生，并随其使用的文本发生变化，即词不再有词变屈折和语法形式，并且越来越多地变成"纯词根"词汇，其语法角色不再由后缀和词尾来表达，而是通过纯功能的形式表达，比如文本和句子结构。

7. 世界上的很多语言都经历了从综合到分析的转变，比较典型的有英语、法语、西班牙语、丹麦语、荷兰语、保加利亚语、意大利语。哪怕是汉语这种分析性极高的语言，也在历史上有过分析性增强的发展阶段。

第二章　现代俄语分析化现象的研究

本章主要介绍俄语语言系统分析化现象的理论背景，继续为第三章进行理论铺垫，主要是俄罗斯国内语言学界对分析化进行研究的历史和取得的成果，中国俄语学界对分析化的研究现状，还有俄语分析化的分类情况简介，以及导致现代俄语分析化现象加速的语言内外原因。

2.1　俄罗斯语言学界对俄语分析化的研究

研究表明，语言越完善，表达必需信息时所需的编码规则就越少，即形态越简单，变化越少。比如，O. Есперсен 在提到俄语中喋喋不休的数的表达时曾指出："英语中表达 All the wild animals that live there (все дикие животные, которые живут там) 时，复数形式只出现一次，而俄语中则出现五次。"（O. Есперсен，1925）由此可以看出，俄语屈折体系功能上有着很大过剩现象。Шарль Балли 称之为语法冗余现象。（Ш. Балли，2001）然而也有许多俄罗斯国内外语言学家指出语法冗余手段存在的必要性，因为冗余能够克服信息传递时可能产生的障碍。А. Е. Супрун 认为，"语言作为人类社会至关重要的工具，为了克服交际中的困难，包含许多重复的成分。综合语中的重复成分（比如形容词的性）是用来克服理解方面的困难的。"（А. Е. Супрун，1974）

我们认为，这些冗余的语法手段在一定时代条件或许是交际要求所需的。而在当今信息爆炸时代，人们对快速交际的迫切需求导致了许多可有可无的手段必须加以简化。在各种因素的共同作用下，俄语中过于复杂的屈折变化无时无刻不在发生着简化，这些简化就是分析化的突出表现，它体现在很多方面，也被很多学者所承认和研究。

我们根据年代和研究特点将俄罗斯国内对俄语分析化现象的研究划分为三个阶段。

2.1.1 初期研究阶段

这一阶段主要是指 19 世纪末至 20 世纪 60 年代，这期间不论是俄语内分析化的表现、发展程度，还是对其开展的研究都比较零散，不成系统，可以说是初期阶段。

最早指出俄语语法中存在某些分析化现象的是 И. А. Бодуэн де Куртенэ（1877），他以充分的理据指出，俄语标准语中存在着分析语成分。（转引自 В. В. Виноградов，1952）Н. В. Крушевский（1883：112）提出语言的发展观，即"语言各成分处于永不休止的再整合之中"，从而使得大家开始关注俄语的发展变化方面。Н. В. Крушевский（1883）认为，**наилучший, самый лучший** 这种形容词的出现其实就是俄语分析化的证明。

随后 В. А. Богородицкий（1910）指出了名词格系统的弱化[①]。为了证实语法分析化的存在，他还对 **самый высокий** 这种形容词的使用情况进行了调查。

В. М. Жирмунский（1935а、1935б）指出，俄语中出现了用一个词来完成另一个词的屈折意义的语法现象，这在以前是没有过的。

В. В. Виноградов（1938、1947）首次对俄语语法中的分析化趋势进行了详细的论述，并举出了很多的语料佐证。他指出："俄语从普希金时代开始，最大限度的综合性开始削弱。在 19 世纪下半叶，俄罗斯标准语中分析语成分在很多方面排挤着原来的综合语形式。"（В. В. Виноградов，1938：438）

他分析了俄语前置词的语法化、抽象分析化的发展趋势。他认为："俄语中出现了越来越多的分析性结构，其中前置词在语法化之后，现实意义逐渐弱化甚至消失，变成了普通的语法词素。"（В. В. Виноградов，1938：533）

某些词汇的分析性表达形式如今已经变成了"独立的词或熟语"，В. В. Виноградов（1938：42）对这种词汇化的现象进行了研究。比如，副词：**налету, наяву**，前置词：**по части, по линии, в отношении**。他认为："这种分析性形式不仅数量越来越多，意义也越来越复杂，越来越明确。"（В. В. Виноградов，1938：534）这种状况在 20 世纪后半期的俄语中得以继续。俄

[①] Богородицкий В А. *Ряд глав в своих общих курсах: в "Очерках по языковедению"* [М]. Казань: наука, 1910.

语通过自身的构词方式产生的分析性副词越来越多，如：внахлёст, наперелёт, с ветерком, с довойны。

这一阶段的研究为下一步的研究打下了基础，做了铺垫。

2.1.2 中期研究阶段

20 世纪中期又掀起一股研究分析化现象的新浪潮，而且是在更加宽阔的领域，即现代俄语标准语中发生的变化。这一阶段的研究相对深入，研究范围也比较广，是发展的中期阶段。

1964 年出版的《Развитие грамматики и лексики современного русского языка》便是这项研究的起点。书中 Н. Ю. Шведова, Н. А. Янко-Триницкая, И. П. Мучник 等语言学家对各个语言层级内偏离综合语规则的现象进行了研究，从词汇到形态到句法。

俄语学者 Н. Ю. Шведова 在论文《О некоторых активных процессах в современном русском синтаксисе》（1964）中详细阐述了俄语报刊语言中的分析化现象。

苏联科学院语言学研究所（АН СССР ИРЯ）在 1965 年出版了论文集《Аналитические конструкции в языках различных типов》①，语言学家们将俄语中的分析性联系形式同其他语言中的语法形式进行了大量的历史比较研究。

20 世纪 70 年代，语言类型学对分析化问题做出了极大的贡献。一系列的研究表明，各种语言的分析化现象都有其独一无二的特点，很难建立一个统一的评判标准。（В. Н. Ярцева，1965）Н. В. Солнцева 和 В. М. Солнцев（1965：80）认为，"词的分析性形式"和"语言的分析性构造"是两个不同层面的概念，完全不相关。

М. В. Панов（1968）在其专著《俄语和苏联社会》中对现代俄语的分析化现象进行了详细的描述。М. В. Панов 将形态学分析化定义为，词的语法意义通过文本而非词本身体现出来。具体的表现形式有：格系统的弱化（尤其是数词）、一格的扩张、不变化词的增多（包括分析化形容词的出现）、前置词使用的积极化现象、双体动词的使用、缩略语的增加等。

---

① Жирмунский В М, Суник О П. *Аналитические конструкции в языках различных типов* [C]. Наука Ленинградское отд-ние, 1965.

2.1.3 最新研究阶段

20 世纪末 21 世纪初，语言学家们对分析化的研究更加深入，领域更广，研究角度也越来越多，还深入到了很多之前不曾涉及的层面，比如构词领域的分析化。他们还尝试着对分析化进行理论解释，总结各层级分析化的特点。因此，这个阶段可以说是研究的提升阶段。

Е. А. Земская 的切入点是基于俄语口语及侨民俄语发展研究。她对俄语口语及侨民语言中的词法、句法范畴的分析化现象研究，在其代表作《俄语口语》（1973）[①]、《俄语口语：语言学分析及教学问题》（1987）[②]、《20 世纪 80—90 年代俄语词汇积极扩充的过程》（1993）、《复杂的语言现象：20 世纪后几十年俄语使用的特点》（1997）等中进行了详尽的论述。她指出："口语中名词一格的使用情况说明，这一形式在口语中的所指比书面语中的所指要多得多。与此相关，口语中原则上是另一种名词聚合体的结构：一格是无标记成分，而在书面语中各格都是有标记的。"[③]

В. Г. Костомаров（1994）在其专著《Языковой вкус эпохи》中介绍了俄语在语音、词汇和词法方面的新现象和新变化，着重写了词汇方面的变化，比如新词的不断增加。同时他指出近年来俄语在语法领域内的变化体现在由修饰功能的词缀、截短部分构成的分析性形容词的逐渐增多。

Л. П. Крысин 的主要研究是从社会语言学角度入手，将俄语的分析化趋势视为一种社会现象。他不仅对制约此现象产生的社会历史环境、民族交往、思维意识等因素进行了积极探索，而且还对构词领域所产生的分析化现象进行了剖析。相关著述主要有《现代俄语的社会语言学研究》（*Социолингвистические аспекты изучения современного русского языка*）（1989）和《是构词还是借用？》（*Словообразование или заимствование?*）（1997）等。

Л. В. Кнорина 的专著《Грамматика. Семантика. Стилистика.》（1996）也从语法、语义和修辞三个不同的角度来研究了俄语中出现的新现象。

---

① Земская Е А. *Современный русский язык. Словообразование* [M]. Москва: Просвещение, 1973: 304.

② Земская Е А. *Русская разговорная речь: лингвистический анализ и проблемы обучения* [M]. Москва: Русский язык, 1987.

③ Земская Е А. *Современный русский язык. Словообразование* [M]. Москва: Просвещение, 1973: 264.

此外，许多研究者发现动词领域也出现了分析化趋势。Д. Р. Шарафутдинов（1997）指出，прыг, хвать, шмыг 之类的不变化述谓词范围正在扩大。此类词汇的增多说明分析化现象也深入到了动词领域。Д. Р. Шарафутдинов（1997：388）强调，分析化动词（动词感叹词）在适合的文本背景下一般是可以代替标准动词的，这说明，"动词感叹词和与之相对应的动词（一般是以 -нутъ 结尾）能够形成同一种类型的句子。"

Т. Б. Акимова（1998）在其论文《 Различные формы проявления аналитизма в современном русском языке 》中讲述了现代俄语不同形式的分析化趋势的出现。

Е. И. Голанова（1998）在论文《 Развитие класса аналитических прилагательных в современном русском языке 》中主要研究了俄语中的分析性形容词。俄语中分析性形容词的"新词类"地位一直受到俄语语言学界的质疑，我们在 4.3.1 中对现代俄语中分析性形容词的产生历史进行了简要回顾，并对新出现的分析化现象加以介绍分析。

Н. Г. Ильина 等人在《 Русский язык конца XX века 》一书中分析了以 -ово, -ино 结尾的地理名词。研究者们专注于 Шереметьево, Любино, Быково 之类地名的研究绝非偶然，因为现代俄语口语中这些词越来越倾向于不变化。Н. Г. Ильина 提出了"词法领域分析化增强"的结论，他坚信："90 年代的分析化趋势与 20 世纪上半叶的分析化趋势相比，更加巩固了自己的地位，还会有新的变化。"（ Н. Г. Ильина，1996：327 ）

М. Я. Гловинская（2001）等人对俄语语音中的分析化现象进行了有益的探索。

Е. А. Брызгунова（2003）在论文《 Современное состояние русского языка и речи 》中研究了苏联解体后现代俄语句法中的分析化现象，认为有些词脱离了传统的语法规则出现了新的变化，如：出现了名词一格的扩张、名词一格代替间接格形式、第二格形式逐渐被第四格取代的现象。

Н. С. Валгина（2003：156）认为，俄语分析化趋势主要表现为："格的数量减少、不变格词语的数量增多（名词、形容词、数词）、共性名词的数量增多、名词集合意义的表达发生了改变（用单数形式表示集合意义）"。

近十年的研究表明，21 世纪初的俄语中出现了许多新的分析化现象的例子，比如：称名分析化（ аналитизм номинации ）、语法化分析化（ аналитизм грамматикализации ）、范畴化分析化（ аналитизм категоризации ）。（ Т. Б. Астен，2003；Г. И. Тираспольский，2003 ）

大部分学者关注的还是词类层面的分析化现象，因为这个领域的变化非常明显。Т. Б. Астен（2003）重点研究不变化名词和不变化形容词等非屈折形态。Ю. В. Рощина（2005）也研究不变化名词，但同时她认为副词也是俄语分析化现象的重点领域。

《Русская грамматика》（2005：507）一书中认为："口语、职业用语、报纸用语中以 -ово (-ево, -ёво), -ино (-ыно) 结尾的地名越来越倾向于不变化，比如：до Тушино, из Внуково, от Поронино, около Шереметьево。"甚至有些修辞规范著作中还建议划分出地理名词变格和不变格的场合。然而，Ю. В. Рощина（2005）的研究结果证明，大部分操俄语的人在使用 -ово, -ино 结尾的地理名词时还是倾向于变格形式。不过，她同时也指出，20 世纪 60 年代中期至 2000 年间，此类地理名称不变格的情况无论是在口语中还是书面语中，都增加了两倍还多。而 2000 年后至今，这一类词不变化的倾向则更加明显。

2.1.4 俄语语言学界分析化研究的特点

我们认为，俄罗斯语言学界对待俄语分析化现象的研究有以下两个特点。

一、研究角度多样化

除了试图从成分上进行分析之外，近年对于分析化现象的研究还多从两个方面开展，即功能和结构，而且往往是从认知语言学的角度（И. В. Шапошникова，2005；Д. Б. Никуличева，2006），因为"仅仅从成分上分析显得太局限化了"。

语言学家们对分析化现象功能方面进行过研究后一致认为，分析化的功能机制（对基本意义和补充意义的分开表达）和人类认知周围世界的机制是非常类似的。其中，分析化的认知层面"十分值得关注，因为它与人类在认知经验过程中所掌握的语义资源之间的相互作用问题紧密相连，而这也是现代语言学家极为关注的方面"（И. В. Шапошникова，2005：13）。

语言分析化机制的结构层面则是指："存在于语言系统各个层面结构上的离散性（расчлененность, дискретность），无论是词与词之间句法联系上缺少屈折性，还是词素对接上缺少融合性，都属于这个方面。"（Д. Б. Никуличева，2006：40）经过对上述研究方法的对比后发现，分析化机制之内还存在一些黏着化和孤立化的组合方式。Д. Б. Никуличева（2006）称其为离散性的组合方式，其对立面是融合性的组合方式，其表现是成分的相对独立。

除了将分析化趋势划分成功能和结构两个方面之外，现代语言学家们还提出了同样建立在认知基础上的模块性概念。语言单位功能的模块性概念同样也可以应用于构词体系的分析性现象。因为黏着词中词素与词素之间界限清楚，且每个词素都有其明确的意义，所以对于说话人来说它们都有很大的心理现实性，即容易分解和形成各自的语义。正是模块性才致使复合语言单位的辅助成分能够轻松脱离整体，前提是该成分在语言使用者的意识中是相对独立的。因为高度的自主性让词素可以脱离旧词的束缚，出现在新的词汇单位之中，比如 супер, мега, ультра 等。现代俄语中的前缀 супер-（суперкризис, суперцена）因为派生太过频繁，现在已经变成了独立的词汇，如 суперский。

可以说，分析化趋势不仅在功能、结构和模块三个方面表现出其本质，还吸引了大量学者从各个角度对其展开研究。比如词汇层面。词汇的分析化是指，当一个分析性结构的词一方面具有物质意义，另一方面在保留词汇意义的同时，又获得了另一种综合的或范畴的辅助功能，比如形态功能、词汇功能或句法功能。因此，词汇分析化现象可以从功能的角度进行研究，因为分析性词汇单位的特点就是语义的离散性。比如，在 атмосфера дружбы, вахта памяти, черное золото 之类的词汇组合中，其中一个成分是核心的，另一个成分是辅助的，而整个组合则是语义分析化的。

二、态度多样化

在语言类型学奠基人看来，语言结构的分析化其实是语言的一种退化。А. 施莱格尔认为："……语言一直在退化，用前置词取代变格就说明了这一点。"（А. 施莱格尔，1866：15）之所以会有这种观点，是因为早期欧洲语言的语法被认为是语言的范本，比如古希腊语、拉丁语、古斯拉夫语等综合语。它们的形态变化十分复杂，且被认为是语法发展的最高境界，因此词尾变化的消失就被看作是语言的退化。（Н. Б. Мечковская，2001）

现在大多数研究者已经改变了看法，他们认为分析化现象是语言进行自我调节的一种内部机制，谈不上是语言的退化还是进步。Б. А. Серебренников 认为："世界语言的发展趋势并非是倾向于特别复杂的语法系统，而是相对不太复杂，但又足以满足交际需要的语法体系。"（Б. А.

Серебренников，1988：240）

А. А. Потебня 在对某些斯拉夫语屈折变化的消失进行研究之后首次指出，屈折的消失并不是语法形式的削减，而是反映了思维的复杂化进程。А. А. Потебня（1968：66）将屈折看作是特别重要的语法因素，其优势在于能够"方便思维"、节省脑力，因为人们不用再费脑力来赋予无形态词以语法意义。А. А. Потебня 认为这就是所谓的语言的经济原则。如果按照他的说法，那现代大部分印欧语言从综合到分析的发展（屈折性的降低）岂不违背了语言的经济原则？实际上，同一个语法意义通过词形来表达远没有加一整串的助词更轻松。比如 В. А. Богородицкий（1935：242）就提出了语言结构所特有的最有意义的过程，即语言功能倾向于"更经济的脑力和更方便的记忆……"。语言的发展事实也很好地印证了这一点。因此，我们的看法与 А. А. Потебня 相反，即与屈折性较高、变化丰富的综合语相比，变化较少、语法形式简单的分析语更加方便表达、理解和记忆，语言的分析化现象而非屈折形式才是语言经济原则的有力证明。

总之，俄罗斯语言学界承认俄语系统内存在着分析化的发展趋势，并且对此现象从各方面展开了详细的研究。虽然他们看待这一现象的角度不同，态度也有区别，但他们都不否认这一现象所具有的研究价值。但是俄语学界对于分析化的研究远不能说是很彻底，因为大部分的工作仅限于确定的事实。可是每一个现象，尤其是语言学现象的背后都有其本体论的原因。我们认为，研究者的首要任务应该是努力挖掘出这些原因，并将其同语言发展的全部过程联系在一起。

2.2　中国俄语学界对于俄语分析化的研究

中国国内语言学界对于现代俄语的分析化趋势问题的研究相对较少，主要集中在不变化的形态层面，并且尚未形成相对深入、全面、系统的研究。

一、形态层面

黑龙江大学教授张会森在 1999 年出版的《90 年代俄语的变化和发展》第 10 章"俄语语法领域的新现象"中较早提到了分析化这个问题。通过对 90 年代俄罗斯大众传媒语言的观察，他发现了如下几种情况：第一，专有名词不变格现象逐渐增多；第二，外国地理名称，特别是新名称，出现了不变格趋势；第三，俄语仿照英语形式，造出了"名词+名词"的组合形式，中间用连字符，成为独立词汇，首词不变格；第四，90 年代俄语中"不变格形容词"逐渐增多；第五，注释成分在公文事务语体中通常用原形；第六，地理方位名称用作加确性成分时，受英语影响，俄语也不变格的现象尤为常见。这是中国俄语学界较早对形态层面的分析化现象进行总结的著作。

朱蝶、杨可（2005）在《现代俄语词法分析化趋势的发展》中分别探讨了名词、形容词、数词以及动词的分析化倾向，说明语言的发展在内因和外因的共同作用下，现代俄语词法中出现的种种分析性现象，展现了现代俄语词法领域中的分析化趋势逐渐加强。

牛立伟（2005）的硕士论文《当代俄语的分析化趋势——描写与分析》主要论述了当代俄语的发展状况，当代俄语分析化现象在词汇形态方面的表现，具体包括不变格名词和不变化形容词、动词的分析化趋势、代词的分析性联系等，同时描写了当代俄语的分析化趋势在句法中的表现，主要体现在句子中格的功能的减弱和前置词、连接词等虚词的功能增强等方面。

褚敏（2010）的论文《现代俄语中的分析性形容词》对现代俄语中分析性形容词的产生历史进行简要回顾，并对新出现的类型加以介绍分析，描写了分析性形容词的分类，主要分为不变格形容词（即无词形变化的形容词）和有词形变化的截短部分，以及说明"名词+名词"的组合中前置的名词作为分析性形容词。

二、句法层面

何荣昌《现代俄语语法结构中的新现象》（1987）论述了在俄语句法中，分析化趋势体现在各个层面上的分解性，即表情句法，而表情句法又与分析化趋势紧密联系，因此，分解性是句法结构中分析化趋势的表现。作者主要从独立称名结构和句子的分割结构来说明句法的分析化趋势。何荣昌的《俄语口语与俄语语法新现象》（1993）、崔卫的《俄语口语句法中的分析化趋势》（1998）主要通过论述俄语口语的运用以及对书面语的影响，来说明俄语口语对俄语分析化现象的出现产生的影响。

内蒙古财经学院的庄晓惠老师在《内蒙古财经学院学报》（2004）发表了题为《浅论俄语发展的几个显著规律》的文章，文中从习惯规律作为执行规律起作用的角度谈及了格不变化及弱化趋势。

徐英平的论文《俄语词语组合分析化趋势解析》（2006）指出了俄语分析化的进程体现在俄语中原有综合性语法规则的语用变异、不变化词形数量的增加、构词模式的分析凸显等方面。

褚敏的论文《当代俄语句法结构中的分析化现象》（2009）中分析了俄语句法中的分析化现象，并指出分析化现象自 20 世纪中叶在现代俄语句法领域就已经出现，到 20 世纪末呈现出加强的趋势，作者主要从句子的接续结构、切分结构以及述谓单位的繁化三个层面来说明俄语句法领域的分析化趋势。

徐英平在其专著《俄汉词语构造的多维思考》（2012）的第五章"词语构造分析化趋势及其制约因素"中对俄语和汉语词语构造的分析化类型及其表征，以及词语构造分析化的制约因素进行了对比分析。还对造成俄语分析化的语言外部因素进行了总结，是国内较为系统、全面介绍俄语分析化现象的论述。

总的来说，中国国内俄语学界对于俄语的分析化现象关注不多，且研究相对来说较为零散，以小论文和专著的个别章节为主，没有一个系统性的、详细的分类、梳理和描写，理论建构比较缺乏，相关术语也处在模糊不清的阶段。我们相信，本文的研究将有助于弥补这些空白和不足。

2.3 俄语分析化现象的分类

俄语属印欧语系的斯拉夫语族，是比较典型的综合型语言，有着丰富的形态屈折变化。与其他印欧语言相比，斯拉夫语族各语言的发展历史较为平缓，基本上都维持在综合型语言的框架内，分析形式很难深入到其语言体系内部。但在大趋势的影响下和语言自身发展内部矛盾的推动下，斯拉夫各语言内也出现了很多分析性特征增强的表现，尤其是俄语。

俄语作为一门典型的综合语，其词的词汇意义和语法意义是由一个词综合表达的。一个完整的俄语词是由词干、词缀和词尾构成的。这种构成决定了一个词既要以词干、词缀来表达概念意义，又要以词尾来反映语法意义（性、数、格、变位、人称等）。在交际和选词造句时，既要考虑用词表意，又要考虑用该词来反映语法和结构意义，即表意变化兼顾。然而随着不变化新词和不变化静词性定语（即分析化形容词，М. В. Панов）的出现，20 世纪俄语语法结构中分析性方式和综合性方式的比值发生了巨大的变化。

我们根据语言层级的不同，可以将俄语的分析化现象分为三个大类：构词层面的分析化、形态层面的分析化和句法层面的分析化。

2.3.1　构词层面的分析化

许多语言学家，如 Е. Д. Поливанов, А. А. Реформатский, М. В. Панов, Е. А. Земская 都曾经指出，分析化现象作为语言的特性，并不仅仅表现在语法意义层面，还渗入了其他语言层级，比如构词领域。他们认为，派生词结构黏着性特点的增长也促进了构词领域的分析化现象。

众所周知，黏着性的构词方式就是在不变化的词根上添加词缀，一方面，黏着性就是按照构词和语法意义建立起来的统一的词素综合体，因此逻辑上应该完全符合综合语的特性，因为综合性就是词汇和语法意义的混合表达。另一方面，黏着语的词缀具有单值性，词素也相对独立，能够自由组合。所以黏着的背后应该还存在着另一个特点，即分析性。因为分析性的特点就是意义表达时的离散性（дисткретность），以及结构的可分解性，即各成分在组成新词的同时又各自保留独立性。所以可以说，黏着语其实也是分析语，而且是最具分析性的语言，因为其可分解性和组成成分的独立性已经深入到了词素一级。В. Г. Гак（2000）认为，黏着语其实就是最具分析性的语言。Ш. Балли 和 Е. Д. Поливанов（1933）在对突厥语和东亚语言进行研究之后也做出相同的结论。某些学者还认为："黏着化其实就是构词领域的分析化。"（Н. Б. Мечковская, 2009: 268）

屈折语词内词素和词素之间没有明确的界限，同一个词内不同范畴的表达融合成一个单一的不可分的形式，屈折变化成分的独立性很弱，词素完全依附于词根，成为词的一部分，甚至完全无法与词剥离。而黏着语里词素与词素之间界限明确，整体意义通过词素的自由组合来表示。它的各个部分的联系比较松散，语法关系和结构由词素或词的自由组合表示，我们能很容易地区分开。如今的俄语构词方式逐渐从综合性转向黏着性，即词素结合比较松散、易分开的方向转变。比如原来的构词模式下词素与词素之间通常会加上中缀（-е-, -о-, -ъ-），以便它们之间结合得更加紧密，不易分开。而如今则完全不需要，两个词素可以直接结合在一起构成新词，这就是黏着化构词方式最明显的表现之一。

因此，俄语构词层面的分析化表现在派生词结构中黏着性的增强：旧的构词模式中词是作为词形的聚合体，而新的多产的构词模式中词变成了词素组合体（В. В. Борисенко, 2007: 211），即各成分在组成新词的同时又各自保留独立性。分析化形容词在参与构词时这方面表现得最为明显，这些形容词大部分来自西欧语言，比如：антикризисный, суперцена, мегаскандал, бизнес-язык。

黏着性构词法相对于综合性构词法的优点在于：第一，黏着性的构词方式省去了词素结合时原有的形态变化，简单易操作，容易创造出各种新词来满足对不断出现的新事物进行命名的需求。第二，在目前这个信息爆炸的时代人们需要尽可能多、尽可能快地传递信息，信息量越大所需的编码也就越多，为了达到用最少的编码来实现最大信息量的传播，人们就必须缩短和简化编码（摆脱了中缀），减少记忆负担。第三，这种构词模式赋予了每个词素独立的语义，这种通过"语义+语义"的方式构成的新词，其意义一目了然，不需要再额外掌握专门的语法知识，也减轻了记忆负担。

我们将在后面从六个方面阐述构词层面的分析化：一、组合构词法的变异与活跃；二、构词前缀的实词化；三、基数词直接进入构词模式；四、截短构词法；五、外来词根或词缀的能产性增加；六、缩略语。

2.3.2　形态层面的分析化

现代学者将称名分析化、语法化的分析化和范畴化的分析化归入形态学层级的分析化现象。（Д. Б. Никуличева，2006；Г. И. Тираспольский，2003）

一、称名分析化（аналитизация номинации）

称名分析化与带有分析化特征的实词的同化和形成紧密相联。这类词首先是指不变化的名词和形容词，它们通过与其他词之间的关系来表达范畴特点。现代语法学家承认，不变化词及其同音异义词的背后存在着所谓的"零变格"（нулевое склонение，其实就是不变格、不变化的现象）[①]。此外，他们还强调了这种现象的系统性："在俄语中存在着两种基本的变格：名词的和形容词的。其中还可以分出一种特殊类型的零变格，包括不变化的外来名词（депо, пальто, жюри, бра 等），以及形容词（бордо, мини, модерн, хаки 等）和不变化缩略语。"（《Русский язык》，1998：482）

承认不变化词类具有"零变格"之后，研究者们认为，"零变格"很好地证明了俄语语法构造中的分析化现象。（B. B. Виноградов，1972；М. Я. Гловинская，1997；И. П. Мучник，1971；М. В. Панов，1999；《Русский

---

① Шведова Н Ю. *Грамматика современного русского литературного языка* [M]. Москва: Наука, 1970: 337.

язык 》，1968 ）

我们认为，称名分析化与外来词（такси, пальто）和俄语本土不变化词，尤其是各种缩略语形式（роно, РАО ЕЭС, спецагент）的功能相关。

"在现代俄语词类系统中，有两种性质的语法意义表达方式：综合方式和分析方式。"（В. В. Виноградов，1938：137）在俄语的形态构造中，变格的名词、形容词、数词和变位动词是"综合方式的主要体现"[①]。然而在现代俄语的形态构造中，存在着分析化的"点"和"面"（Е. В. Клобуков，2001：86），如副词、情态词、介词、感叹词、拟声词。18 世纪时，俄语中开始出现不变化名词。（И. П. Мучник，1971）

关于俄语中到底有多少不变化名词，大家看法各有不同。分析各种不同结果可以观察到其发展动态。Т. Б. Астен 给出了以下数据："1976 年 Л. К. Граудина 认为不变格名词只有 350 个，1979 年 Т. А. Козмир 得出的数量是 500 个，1980 年 Г. А. Смирнова 认为是 1000 个，而 Ф. П. Филин 认为是 1500 个左右。"（Т. Б. Астен，2003）在 1996 年 Н. П. Колесников 的《俄语词汇语法词典》中收录的不变格名词超过了 2000 个。很显然，外来词是不变格词群的主要来源，比如：жалюзи, суши, сашими, веб-мани。此外，以 -ово (-ево), -ыно (-ино) 结尾的俄语地理名词也有不变格的发展趋势，比如：Орлово, Царицыно, Любино, Муромцев。关于这类词的分析化特征需要指出的一点是，它们的形式意义通过与句子其他成分之间的组合关系来体现。

因此，称名分析化在很大程度上是俄语所特有的现象，因为不变化名词已经是俄语体系中不可分割的重要组成部分，它们的语法范畴不通过自身词形来体现，从而组成了特殊的"零变格"词群。

二、语法化的分析化（аналитизация грамматикализации）

语法化其实就是将一些特殊的表达纳入正规的语法范畴，或赋予一种形式多种意义，使所指被纳入文本或具体语境的坐标之中。语法化的分析化通常以：буду делать（Г. И. Тираспольский，2003）之类的形式来表现，即表时间和人称的语法形式通过分析性地手段来表达。不过简单地将语法化理解成这样是不够全面的，因为形容词和副词的分析性的最高级没有被包括在内

[①] Панов М В. *Позиционная морфология русского языка* [М]. Москва: Наука, Школа "Языки русской культуры", 1999: 76.

（самый красивый, очень сильно），它们被认为是旧的形式。

Т. Б. Астен 认为，语法化的分析化最明显体现在表示职业和社会地位的名词的性范畴方面。这些词对应的后缀词形式（продавщица，врачиха，профессорша）往往带有一定的修辞色彩，因此现代俄语标准语中更倾向于使用分析性的手段来表达这类词的性，比如：Пожилая врач вела приём в поликлинике. Продавец обсчитала покупателя。他指出，俄语性范畴表达领域的分析化趋势将会进一步加强，因为这种表达方式还带有一些政治礼貌性。很明显，首选的是无标记的表达，众所周知，"俄语中回避使用有性别的表达手段，因而必将朝着分析化的方向发展"。（Т. Б. Астен，2003：227）比如所谓的性别语义一致性中，性的表达就是通过动词和一格形式的限定语来表达的。俄语中成对的人称表达（студент – студентка, певец – певица, поэт – поэтесса）数量很多，可是在表达性时常常使用的是语义一致性，比如：Экономист составила смету. Профессор выступила с докладом. 很明显，这种现象的形成与超语言因素有关。因为：第一，早先社会条件下，女性受教育程度较少，从事的岗位很少，因此很多职业并没有对应的阴性称呼；第二，之前的女性社会地位较低，即便有对应的阴性名称，也通常含有贬义色彩；第三，这些阴性的称呼还会引起歧义，比如 генеральша 一词，既可以做"女将军"讲，也可以做"将军夫人"讲。因此，现在人们使用这些词汇时，通常选择的是语义一致。

随着社会的发展，表达新职业的词汇不断涌现，而性范畴方面与之相对应的词汇却大量缺失，从而导致现代俄语中性范畴方面语义一致性的结构数量大大增加。从形式上的一致性到语义上的一致性，词的语法意义不再通过词的屈折形式，而是通过语境和文本来判断，这恰恰是分析化的表现之一。这种现象最早出现于口语中，随后逐渐渗入书面语，最后被广泛运用。比如：

В церемонии открытия комплекса **приняла** участие **губернатор** Петербурга Матвиенко.（РИА, Новости, 15. 03. 2010）

Менеджер пилота **сообщила** о его решении принимать участие в соревнованиях.（Росбалт, 04. 02. 2010）

Промоутер хотела ответить грубостью.（Тюменские известия, 04. 03. 2010）

Парикмахер-брейдер салона красоты **опробовала** на себе экзотическую прическу.（Ваш Ореол, 12. 05. 2010）

Помощник мэра города **вручила** капитану 1гранга Игорю Смоляку символический ключ.（МО, Российской Федерации, 15. 05. 2010）

此类结构丰富的语义含量以及简便的使用形式也是分析性结构的典型优点，因此这种结构首先在报刊政论语体中被大量使用。

《Русский язык и советское общество》一书中对于分析化现象背景下文本作用重要性的增加有着详细的论述。研究者们对"编码和文本的二元对立"进行研究之后认为："应该缩减编码，把某些符号剔除出去，使其变得更加简单，与此同时就需要增加文本的长度。"（М. В. Панов，2007：19）

对语法化的深入研究还使我们发现了数范畴领域分析化的某些特点。研究者们对 Студент нынче любопытный пошёл. Студенты нынче любопытные пошли 之类的句子进行了对比之后指出，名词数的形式不仅仅表达数量的意义，还表达集合意义。我们赞同这种看法，并且认为当单数名词表示多数意义和集合意义时，文本起着关键性的作用，因为该意义的形式指标在句子中是不存在的。

А. В. Бондарко（1978）对 "Мужик измельчал. Помещик разорился или превратился в кулак." 和 "Мужики измельчали. Помещики разорились или превратились в кулаков." 两个句子的语义区别进行分析之后提出，在文本背景和词汇内容的共同作用下，句子中的单数名词 мужик, помещик 和 кулак 具有集合性质的伴随意义。

有时候构词层面也能表达上述意义，比如：мужичьё, студенчество, детвора, профессора 等。

单数名词表达集合意义不是最近才出现的，早在古俄语中就有这样的用法，民歌和文献中都能发现其踪迹。18 世纪俄罗斯经典主义语言的典型特点就是用单数名词表达集合意义。19 世纪至 20 世纪期间许多俄语标准语题材和体裁的作品中都频繁使用这样的表达方式。（Т. Б. Астен，2003）

我们认为单数名词在特定文本中表集合意义这一现象背后存在分析性的表达方式，同时还存在某些带有语义构词的平行结构。毫无疑问，为了理解一个按照词汇语义模式构成的词，必须首先了解这个词所在的文本。单数的确可以表达集合意义，但它的基本意义是指单个，揭示其所指的含义已经不能单凭能指的形式，还可根据文本、具体语境等多种因素来判断。这类词汇的所属与分类方面存在许多争议，对此我们赞同 А. А. Поликарпов 的观点。他认为，词汇同音异义性程度的提高是语言构造分析化的因素之一（А. А. Поликарпов，1976）。

因此，语法化的分析化既可以通过形式（借助助词来表达语法意义，比如 буду читать, более красивый；或者通过实词组合，比如 Президент посетила университет.）来表达，也可以通过文本（赋予整个句子统一的语义）来表达。我们在第三章中把语法化的分析化归为句子层面的分析化来进行分析。

三、范畴化的分析化（аналитизация категоризации）

范畴化的分析化的机制与所有带有分析化形态词类的形成紧密相关。传统上包括副词和状态词。需要指出的是，这里不包括不变化名词和形容词，因为它们的不变化性与称名分析化紧密相关。与静词类相比，副词和状态词拥有完全不同的形态。

研究者们特别指出，副词包罗万象的形态是其他实词领域出现分析化现象的原因。（Ю. В. Рощина，2005）副词（以及与之接近的状态词）没有屈折语所特有的语法特征，其多产性和使用频繁性证明了俄语中分析化现象的增长，同时又对其他实词的形态产生了影响。

那么这种影响体现在哪里呢？许多研究者（Т. Б. Астен, Е. А. Земская, Ю. В. Рощина 等）认为，体现在俄语中正在形成或者已经形成了一种新的词类，即分析性形容词。М. В. Панов（1971）首次划分出这一类结构上独立的词类，它们保留了修饰性的语义功能，但又拥有非典型的俄语形容词形态。Панов 将其称为分析性形容词，不过这种叫法并不是很准确，因为该词类包含了不同语言层级的单位，从词素层级到句子层级都有。我们认为，使用术语"аналиты"（分析性定语）或许更加恰当。М. В. Панов（1971）在自己书中也提到了这个词，并且认为任何具有分析性特征的语言单位都可以称为"аналиты"。从来源上说，不变化（分析化）的形容词既不属于原始印欧语，也不属于原始斯拉夫语。

该词类主要有：

1）前缀：экс-президент, супердержава；

2）由名词派生出的类前缀：радиоизвестия, стеклозавод；

3）截短形容词：профсобрание, госучреждение；

4）名词：блицконкурс, чудо-человек；

5）不变格后置基数词：космонавт-два；

6）副词：яйцо всмятку, волосы торчком；

7）不变格说明语气词：вроде-специалисты, как бы-помощники（М. В.

Панов，1971、1999[①]、2007 ）。

俄语中范畴化的分析化通过特殊词类来体现，不变化性是其语法参数。分析性定语是俄语中新出现的一种词类，它具备形容词的修饰性语义但又没有屈折变化，它是俄语分析化现象的证据之一。

总之，形态层面的分析化可以分为三类，第一类是称名的分析化，主要是指不变化词（零变格）的大量出现，这主要和外来词的大量涌入有关，不变化词语摆脱了复杂的形态变化，减少了人们交际负担，更加便于记忆和交流，因此受到了大众的普遍喜爱。俄语中的不变化词汇近年来数量有越来越多的发展趋势，这在本文第三章第二节中有详细论述。第二类是语法化的分析化，这里主要和分析性的表达方式有关，比如未完成体将来时 буду читать、形容词最高级 самый красивый 等。以及名词的性范畴和数范畴的分析性表达方式，我们把这一点放在了本文 5.4"意义一致原则的倾向"中进行了详细论述。分析性的表达方式不仅摆脱了复杂的外形变化，还拉大了语义缝隙，使人们更好地对其进行修饰和意义填充，更加便于表达。第三类是范畴化的分析化，这主要和分析性形容词这一新词类的大量产生有关。分析性形容词具有形容词的修饰功能，但又摆脱了形容词复杂的外形变化，便于记忆和交流，因而能在交际者中得以广泛传播。关于这一点我们在 4.3.2 中有详细论述。总的来说，形态层面的分析化现象主要是指不变化词数量的大幅增加，以及分析性形容词这一新词类的产生。分析性形容词不需要变化，直接对名词进行修饰，既具有形容词的修饰功能，又摆脱了形容词复杂的外形变化，便于记忆和交流，因而能在交际者中得以广泛传播。众所周知，综合语最典型的特征就是词汇具有复杂的外形变化，并通过这些变化来表达各种语法意义，而分析语则没有或者少有变化，语法意义通过虚词和文本来表示，因此俄语形态层面不变化词的大量增加就是分析化现象增强的典型表现。

我们认为，导致俄语词汇层面不变化词汇大幅增加的原因主要是：第一，不变化词形态更加简单，交际过程中减轻了人们记忆方面的负担，符合省力原则和现代社会发展加速的需求。第二，词汇的不变化导致了词汇摆脱了复杂形态变化，不用再同时承担词汇意义和语法意义，原本集中为一个词的意义现在只能由两个或更多个词来分别承担，拉大了语义缝隙，便于对其

---

① Панов М В. *Позиционная морфология русского языка* [M]. Москва: Наука, Школа "Языки русской культуры", 1999: 76.

进行说明和修饰，符合人类思维的分析性特点。第三，词汇虽然不变化，但其原有的语法意义也可以通过和其搭配的动词或形容词来表达，这样更加省事。这本身也是分析化的典型表现。

我们将从七个方面对形态层面的分析化进行阐述：不变化名词、不变化副词、分析化形容词、兼类词和同音异义词、动词、数词、代词和虚词。重点讨论它们的不变化性，以及不变化新词的产生。

2.3.3　句法层面的分析化

句法学的分析化是指语言单位的组合性特点。Г. И. Тираспольский 将句法学的分析化分成两种基本的类型：句子成分的分析化和句子的分析化。第一个是指带有分析性连接词的句子成分的生成，第二个是指带有分析性联系的句子成分的形成。（Г. И. Тираспольский，2003）

与 19 世纪相比，现今俄语的句法面貌已经发生了非常大的变化。从连续的句法链条、鲜明的从属关系发展到今天较为松散的结构，各成分之间相对独立，句法联系较为隐秘。音律面貌也发生了变化：句段长度大大缩短，句子成分间的分散破坏了句子的句法框架，依附和并列类型的自由句法联系越来越活跃，句子的表现力越来越多地通过语法结构本身而不是词汇来体现。句法构造变得越来越分散，越来越片段化；形式上的句法联系越来越弱，越来越自由。黏着性的句法结构越来越多，句子成分之间结合的紧密性下降，变得易分解和再组合。这些都是句法层面的分析化。分析性句子结构的优点在于：第一，句子更加自由灵活、短小精干、符合快速交际的需求。第二，句子成分的屈折性降低、更加简便、便于交际。第三，句子各部分更容易拆解，也能对其增加更多的修饰成分，表现力更强。

俄语句法发展变化的另一特点是简化趋势。21 世纪是新的科技革命时代，信息交流日趋频繁，社会生活节奏明显加快，这种情况必然要求作为人们交际工具的语言去适应这一时代特点，人们力求尽可能地在较短的时间，以较快的速度传播信息、交流思想；即力求使语言的运用符合"经济原则"，句法结构的简化趋势正是顺应时代的产物。俄语句法的分析性倾向和简化趋势在句法的各个层次和各个方面都有所表现。

我们认为，句子成分的分析化的主要表现有：分析性动名词词组使用的增加和前置词使用的积极化。句子的分析化主要有：一、格范畴的变化，具体表现有：格之间的相互影响、格数量的减少、一格使用的积极化、四格使用的积极化、格区别性的减少、名词结构"как+N1"的积极化现象；二、意义一致原则的倾向；三、述谓单位的繁化；四、句子的接续和切分结构；五、复指结构；六、称名结构的大量使用；七、句子的压缩和简化；八、从属不定式结构的积极化；九、同等成分的分析化趋势。

通过对俄语语法系统的分析化现象进行全面分析之后，可以得出结论：虽然俄语本质上仍然是屈折语，但存在着大量分析性现象，而且这些分析性现象有越来越多的趋势，这种增强就是分析化的发展趋势。形态学领域的分析化现象很多是由超语言因素和语用因素引起的。如果称名分析化和范畴化分析化是由外来语大量涌入直接导致的，那么语法化分析化则可以被看作是俄语系统内部所特有的"深层"现象。

俄语分析化趋势的产生与发展是语言内在因素和民族文化心理的特征、政治制度变革、社会经济的发展等语言外在因素共同作用的结果。下面我们就来看一看这些原因是如何对俄语的分析化现象起到推动作用的。

2.4 现代俄语分析化的原因

宇宙中的一切事物都不是静止不变的。语言作为一种社会现象，同样处于不断的变化和发展之中。语言类型也会发生相应的变化。Г. О. Винокур（1999：134）指出："语言的历史就是描述语言在其不断变化中本身的机制，描述社会为了各种不同的目的运用这种机制而采用的多种手段。"语言本身就具有历史的性质，是历史的产物，它在历史中形成，又在历史中发展和变化。当然，语言的发展和变化具有它自己的特点和规律，这种变化和发展是在人们认识和使用的过程中，在原有的基础上逐步形成的，它带有渐变的性质。正因为如此，语言的发展往往不为人们所察觉。语言类型的改变更是需要极其漫长的时间，在内因和外因的共同作用下，日积月累，从点到面，从少到多，直至达到类型面貌的彻底转变。

美国语言学家惠特尼（William Dwight Whitney）认为语言是惯例，建立在社会常规之上，依靠传统的势力基本保持不变，同时又不断发展变化。（王远新，2006）

历史比较语言学自然主义语言观认为，人类自身及人类的语言都同自然界的万物一样，源于自然起源，是一种客观存在，并且随着时间的推移不断变化。代表人物葆朴认为："语言应该被看作是自然有机体。那是因为一切语言都按照固定的法则形成，按照生命内部原则的进程发展，最后逐渐死亡。"（转自裴特生，1958：254）施莱格尔在专著《达尔文理论与语言学》一书中指出："语言是有机体，其产生不以人们的意志为转移；语言根据自身的规律成长起来，不断发展，逐渐衰老，最终走向死亡。我们通常称为'生命'的一系列现象，也见于语言之中。"（转自岑麒祥，1988：253）他还以自然生物的生长历程来比拟语言的发展演变，提出语言发展的两个阶段假说：语言的生命和动植物等其他机体的生命并没有什么本质上的区别，它和这些有生命的机体一样，都有成长和衰老的时期。在成长时期，它们由简单的结构变成更复杂的形式；在衰老时期，由它所达到的最高点逐渐衰退，它的形式也受到了损害。

历史比较语言学派的语言变异理论研究认为语言是一种"异质有序"的结构系统。"异质"是说语言以各种各样的"变异形式"实际地存在着。不同地域、性别、年龄、职业的人说出来的话存在差异，同一个人在跟不同对象、在不同场合说话时也有差异。"有序"是指各种变异形式表面看起来纷繁杂乱，但是它们与各种社会因素之间存在一定的联系，这种联系是有规律可循的。正是由于各种变异形式与社会因素之间存在有规律的联系，通过对这种联系的观察，就有可能发现语言演变的原因和机制，甚至预测语言演变的发展趋势。

对于语言变化的原因，变异研究表明，语言的变化是由多种因素导致的，其中有些因素涉及语言结构的特点和性质，这是内因，有些则与社会的特点和性质有关，即外因，内外因素是语言发展的双引擎，它们相互作用共同推动语言的发展。在语言变化的社会原因研究方面，历史比较学派做了大量工作，取得了令人瞩目的成绩。他们认为，一旦了解了语言变化的原因和条件，就可以进一步预测变化的发展趋势，这也是其他语言史研究所未曾涉及的。

分析化现象是近年来印欧语系语言在语言类型发展变化方面最明显的一个表现。这里首先明确一下语言学中的"趋势"一词，因为大部分的研究者都将语言中分析化特点的发展定义为一种趋势。关于什么是语言发展的趋势，我们赞同 M. Я. Гловинская 的观点，即某种类型的语言事实随着时间的推移逐渐加强的过程。趋势通常表现为每种语言都会具备的一系列的进程，如：类推和错合现象，语言单位的非语义化和微分、话语的压缩、省略和外显。如果这些进程的发展方向是一致的，那么就说明存在着某种语言发展趋势。（Гловинская，1996）这就是说如果在某段历史时期内某一类单位的转变具有根本性质（或者说统一的方向），那么就具有一定的发展趋势。①

　　俄语的分析化现象早已被俄语学界所认识，语言学家们在很早以前对这种趋势予以了关注。

　　1968 年 M. B. Панов 主编的专著《俄语和苏联社会》（*Русский язык и советское общество*）中对现代俄语的各种分析化现象进行了总结，对其进行了明确的定义，进而对其在言语中的具体表现进行了概括。也正是在这本书中他指出"分析化现象是现代俄语最为鲜明的发展趋势之一"（M. B. Панов，1968：45）。之后所有研究俄语分析化现象的人均参考了此书。M. B. Панов 认为："分析化趋势指的是，词语的语法意义不是通过词语本身的结构来体现，而是通过其结构之外的手段来表达。现代俄语中的分析化趋势主要表现为名词'格'的词尾变化减少，有些名词不变格；分析性形容词的功能增强；兼体动词增多。"（M. B. Панов，1968：32）以 M. B. Панов 为首的研究小组在《俄语和苏联社会》第四卷中得出了结论，俄语发展的必然趋势之一是"分析化趋势"。（M. B. Панов，1968：258）

　　俄语中潜存的这种分析化趋势在苏联解体后得到了进一步强化，它已触及语言符号的诸多层面。对于这一重要变异现象，诸多学者都予以了充分关注，并进行了充分研究，如：E. A. Земская（1993，1997）、E. И. Голанова（1998）、Г. Н. Акимова（1990）、E. B. Клобуков（2001）、Н. С. Валкина（2003）等。他们研究的切入角度和侧重点各具特色。

　　进入 20 世纪以来，俄语中的分析化现象的速度日益加快和明显，由点到面，由弱到强，在各个方面都体现出了其强大的影响力。我们将在第三、四、五章节中对其进行详细论述。下面我们来看看导致语言发生变化的语言内外因素有哪些：

---

　　① 比如在 18 世纪至 19 世纪期间，俄语中元音所携带的信息性减少了，20 世纪元音的信息含量更少了，因此就可以说，元音信息量的减少并不是一种偶然现象，而是语音系统发展的一个趋势。或者如果在一个时期内几个本质上不同的单位的转变具有相似之处，那么也是一定的发展趋势。比如，20 世纪俄语标准语重读元音"y"在软辅音之间，无重音元音在词尾时，元音"a"在重读前硬啼音之后，重读前元音在软辅音之后都有一个共同的特点，俄语元音所特有的信息量的减少。元音在快速交际中弱化后，其所反映的信息量必然减少，这也不是一个偶然现象，而是俄语语音体系所特有的一种趋势。

2.4.1 语言外因素

任何一门活的语言都是一种持续且有规律地向前发展的多功能符号系统，并且有其内部完整性和统一性。活的语言总是处于不停的变化之中。语言的变化就是语言调整自身来适应不断变化且日益复杂的社会生活的过程，以及词汇的增加和语法结构的改变。语言的构造原则和使用机制决定了语言历史发展的趋势。语言的发展其实就是"语言不断调整并适应社会需求的过程"（Языкознание，1998：159）。新的社会条件下产生了新的概念，因此需要相应的新的表达手段。社会的复杂性、人的个性的多样性、交际内容和目的的复杂性、交际语境的多变性都促使语言在不断自我调整，不断发展变化，以适应现实社会的交际需求。

20 世纪有很多著名的语言学家都对语言和社会的历史发展，以及社会和政治环境对语言发展规律的影响等问题展开过研究，其中有：Г. О. Винокур（1999），以及 В. В. Виноградов（1978）、Л. П. Якубинский（1986）[1]、А. М. Селищев（2003）[2]等。

语言的演变也是一个复杂的过程，影响其发展的原因也是多种多样的。任何能够影响人类活动的因素，诸如社会环境、认知机制、意识形态的变化等同样也会影响语言的变异。语言变化的目的是满足社会对语言使用的有效性。社会的变化决定了语言的变化与之相适应，社会、社会心理、社会心理期待的变化使语言不断变化以保障其对社会的适应性，社会有什么变化，语言及其交际体系就会发生相应的变化。因此我们在探究语言发展变化的原因时，除了要考虑语言自身因素的作用外，还必须认识到语言外部因素的重要性。

导致语言分析化的社会原因有很多，不同国家、不同时代又各有差异，这里我们主要分析一下导致现代俄语分析化现象加速的语言外原因。

2.4.1.1 社会体制的变化

苏联解体后，社会体制发生了重大的变化，大众政治地位大幅提高，大众的语言地位也随之提高。普通百姓登上了政治舞台，大众交际参与范围的

---

① Якубинский Л П. *Избранные работы* [M]// *Язык и его функционирование.* Москва: Наука, 1986.

② Селищев А М. *Язык революционной эпохи. Из наблюдения над русским языком (1917-1926)* [M]. Москва: Издательство УРСС, 2003.

扩大，言论及新闻审查的大幅削弱，口头和书面交际个性及对话性的加强，再加上自发性质的个人交往和公众交际范围的扩大，"人们不再是读出预先编写的讲话，而是他们自己说。"(《Русский язык》，1998：13）苏联时期口头公众交际的主要特点发生了重大改变。"正式场合下的公共交际之前所具有的严格限制如今已经被弱化。在苏联时期建立的所谓的'标准语'使得大众的话语权始终与低俗、不登大雅之堂联系在一起。而如今俄罗斯社会的当权者为了迎合普通百姓，获取选票，必须承认并接受普通大众最常用和喜爱的语言及表达方式。大众传播领域的各种访谈、讨论、圆桌会议，以及新型面试等等具有了许多新的风格，并获得了广泛传播。与此同时，媒体的功能也发生了改变，从苏联时期的发号施令改为平等对话，官方电台和电视的播音员起到了带头作用，他们独立思考并发出自己的观点。"(《Русский язык》，1998：13）事先准备好的、缺乏直接沟通的交际被毫无准备性的交际所取代。交际的正式性也被削弱，因此，"正式交际与非正式交际之间的界限也在变得模糊。"(《Русский язык》，1998：13）Е. А. Земская 认为，人们对官僚语言的极度厌恶也是 20 世纪末俄语变化的一个显著特点，人们渴望找到新的表达方式。口语与书面语之间的界限越来越模糊，口语在向书面语渗透，大量的口语表达形式进入到了标准语当中。

众所周知，口语当中有大量的分析性表达形式，以俄语学者 О. А. Лаптева, Е. А. Земская 为代表的口语学家对口语中分析性现象的扩大及其对书面语的影响进行了大量的论述，О. А. Лаптева 在其专著《俄语口语句法》（1976）中对口语中 "一格的扩张" 的现象进行了论述，列举了口语中的分析化现象①。在当今俄语当中，随着口语对书面语的渗透的不断加剧，口语的分析性表达形式也进入了俄语书面语中，成为推动俄语由综合语向分析语转变的巨大动力之一。

2.4.1.2　语言规范的变化

苏联解体以后，转型时期的俄罗斯社会发生了巨大变化，社会制度的更替、思想意识形态的转型、价值观念的改变和社会的全盘开放等就是这种剧变的具体体现。社会的变化引起了语言使用者认知心理和修辞品位的变化，其突出特点之一就是彰显个性，反对约束的自我放纵，对语言及语言的使用

---

① Лаптева О А. *Русский разговорный синтаксис* [M]. Москва: Издательство Физико-математической литературы, 1976: 35.

为所欲为。在社会各个领域出现了这种自由化。人的自由化心理对俄语的影响就体现为"语言的自由化"，正像俄罗斯学者 В. Г. Костомаров 在《Языковой вкус эпохи》一书序言中就开门见山地指出，用"自由化"（либерализация）这个词来定性当今俄语发展变化特点最准确不过了。（Костомаров，1994）

在自由化思潮的影响下，当今俄语的语言规范发生了一定程度的变化，有的甚至是颠覆。比如 Е. В. Клобуков 曾经指出：后苏联改革时期俄语的一个重要社会因素，即有意识地"偏离标准语规范"（Клобуков，2004）。人们的心理和价值观的改变，导致了对前社会的各种"规范"与"规则"的逆反和叛逆，这种逆反和叛逆表现在语言及语用上就是"语言品位"和"修辞品位"的改变，就是对昔日的规则和规范的冲撞与对立，昔日的"俚语""俗语"涌入到标准语当中。媒体和有权威的语言使用者们（政客、群众文化工作者）正在有意或无意地破坏着规范。其表现形式之一就是原有的许多规范与规则开始模糊，口语和书面语的界限也在不断模糊化，口语中大量分析性表达形式不断进入俄语书面语中，成为促使当代俄语中大量分析语成分不断出现的动力之一。人们倾向于使用简便的不变格形式，追求语言的简便化，大量违背语言规范的表达形式越来越成为一种"语言时尚"（языковая мода）。其实，语言也正是在不断冲击原有规范和规则的过程中完善并充实自己，服务于社会的。

2.4.1.3 开放后外来语的涌入

语言接触是由民族间贸易往来、文化交流、移民杂居、战争征服等各种非语言学范畴的接触而间接导致的一个语言学范畴的研究现象，它发生在不同语言系统相互影响之时。当操不同语言的说话者密切接触时，这种接触至少会影响其中一种语言，并且带来语音、语法、词汇、构词、语义等方面的变化。

虽然任何语言在发展过程中都会受到来自其他语言的影响，都势必要吸收一定数量的外来词或外来构词手段，以丰富本民族的词汇系统，为交际提供更大的"潜能"。然而不同时期受到影响的程度是不尽相同的。在经济发展迅速、国际交流频繁的时期，受外来语影响的程度相对较大，反之则较小。现在的世界是一个开放的世界，各民族之间的交往越来越密切，任何一个先进的民族都不可能置身于世界民族之林以外而独善其身并发展。随着民族的接触和交往，新事物和新现象的交流，不可避免地引起语言的接触，语言体系也在相互影响和渗透中不断发展变化。一般来说，强势文化，即经济、文化比较发达的民族使用的语言对经济文化相对不发达民族使用的语言能产生重大的影响，进而渗透到其语言体系中。苏联解体以后，俄罗斯的国门完全向西方敞开，俄罗斯社会同西方的交往与联系越来越密切，西方的一些价值观念也涌入到了俄罗斯社会当中，俄语受外语的影响越来越明显，其中最突出的影响来自英语，大量的英语词汇和英语表达方式涌入俄语系统。

随着社会的发展，英语作为一种强势语言的地位逐渐确立了起来，它在逐渐成为一种世界通用语。与此同时，英语对其他语言的渗透也越来越明显。众所周知，英语属于分析语，它的语法结构及表达方式是分析性的，它在同俄语的接触中不可避免地会影响到俄语的语法结构体系，当今俄语的分析化现象在很大程度上是受到了英语的影响。这种影响在语言的许多层面都能够得到体现，俄语的分析化现象就是受英语分析化影响的一种典型的体现。

2.4.1.4　俄罗斯民族文化心理使然

语言是一种文化模型，是文化的载体和心理认知的符号，它蕴藏着民族文化和认知方式，而文化又是语言的塑模基础，它制约着语言的形成和发展。语言研究必须联系民族文化和心理背景。全球正步向一体化，不同文化之间已不再只是排斥和认同，而是彼此以一种渴求的心理去挖掘新的文化来充实自身的文化。这一社会环境的改变势必对语言造成不可避免的影响，因为不同民族间文化交流的主要手段之一就是语言。不论这种文化是实体的，还是形式的，是物质的，还是精神的无一例外。

一个民族的民族心理形成于一个民族的历史。俄罗斯民族心理上的西化情结，正是俄罗斯民族在一千多年来致力于融入欧洲的历史在其民族心理上的凝结沉淀。俄罗斯民族历史从其建国开始，就是一部不断引进和吸收西方文化的历史，是一部不断致力于融入欧洲的历史。融入欧洲既是历代俄罗斯君主的施政方向，也是俄罗斯进步知识分子的诉求。伟大的俄罗斯宗教哲学家、俄国的黑格尔——别尔嘉耶夫在《俄罗斯的灵魂》中指出，"西欧和西方文化对俄罗斯来说，将成为内在的东西。俄罗斯最终将变成欧洲国家，只有那时，俄罗斯才会是精神上自主独立的国家"①。

---

① 别尔嘉耶夫. 俄罗斯的灵魂［M］. 郑体武，陆肇明，东方珏，译. 上海：学林出版社，1999：15.

俄罗斯民族致力于融入欧洲的历史，在其民族心理上不断凝结与积淀，形成了俄罗斯民族心理上强烈的西化情结和其行动上的西化色彩。苏联解体后，好走极端的民族性格和急于归属西方的民族心理促使俄罗斯选择了"迷信西方模式、幻想得到西方援助"的激进式改革，俄罗斯政治、经济、意识形态上又一次全盘西化并使之达到新的高潮，语言上表现为开放性接受和使用以英语为主的外来词汇，并在表达新事物、新现象、新概念的新词构成上崇尚运用西方语言中常见的外来词汇或词素，并在新词构成上呈现出模仿分析语（英语等）构词等西化特征。

2.4.1.5　后现代主义的影响

意识形态（Ideology）是指对事物的理解、认知，它是一种对事物的感官思想，是观念、观点、概念、思想、价值观等要素的总和。意识形态不是人脑中固有的，而是源于社会存在。（百度百科）每个人乃至整个社会都有意识形态。作为形成"大众想法"或共识的基础，社会主义意识形态在 20世纪 80 年代前半期的苏联社会中占据绝对的领导地位。这一时期苏联的社会主义意识形态虽然在某些方面坚持了马克思主义的理论，但是受到政治经济体制停滞的影响，在总体上呈现出全面僵化的特点。

20 世纪 80 年代末至 90 年代初，俄罗斯进行了自上而下的改革，这种政策乃至制度上的变革都深刻影响了大众意识形态的形成与发展。尤其是对于有较强双面性格的俄罗斯人而言，一旦放弃原有的意识形态，就会走向另一个极端。正如《俄罗斯民族》一书中所述，俄罗斯人常会按照"要么无所不为，要么万事不为"（или всё, или ничего）这样的原则行事。于是俄罗斯人"放弃了数十年来意识形态中根深蒂固的教条主义，放弃了对内政策中过时的模式，放弃了对世界革命的进程，对整个世界发展的陈旧观点，……放弃了按预先设想的模式建设社会主义的概念，坚决抛弃对不同意见和主张的意识形态的限制和不容忍的态度，坚决抛弃与全人类相对立的阶级立场"（М. С. Горбачёв，1987：118）。

在苏联进行意识形态改革后，社会主义意识形态由原来的绝对统治地位演变为众多意识形态中的一个细小分支，尤其是在俄罗斯成立后，后现代主义意识形态逐渐入侵了民众的精神世界，并对语言、语言规则与规范及语言的使用者产生了较大的影响。所谓"后现代主义"（postmodernism）是对现代主义的回应，它排斥"整体"的观念，强调异质性、特殊性和唯一性。"现在所主导的语言品味与后现代主义有一定的关系，其总体特点是极度的苦难与疲惫，追求自我更新、颠覆传统结构。总之，它是'摈弃旧的文化'，脱离'旧的语言'，主张用低俗的题材表达崇高的理念，是无目的的艺术。"（В. Г. Костомаров，1994：73）

在后现代主义意识形态的影响下，严格的词形变化、语法规则、构词模式被自由度较大的种种变体所取代，边缘语言手段和中心语言手段也在进行着空间转换，甚至是易位。从而使求新弃旧、求异弃同、求特弃常的带有叛逆色彩的个性化特征展现出前所未有的强劲势头。人们不仅追求思想观念的自由，更希望将这种自由和个性通过自由的语言自由地表达出来。在这一背景之下，俄语中与原有综合形式相异的分析形式迅速被大多数人接受并广泛传播，这也在客观上成为了俄语分析化现象的原因之一。

2.4.1.6　网络影响的扩大化

21 世纪是电子信息时代，网络作为信息传播的新兴载体，以其快速、方便、高效的特点成为了时下最为时尚而流行的信息流动平台。它借助自身日新月异的发展速度、深远而广阔的发展前景，不仅极大地提高了交际者接触的广度和深度，提高了交际的信息量、频率和速度，而且还缩短了交际者的心理空间。因此，网络的出现对人类的生活产生了巨大的影响。在很大程度上网络也改变了人们交际，学习和工作的方式，而且这种影响还在不断加深。电脑和互联网的普及让任何一个普通人都能在网络上自由地表达自己的观点，同时也让他们能够轻松地了解别国的文化和语言，而这些又必然会对俄语的发展产生影响。尤其是英语等分析性语言，对以年轻人为主体的网络使用者的影响力十分巨大。А. А. Поликарпов 在分析符号发展的原因和机制时指出，在新的交际环境下各种不同的语言团体正在融合成一个统一的语言团体，各种语言所独有的特点也会变得弱化，这也就是说："随着听众地位的提升及其文化程度的限制，语言的复杂性必须要得到简化，于是某些程度上就出现了分析化的现象。"（Поликарпов，1976：99）

语言就是社会的产物，出现了新的社会环境，就不可避免地导致语言中产生新的成分，也势必会促进构造新成分的新元素及新模式的产生和变异。网络为在这个虚拟空间中进行另类交际的人们提供了一个可以无拘无束地表达自己的思想，恣意追求个人语言特点的平台。这也就为其违背或超越传统语言规范提供了一个必备的先决条件，进而导致由诸多个体性词语构造变异而引发的群体性词语构造变异现象也就不足为奇了。在此背景之下，原本为个例的分析性表达方式越来越多地在俄语中扎根发芽。

2.4.1.7 社会发展节奏的加快

在通常情况下，语言的交际能力基本是可以满足社会交际需要的，处于相对平衡状态。当社会的发展对语言交际功能提出更高的要求，而语言的交际能力不能满足或不能很好地满足这种需求时，就不能保障交际的顺利进行。在这种情况下，语言就会进一步提高其交际能力而进行自我调节。

当今人类社会在飞速发展，各种通信手段日益发达，国际间的科技、文化交流日益频繁，各种信息扑面而来、迅速传递……这一切都决定了交际者必须加快其言语节奏，表述简明扼要，不囿于语言传统格式和语法规则，用更具实质性的成分，舍弃那些影响表达思想的词形变化和烦琐、复杂的句子结构或套句，追求机动、灵活，能有效传情达意的语言和语法手段，建构言简意赅的言语表达。而分析性的语言成分和句子结构正能担此重任：它便于记忆和表述，变格、变位等词形变化较少，能节约时间和精力。俄语从复杂多变、难以掌握、难以表述的综合性形态转向更加简单易行的分析性形式，也是顺应了这种潮流趋势。

所以，社会发展节奏加快和信息爆炸要求语言简化，而语言简化反过来又能推动社会的快速交流和发展，这是人类各种语言发展的共同规律。俄语自然也不例外。

2.4.2 语言内因素

语言的发展是内外因素共同作用的结果。有些语言学家过于看重语言外部因素而忽略了语言自身的发展规律。有一种假说认为，社会环境的变化是导致语言发展的主要或者唯一因素，A. Мейе 就是这个观点的主要拥护者，他认为："言语行为是一种社会制度，从这个角度来看，语言学就是一门社会科学，社会变化是唯一能够导致其发生变化的因素，言语行为的变化是社会变化的结果，这个结果有时是直接的，但大多数情况下是间接的。"（Meillet，1936：17）再比如 Н. Я. Марр 提出语言和社会的发展过程完全平行论：社会形态的改变不可避免地引起语言结构的彻底改变。这种通俗唯物辩证法完全否定了语言发展的内部因素。此外，他还强烈批评了那些重视内部因素的语言学家，并建议"弱化"语言发展内部因素的意义，在语义和形态领域都将研究的重心转移到社会经济变化的因素上来[1]。

---

① Марр Н Я. *Язык и общество* [J]. Соцэкгиз, 1934 (3): 23.

在 20 世纪 50 年代语言学大讨论之后，这一类非科学的观点被大多数的语言学家所推翻。

在对现代俄语的发展变化进行研究时，我们认为最应该关注的应该是语言发展内部规律和外部社会因素之间的互动问题。语言的发展受各种外部因素（历史的、社会文化的、经济的）和语言本身内部规律的制约。以往对俄语的研究并没有考虑到语言内部规律与外部社会因素直接的互动关系，认为所有的语言变化都是由社会因素引起的。这就导致了语言学研究方面普遍向社会倾斜现象，忽略语言发展的内部规律，就会导致对导致语言变化的外部社会因素产生错误的理解。

20 世纪 30 年代，Е. Д. Поливанов 提出，社会对语言的影响并非直接的。社会生活方面的改变能够加速或者减缓语言的发展进程，但不能对其性质和发展方向造成影响，语言的性质和发展方向由其内部发展规律决定。（Е. Д. Поливанов，1931）我们也认为，语言的发展是内外因共同作用的结果，内因决定了发展的必然性，外因则影响发展速度和发展方向，社会动荡越剧烈，语言的发展速度越快。分析化现象的确是语言向前推进，回归工具属性，方便交际的很重要的一步。过去语言作为意识形态的宣传手段，必须严格遵守规范，不能越雷池一步。如今的回归是符合了现代社会条件下信息交际、情感传达的客观需求。既然摆脱了各种限制，那么在表达手段上就能有更多的选择性。

1926 年 10 月，Р. О. Якобсон 经过认真思考，得出结论：语言的变化是系统性的，而且朝着一定的目标。语言的变化与其他社会变化系统一样都有目的性。他给 Н. С. Трубецкой 写了一封长信，表明了这一看法。同年 12 月 22 日，Н. С. Трубецкой 在给他的回信中写道："我完全同意你的基本思想。语言史上的许多成分看似偶然，但只要稍加认真考虑就可以发现，语言史的基本情况并未标明变化是偶然的。"

这种观点认为，一方面，语言的共时系统并不是静态的，语言变化不断地产生，并且这种变化本身就是系统的一部分。另一方面，不仅语言的共时状态是系统的，语言的变化也是系统的，语言的变化往往是出于系统的原因，是以系统的稳定和系统的重建为目标的。"在共时的时间层面上，人们的确能够意识到有些东西正在消失、正在出现，或现时存在，感觉到有些东西已经陈旧，有些语言形式多产，有些不多产，这些都是历时现象的证据，不能从共时研究中抹去。"（钱军，1996）布拉格学派认为，在共时研究中不能排除演化的概念，分析语言变化必须联系经受了这些变化的语言系统。

布拉格学派"语言变化也是系统性的"这一命题，实际上提出了一种解释语言变化的独特视角——从语言系统的角度解释语言的历史演变。他们倾向于从结构系统内部寻找语言变化的原因，提出目的论、语言符号的非对称二元性、经济原则、内在论等若干种理论解释。下面我们来结合语言的分析化现象给大家介绍一下这些理论。

2.4.2.1　目的论

布拉格学派的"目的论"认为，语言变化不是完全盲目的，而是有目的的，变化实际上是语言系统在进行结构上的调整，目的是维护系统的平衡。这也被称为语言变化的理据性。

布拉格学派认为，语言系统从来就不是绝对平衡的。任何语言系统都有相对稳固的核心地带，这个核心地带的语料也是相对均衡、严密和对称的。但是，除了核心地带以外，语言系统还存在一定的边缘地带（也称模糊之处、边缘成分、外围成分）。制约核心地带和边缘地带的规则和趋势并不完全相同。众所周知，语言系统的组织其实并不像人们通常所想象的那样，其范畴与范畴之间界线分明，划分严格。每一个范畴或类型除了具有一个坚实的核心外，还拥有一个松散的边缘，该边缘又渗入另一个范畴的边缘区域。

布拉格学派把边缘地带视为语言的一种结构缺陷，并且认为，正是这些边缘成分促使语言不断运动、不断变化，从而向前发展。按照布拉格学派的内在原则理论，语言的发展变化有一股来自语言内部的动力，那就是表现在这些外围成分上的语言自身结构的缺陷。因此，语言不是一个静态的系统，而是一个不断运动、不断变化的开放的系统。

语言类型的转变也恰恰是始于边缘成分，在一门综合语言中分析性词汇和分析性语法结构起初是被当作不入流的边缘语言成分来看，之后随着它们的慢慢增多、壮大、发展，最终扩张到语言的核心地带，从而被人们广为接受，直至有可能彻底改变语言的类型面貌。可以说，任何语言变化都是先于边缘，经过社会心理的磨合后进入核心地带，而不被社会文化及社会心理所接受的部分就被搁置在外缘，最终被抛弃和遗忘。

在布拉格学派看来，语言变化带有自我补救的性质。当语言系统遭受一定的打击，失去平衡时，系统就会自动进行调整，以达到新的平衡。Р. О. Якобсон 指出："语言不仅是动态的，语言变化也具有自我调节的规律性、目的性。"（Р. О. Якобсон，1966：88）他还借用了索绪尔"下棋"的比喻。挪动一个棋子，往往会改变棋局的结构，使棋手受到威胁，他就会采取一系列的步骤来恢复平衡。在语言中也是一样，虽然某一些恢复了平衡，但又在系统内部的其他点引起新的问题，于是又会发生相应的变化，如此往复，没有止境。比如，分析化现象下，形态层面的屈折变化减少，单个词所携带的语法意义减弱，那么在要表达的总意义量不变的前提下，句子必然会通过虚词、语序和重音的方式来对缺失的意义进行补偿。这就是一种自我补救。

2.4.2.2　经济原则

"经济原则"也叫"省力原则"，是马丁内（A. Martinet）提出的关于语言变化原因的一种理论解释。追求经济性是人的天性——其实几乎所有动物都会不自觉地追求"以最小的投入获取最大回报"的原则。人也不例外。马丁内指出，言语活动中存在着从内部促使语言运动发展的力量，这种力量可以归结为人的交际和表达的需要，与人在生理上（体力上）和精神上（智力上）的自然惰性之间的冲突。交际和表达的需要始终在发展、变化，促使人们采用更多、更新、更复杂、更具有特定作用的语言单位，而人在各方面表现出来的惰性则要求在言语活动中尽可能减少力量的消耗，使用比较少的、省力的或者具有较大普遍性的语言单位和言语表达方式。这两方面因素相互冲突的结果，使语言处在经常发展的状态之中，并且总能在成功地完成交际功能的前提下，达到相对平衡和稳定。（周绍珩，1980）

马丁内认为经济原则是语言运转的基本原理，是支配着人们言语活动的普遍规律。经济原则不仅仅是"节省力量消耗"的同义语，而且是指在保证语言完成交际功能的前提下，人们会自觉或不自觉地对言语活动中力量的消耗做出合乎经济要求的安排；从这一点出发，它能对语言结构演变的特点和原因提供合理的解释。人的认知及其过程，就是在于投入最小的认知努力以获取最大的认知效果的行为及方法。具体到语言上，不论在任何特定情况下人们对最清楚的表达持有什么样的理由，人们一般总是倾向于采用最经济的变体，即那种表现最大程度缩略的变体，在其他情况相同时，说话者使用语言总是遵从"尽量缩略"的原则。经济性原则的产生与社会、人们的心理等都有某种程度的联系。语言之所以会发展变化，最直接、最主要的原因是社会的变革和人们交际的需要。自苏联解体以后，政治、经济、生活方式、价值观念等各方面都发生了翻天覆地的变化，随着生活节奏加快，人们愈来愈多地使用简洁、随意的俄语，因为它能更快捷、更充分地表达人们的思想。

早在马丁内以前，著名语言学家帕西（P. Passy）、叶斯柏森（O. Jespersen）、弗雷（H. Frei）都曾提出有关语言经济性的一些原理和概念。

但帕西 1890 年提出的语言演变的"经济原则"（le principe d'eonomie）仅仅是指减少力量的消耗，而且他认为在"强调原则"（le principe d'emphase）起作用的地方，"经济原则"就不起作用。叶斯柏森 1922 年提出的"省力说"（ease theory）和弗雷 1929 年提出的"经济需要"（le besoin d'economie）都谈到了语言在演变中力求经济的趋势，但都认为除了演变之外，别的地方就不存在这种趋势。（P. Passy，1890；O. Jespersen，1922；H. Frei，1929）马丁内则从语言的交际功能着眼，认为合理安排力量消耗的经济原则，在语言实现其功能的运转中是无处不在的。

"经济原则"也是人类社会发展的动力，人的本质是惰性的，人类的历史就是人们为了摆脱繁重的劳动并获得更加舒适简便的生活而不断努力的历史，人类的一切发明创造的目的也都是满足人的惰性需求，因为只有最大程度地满足人类惰性需求的东西才能被人类所接受，比如各种交通工具、通信工具、各种家用电器和各种生活服务等。语言自然也不例外。

对于语言经济原则的考察，必须把言语交流所用器官的特殊构造和运转情况考虑在内，把人的记忆能力和发音能力以及不同集团特有的语言习惯考虑在内，还要把语言单位的复杂程度、使用频率和信息量考虑在内。这就是马丁内（1969：128）所说"语言的经济原则即（语言中）作用力的综合"所包含的意义。

分析化的一个突出特点就是各种形态变化的弱化和各种复杂结构的简化。虽然根据语言的补偿原则，形态表达方式的弱化会导致语言总词汇量的增加和文本长度的增加，但与复杂多样的形态变化和混乱不堪的语序相比，记忆较多词汇量的负担还是要轻松得多。且随着构词层面分析化的发展，各种词素之间直接粘贴使得新词的构成和词义一目了然，也非常便于记忆、理解和表达。因此语言的分析化现象使语言的形态变化和表达形式变得更加符合人类思维表达和理解方面的省力需求，也是语言经济原则的必然结果，这同时也是英语从综合语变为分析语之后在全球范围内得以迅速普及的原因之一。

2.4.2.3 内在论

内在论原则（the principle of immanentism）是布拉格学派关于语言变化原因的另一种理论解释，即从语言系统内部寻找语言变化的原因。学派在内在论原则上有激进和温和两种形式。激进形式在 20 世纪 20 年代末和 30 年代初比较明显，它与哥本哈根学派的观点吻合。哥本哈根学派在研究语言变化的时候，反对考虑任何外因的作用。他们认为，变化完全是语言系统内部的事情。雅各布逊采纳的是温和形式的内在论原则，一方面他强调语言发展并不局限于"医治创伤"，还要解决自己内在的问题，比如文体问题，另一方面内在法则尽管可以说明系统变化的特点，却不能预言语言变化的速度和途径，要解决这些问题，需要研究语言系统与其他系统的关系。

在内外因相互关系问题上，布拉格学派认为内因是主要的。首先系统的平衡是语言发展的最主要的原因，从长远来看内因决定为什么有些外来影响体现出来，而有些却没起作用；另一方面，外在的原因受语言基本功能（即交际功能）的制约，如果外在原因威胁到这一基本功能，外在原因的运作就会被阻止。

我们认为，任何变化都是内外因共同作用的形式和结果。外因通过内因起作用，内因受外因的作用而运动并最终满足外因的需求。语言的分析化现象也是如此，它既受各种外因的限制（比如我们在 2.4.1 中列举的各种因素），也同样受制于语言内部运动力的制约（比如我们在 2.4.2 中列举的各种内因）。忽略任何一个方面都是片面的、不完整的，也是不应该的。B. B. Виноградов 在谈到语言自我发展的内在规律和外部社会刺激之间的关系时，也说过："不应该认为社会本质和社会功能方面的语言发展规律和语言结构本身的规律是不同的、互不关联的，但事实上，它们是相互依存和不可分割的。"（B. B. Виноградов，1952：33）

2.4.2.4　语言符号的非对称二元性

这是卡尔采夫斯基（C. O. Карцевский）提出的一种观点，认为语言符号与其意义的界域并不完全吻合。同一个符号可以有几个意义，而同一个意义又可以用几个符号表达。每一个符号既是同形异义（homonym），又是同义（synonym）。符号由这两个系列的交叉构成。能指和所指的关系是波动的、紧张的。能指趋向于获得另外的意义，所指也能够被原有能指之外的其他能指表达。两者处于不对称状态，处于不稳定的平衡状态。人的社会心理总是希望省力，即在交际中使能指尽量简单，而所指则尽量丰富，使言语表达取得言简意赅的效果，正是如此用简单的形式表达丰富的思想也促进了语言的发展变化。卡尔采夫斯基（1923）认为，正是语言符号结构的这种非对称二元性才使得语言有可能发展。这种观点也契合了前面我们所分析的经济原则。

印欧语言内部普遍名词屈折性的消失（分析化在形态层面的典型表现）

就是语言内部规律趋势的证明。A. Мейе 在谈到罗曼语言格屈折的丧失时说到："为了了解这个新事物，应该知道它是印欧语言所特有趋势的一个阶段，即各种格屈折的消失，大部分的斯拉夫语、拉脱维亚语、立陶宛语、亚美尼亚语都还远没有完成这一趋势，而且现在也能观察到这一点。"①

他认为，印欧语言出现这一趋势的原因首先在于名词和动词的差异。动词由于其语义是过程性的，需要多样的外形；而名词表示不变化的事物，需要稳定一致的外形，这就与名词格形式的多样性产生了矛盾。在这种矛盾的作用之下，名词的形态变化日趋减少，格功能减弱，从而导致了综合性降低，分析性增强。

2.4.2.5　М. В. Панов 的"二元对立论"

М. В. Панов 在前人的基础上，进一步丰富和完善了以上布拉格学派的各种观点，提出了独特的语言发展的"二元对立"观。这里我们结合俄语的分析化现象，对其理论进行详细的介绍。我们认为，正是在这些语言固有矛盾的互相作用和推动下，语言才会出现分析化现象这一趋势。

М. В. Панов（1968）在其专著《俄语和苏联社会》列举出了以下几组二元对立：说话人与听话人；习惯用法与语言张力；编码和文本；语言符号的不对称性所造成的二元对立；语言的信息性与表现性。在语言发展的某些阶段，二元对立有时利于矛盾的一个方面，有时又利于其另一方面，这又造成了新的矛盾出现。二元对立永远不可能被彻底解决，只有在语言发展停滞的情况下一方才有可能完全战胜另一方。不管在任何社会条件下，上述二元对立始终存在于语言系统的各个层级，下面我们结合这几组"二元对立"来分析语言从综合性向分析性的发展转变。

语言的历史发展动态符合辩证法的基本规律，即是一个矛盾统一体。这里可以引用列宁的一句名言，"世界上所有的过程都在于其自我运动，在于其自然发展，在于其活的生命，它们是矛盾的统一体。发展就是矛盾的斗争。"（В. И. Ленин，1969：317）他指出，只有这样的发展概念才是打开通往一切物质"自我运动"之门的钥匙。

语言内部存在着其特有的矛盾斗争，正是这些斗争决定了语言的自我发展，它们就是语言的二元对立。每一个具体矛盾的解决都会导致新的冲突和

---

① Мейе А. *Введение в сравнительно-историческое изучение индоевропейских языков* [M]. Ленинград: Сосэкгиз, 1938: 65.

新的矛盾出现，所以这些矛盾是不可能彻底解决的。某一时期内某一组二元对立的和解并不意味着彻底解决。因此，二元对立可以看作是语言特有的矛盾体。

那么对俄语分析化现象产生影响的二元对立具体有哪些？

一、说话人和听话人之间的二元对立。说话人要求尽可能精简思维的表达过程，而听话人要求尽可能精简语句的理解过程。这两个意向常常是对立的。比如，快速的语流对说话人来说是合适的，但听话人只有在某些交际条件下才能接受这个。使用熟悉的词汇对说话人是有利的，不管这些词是否是被广泛接受；听话人则不接受某些特别个性化的词汇用法。因此，说话人和听话人之间的利益是互相牵制的，语言的发展也是矛盾的，时而向着对说话人有利的方向，时而向着对听话人有利的方向，一方的胜利就会引起对另一方的补偿，比如，如果词的屈折性极度简化，这自然是对说话人有利的，那句子中的词序就会变得语法化，以便对听话人做出补偿。这就是为什么在分析语向综合语转换时，随着分析语词屈折性的降低，词序的重要性就逐渐增加。比如俄语作为一门屈折度很高的语言，其词序对其语法意义的表达作用性很小，而对于英语和汉语等综合语来说，词序是极其重要的语法手段。当现代俄语中的最典型的分析化现象，即不变化词越来越多时，其词序所携带的语法意义必然随之增加。

简化语句不能破坏互相理解。为了满足这个最重要的需求，不能将这些信息简化到一定标准之下。也就是说，双方借助语境和认知努力可以取得较好的交际效果。

选择对说话人有利的语言手段还是选择对听话人有利的语言手段通常是由语言系统本身所决定的，如果它已经对说话人做出了很多让步，那么就不可避免地转向对听话人有利的方向。但在选择对"说话人有利时"还是对"听话人有利时"，语言所处的社会条件也可能具有决定权。在苏联解体后，在社会的民主化与思想的自由化等因素的影响之下，说话人成为中心，占据了较多的主动权，他们更愿意选择自己喜欢的、对自己有利的表达方式，越能够省时省力的表达方式越受到他们的喜爱，这同时也符合语言的"经济原则"。与综合性表达手段相比，分析性表达手段屈折变化少，词序符合思维的先后顺序，更简单易懂，很好地满足了交际的需求。虽然最开始一些新词和新的表达手段的出现会导致理解上的困难和记忆上的负担，但随着时间的推移，人们也会逐渐适应并接受这些词汇和表达手段。加之说话人与听话人的角色也是可以转换的，听话人同时也是说话人，他们接受了新的表达手段并且发现这些手段更加简便易行之后，自然也会倾向于使用它们。这就是在语言高度民主化时期，分析性词汇和表达手段能够在俄语迅速扩张的原因之一。

二、习惯用法与语言张力之间的二元对立。习惯用法限制着语言单位及其搭配的使用，活的言语使用又迫切希望打破这种限制。比如，习惯用法禁止说 победю 和 побежу，只能说 я буду победителем, я одержу победу, победа за мной，但这些说法又过于书面化，对于日常生活来说并不合适，只有在开玩笑时才会这样说。语言交际的需要既禁止又不得不使用这些形式。语言既倾向于维护现有的搭配方式，同时又不可能维护住，这就推动了语言向前发展。

在一些社会条件下标准和规则会胜出，新的表达和使用很难变成规范。而在另外一些社会条件下标准则会让步于"言语变异"，有时在过于不标准的使用方式影响下标准会发生动摇。苏联时期脱离了旧的封建社会的高压统治，俄语很明显地表现出这种动摇。而苏联解体后，在社会进步、思想高度发达、民主进程不断深入的条件下，这种动摇获得了全面开花的局面，甚至真正达到了"言语暴乱"的程度，各种新奇词汇和新的表达方式层出不穷，人们对它们的容忍度和接受度也达到了空前的高度，之前被认为是粗俗不堪的非标准语体表达方式，也进入标准语体范围之内。在此背景之下，之前被当作异类的、不被主流社会认可的分析性表达方式，也被人们广为接受并逐渐渗入标准语内。

规则和使用之间的冲突在俄语词汇方面表现得最为明显。随着大众传媒的发展，电脑、网络、手机的出现和普及，信息技术领域迫切需要为许多新概念命名。因此，20 世纪末 21 世纪初，俄语词汇层面出现了给新现象命名的迫切需求和传统称名词严重缺乏之间的冲突。大部分新现象的称名词都是直接从源语言引进过来的（很多是从英语），原有的音节被转成基里尔字母，如：computer – компьютер, Internet – Интернет, diskette – дискета, player – плейер 等。这些外来词有些加入了俄语的变格体系，大部分则保留了其源语言的分析性形式，就是因为不变化的形式简单方便，更加利于"使用"一方。这一类词在数量上的大量增加也是现代俄语分析化现象的重要体现，这在本书 4.1 中有详细的论述。

新现实的出现以及对其进行命名也影响到了俄语的语法结构，因为除了原俄语独立的词汇之外，一些并非典型的俄语组合词（其中包括不变化定语）也开始为人所熟知，于是如 онлайн-новости, FM-радиоприемник, мультимедиа-техника 等便应运而生，它们既省力又易解、使用方便。有时候也会用同义俄语原生词来命名新现实。比如，сотовый телефон 的英语原词是 cellphone，cell 在俄语中就是 пчелиные соты。如今俄语中有大量新外来词的不规则用法，其中很多词在现代文本和详解词典里用拉丁文标出，保留着源语言的形式。在俄语详解词典中像 BBC, DOS, Windows, UND 这样的词都在附录中标出，并给出其音标和释义。惯用语和活的语言需求之间的冲突导致了许多新词书写的不一致。在报纸和杂志中一个新词常常被写成多种形式。有时俄语语言学家坚决反对此类书写，他们认为这是"对基里尔书写规则和标准的破坏，是用拉丁语的方式让俄语外来化"。有人曾经这样说："杂交词和怪词越来越多，只有懂英语的人才能明白其意思，也就意味着，对于大多数说俄语的人来说，它们都是不规范的词。"（З. Н. Пономарева，2001）

20 世纪末 21 世纪初的俄语中也有类似现象。20 世纪 90 年代的俄语中充斥着大量的外来词和随机词。1994 年，В. Г. Костомаров 曾经写过两本书来论述此问题：《关于语言时代品味的宽容性》（*о «терпимости языкового вкуса эпохи»*）、《专制社会解体后公民言语生活的自由化》（*о «либеральной речевой жизни граждан уходящего от одномерного авторитаризма общества»* ）。而 Е. А. Земская 则提到了非惯用词组的大量出现、词语游戏、个性化构词等现代俄语的典型特点。（如《Русский язык》，1998）

此外还涌现出了各种各样不符合俄语规范的混合词，如：DeadymK, Pro новости, News блок weekly, MysXtreme, МузРИт, SMS-чарт, Shэйкер 等。甚至有一些看起来根本不是词，比如许多新闻、杂志、述评和乐团的标题或名字。当然，这些词的寿命一般都很短暂，不过是一时的语言时尚和时代的标志而已。许多研究者（К. С. Горбачевич，1990；Е. А. Земская，2001[1]；Ш. Г. Крысин，2000[2]）认为，没有必要为这种现象惊慌失措。在文化互融的某一时期出现这种语言现象是很正常的。В. С. Елистратов 还提到了俄语历史上的五次外来语浪潮：1）彼得大帝时期（与彼得一世的改革息息相关）；2）卡拉姆辛普希金时期（19 世纪初）；3）平民知识分子时期（与 19 世纪

---

[1] Земская Е А. *Язык русского зарубежья: итоги и перспективы исследования* [J]. Русский язык в научном освещении, 2001 (5): 103.

[2] Крысин Ш Г. *Новое слово в социально-психологическом контексте современности* [M]. Москва: Издательство УРСС, 2000: 337.

中期平民知识分子进入文化阶层有关); 4) 苏联时期; 5) 苏联解体之后在这些时间段内涌现了许多新的社会现实，迫切需要新的词语来为之命名[①]。

实际上确实有一些很难用基里尔字母来表达的情形，首先就是一些现代化的 аудио-, видео-, 还有与电脑技术相关的词等。来自行业术语的外来缩略语表达信息清晰、简洁、准确，如: IP, CD, DVD, PC, SM, 但却很难进入到俄语字母体系之中。企图将它们转化成基里尔字母的形式常常是不成功的，尤其是对外来缩略语。在失去同源语言的关联之后，转化过来的基里尔词汇显得意义很不到位。如: имейл 还是 e-мейл, уиндоуз; 缩略语: сиди, диви-ди, АйБиЭм, АйПи, ЭсЭмЭс, 或者奇怪的 ПиС。于是在习惯用语、规范和言语需求之间就产生了冲突。М. В. Панов 认为，这种冲突的解决方式只有两种，"要么用不符合规则的词汇来命名，要么让其逐渐融入规则"。(М. В. Панов, 1968: 30) 根据我们的观察，大部分是使用第二种解决方式。开始人们不太习惯新词的使用方式，慢慢习惯之后这些方式又逐渐变成了规范，词典中也按照其在口语和书面语中的形式对其进行记录和解释，如 CD-плейер, IBM-совместимый, работать на PC, SMS-сообщения, IP-телефон。这种新的构词法推动了称名方式的分析化，使俄语的综合性命名显得死板、艰难、复杂。这些不符合传统俄语表达方式的"怪词"，以其不变化性和可分解性一步步地深入并瓦解着俄语的综合性质，使其逐渐向分析语的形式靠近。

三、编码和文本的二元对立。如果说话人和听话人彼此理解，那么这意味着在他们的脑中存在着一套共同的编码（即符号系统），并且按照共同的规则组合成文本。文本和编码之间存在着一定的联系: 如果我们精简编码，将某些符号剔除出去，那么为了保持信息表达的平衡，就必须增加文本的长度，比如二进制计算法中，编码总共由两个符号（0 和 1）组成，那么文本就要比十位制情况下长得多。有一个例外情况，即被剔除的符号是冗余的，是另外一个符号的同音异义词。比如将字母 Ѣ 从古俄语中剔除并没有引起文本长度的增加，因为该字母是字母 e 的完全同音异义词。而如果剔除的是字母 б 的话，那么该音位就不得不用其他字母组合的方式来代替，由此就会导致文本长度的增加，这是因为字母 б 在编码中并不是多余的。编码增长而文本不变的情况只有在以下情况才会发生，比如 20 世纪 70 年代出现的词汇: скрепер, бульдозер, транзистор, телевизор, 表词的编码长度增加了，但

[①] Елистратов В С. *Сленг как пассиолалия* [J]. Вестник МГУ, 2000 (3): 34.

这些词的出现并非是取代了其他业已广为人知的旧词，反而是用于命名新事物不得不使用的词，那么它们的出现就不会对文本的构造产生影响。

简化文本与简化编码是一对矛盾体。在语言历史上可能出现其中一种趋势，之后又会往相反的方向发展。

俄语语言内部词汇分析化趋势的增强有一个突出的表现，即在表亲属关系的词汇方面出现了很明显的分析化趋势，比如 шурин, деверь, золовка, сноха 等词已经被排挤出俄语，它们被以下具有分析性表达的词组所取代：брат жены, брат мужа, сестра мужа, жена сына 等。"这些词是如此地深入我们现代的语言，以至于本应该是维护俄语的作家们都开始避免使用旧词，或者在使用它们的时候变得不太自信。"（Б. Тимофеев，1963：90）О. Ю. Николенко 经过研究后认为，俄语表亲属的术语发展的基本趋势是：描述性的、可分割的词（分析性的）逐渐取代那些不可分割的术语（综合性的）。（О. Ю. Николенко，2008）

шурин, деверь, золовка 等词增加了保存在记忆中的语言的编码，那么与之相对应的文本长度也会变短。不使用这些词，编码缩减，但文本长度就得增加。之前由于大家族的生活方式，这些词的使用频率很高，人们更喜欢使用第一种称名方法，如今很明显第二种方案更加常见。仅仅为了俄语词汇的丰富而保留这些词是没有好处的。而且"брат жены"一类的分析表达形式不管是对说话人还是听话人来说，都是有利的，因为节约了时间，已经没有必要将不常用的词继续保留在记忆中了。

20 世纪末 21 世纪初的俄语语料最能体现编码与文本之间的二元对立。首先是一些词组，如：ВИП-гости、VIP-трибуна（贵宾室）、TB-дизайн（电视设计）、TB-опыты（电视测试）。在构词学上，构成词的前半部分是分析化形容词。分析化部分没有形态变化，编码简化，因此文本的长度必须相应增加。此外还形成了一种名词与形容词之间的附加关系，这在俄语中不常见，这也使句法层面的编码变得复杂化。因此，在同一个词组之内，编码—文本之间的二元对立在不同的语言层级上有着不同的解决方式。编码和文本之间的关系非常的复杂，而且能够进行自我调节。平衡是不会被打破的。

关于编码和文本之间的平衡互动，现代俄语各个语言层级上都有有趣的例子。在媒体高度发达的时代，词汇层面编码单位的数量很容易就能大幅增加。因为媒体的作用，大量以非常规构词方式构成的新词（不仅描述新现实，还有描述早已存在的现实）快速被社会成员所接受，并被运用到交际领域。这样，词汇层面的编码就变得复杂起来。语言其他层面的编码就会相应

简化，以便重建平衡。所以在我们看来，俄语中一些十分活跃的词组
（ авиа-ЧП, суперномер, тату-макияэю, поп-звезда, топ-ректоры, ТВ-премьер ）
的存在是非常符合逻辑的，因为它们简化了语法层面的编码。因此，词汇层
面编码的复杂化（即编码的多样化）引起语法层面编码的简化，最后导致文
本长度的增加。

"编码和文本"的二元对立也与社会条件变化相关。在后苏联语言民主
化（ демократизация ）时期这一二元对立大部分是向着对文本有利的方向，
在宽松、民主的氛围内语言使用者倾向于精简编码，使用分析性的表达方
式，哪怕这会导致文本长度的增加。很多人都曾经尝试过解释为什么会这
样，但答案都不具备说服力。现代俄语中"编码与文本"的对立也是朝着对
文本有利的方向。构词层面分析化的增强（即黏着性构词方式的增加，这在
本文第三章中有详细论述），形态层面分析化的加强（不变化词和缩略语的
增多）都可以理解为编码单位数量减少和文本长度增加的倾向所导致。

四、还有一种二元对立能够促进语言的发展，那就是语言符号能指和所
指的不对称性。不对称性在于语言符号的能指和所指之间是永远不对称的：
能指倾向于获得新的意义，而所指则倾向于获得新的表达手段。这一组二元
对立对语言系统各个层级的发展都有推动作用。语法层面也是由二元对立组
成，其大部分成分之间的关系都是不对称的，有两种基本的变体。

比如两个能指表达同一个所指，而且其中一个指向所指的某种特质，而
另一个不含此类指向，比如，учительница 和 учитель 都可以用于指称女
性，但第一种指出了女性的性别，第二种没有。或者一个能指能够对应两个
所指，而且其中一种情况不指出所指的特征，另一种则否定这种特征的存
在。比如，теленок 不同于 телка，可以表示奶牛的幼崽而不指出其性别，
又可以只表示雄性。这种二元对立成分之间的关系可以引起语法层面的很多
变化。

М. В. Панов 曾经举过诸如 врач, педагог 之类的一组共性名词，这些词
的形成是因为在苏联时期"无特殊标识成分和有特殊标识成分同时出现在形
态关联方面"（ М. В. Панов，1968：26 ）。比如：Врач пришла. Депутат
Госдумы заявила. Наш корреспондент опросила. 句子主语的性通过谓语的
词尾来表示，这正是分析性的语法表达方式，即词汇本身的意义通过句子中
的其他词的形式来间接地（分开地）表达出来。Н. Е. Ильина 指出，这样的
句子在广播、电视、报纸等对信息准确性要求较高的媒体中被广泛运用。
（ Н. Е. Ильина，1996 ）这也说明了现代俄语中分析性的表达方式对综合性表

达方式的渗透。

所有上述二元对立都体现了语言发展的内部规律。这些二元对立最基本的特点就是，解决了某一个具体的二元对立并不意味着不会出现新的问题，"每一个矛盾的解决都会导致新矛盾的出现，因此，所有的矛盾都不可能得到真正的解决，而这也恰恰就是推进语言持续发展的内部动力。"（М. В. Панов，1968：24）

语言发展的内在规律通常由言语交际的普遍条件和语言体系的特点所决定。它们在任何语言、任何时代、任何社会环境中都发挥作用，所以 М. В. Панов 认为它们是语言自我发展的引擎。而且这个内部引擎并不脱离社会，"它们作为最重要的交际手段，都是由语言的本质所决定。"（М. В. Панов，1968：28）

这些二元对立是语言发展的内部驱动力，并且与具体时代背景下的社会因素不同。这些内部的驱动全部由语言作为一种重要的交际手段这一特性所决定，不受社会制约。它们对所有时代下的所有语言都起作用，因为它们要么由言语行为、言语交际的共同条件所决定，要么由语言的系统性所决定，它们是语言自然发展的推动力。

虽然内部的二元对立不论在任何时代、任何社会条件下都是语言的驱动力，但在不同的社会条件下它们解决的方向是不同的，因此应该说语言的发展是语言内因与外因共同作用的结果，现代俄语中分析化现象的增强也是如此。

2.5　本章小结

1. 现代语言的分析化现象是语言发展内部规律和外部社会因素共同作用的结果。语言的发展受各种外部因素（政治的、历史的、社会文化的、经济的）和语言本身内部规律的制约。社会在不停地发展变化，语言也随社会发生变化，语言是社会的产物，适应社会并为社会服务。现代社会的现状和节奏要求我们所用的语言必须简便易懂，减少人类的记忆负担，适合快速的信息交流。而分析化现象恰恰顺应了这个发展潮流，因而能够在各种语言的各个层级上得以快速深入发展。

此外，也要关注语言发展的内部规律问题，这里我们重点分析了几组语言的二元对立：说话人与听话人；习惯用法与语言张力；编码和文本；语言符号的不对称性所造成的二元对立；语言的信息性与表现性。这些二元对立是语言本身固有的矛盾和推动其自我发展的内部因素。正是这些矛盾斗争决定了语言的自我发展和自我完善。在不断解决新矛盾中语言得到了自我修复，加深了自身的发展。每一个具体矛盾的解决都会导致新的冲突和新的矛盾出现，所以这些矛盾是不可能彻底解决的。在语言进化的某些阶段，二元对立有时利于矛盾的一个方面，有时又利于其另一方面，这又造成了新的矛盾出现。二元对立永远不可能彻底解决，只有在语言发展停滞的情况下一方才有可能完全战胜另一方。

现代俄语中口语和书面语交际领域的互相影响也是导致出现分析化现象的原因之一。很多学者选择媒体语言作为研究对象就是最好的证明。

2. 近年来针对现代俄语各个层级的现状和发展动态都展开过不少研究。Л. П. Крысин, Е. А. Земская, В. Н. Шапошников, Н. С. Валгина 等语言学家对词汇构成的发展动态给予了关注，Г. И. Тираспольский, В. В. Борисенко 对形态类型学特点的动态展开过研究。

3. 中国俄语学界也对俄语的分析化现象有过关注，但总体来说，数量不多，系统性不高。

4. 对于分析化现象功能方面的研究使得研究者一致认为，分析化的功能机制（对基本意义和补充意义的分开表达）和人类认知周围世界的机制是非常类似的。其中，分析化的认知层面"十分值得关注，因为它与人类在认知经验过程中所掌握的语义资源之间的相互作用问题紧密相连，而这也是现代语言学家极为关注的方面"（И. В. Шапошникова, 2005：13）。语言分析化机制的结构层面则是指"存在于语言系统各个层面结构上的离散性（расчлененность, дискретность），无论是词与词之间句法联系上缺少屈折性，还是词素对接上缺少融合性，都属于这个方面"（Д. Б. Никуличева, 2006：40）。

5. 语言学界普遍认为，分析化现象是语言发展的方向，而对于现代俄语来说分析化现象又有其新的分支。根据学者们的研究成果，现代俄语在不用语言层级上的分析化现象各有其特点。可以说，俄语类型方面的进化在不同层级上的发展是不平衡的，速度也有快有慢。

鉴于此可将分析化分成构词层面的分析化、形态构造层面的分析化和句子层面的分析化。下面几章中我们将会按照这三种分类对现代俄语中分析化现象的具体表现进行——论述。

第三章　现代俄语构词层面的分析化现象

索绪尔说过："语言是一个系统的系统。"[1] 这就是说，语言由若干个分系统组成，落实在语言的层级上，就是它具有音位、词素、词和句子这几个分系统。这几个分系统或曰层级都会随着社会的需要发生变化。众所周知，语言是一个体系，体系中的任何一个单位都由其他单位决定，同时也决定了很多其他单位。社会因素虽然一般只会对个别的语言环节产生作用，不过随后就会产生一系列的反应，引发一系列其他改变，有时候是整个语言层面的变化。虽然这些改变可能会非常的微小甚至不易察觉，但它们仍然能够形成一定的互相作用"场"，而非孤立的点。不考虑语言的系统性，不考虑各种系统之间的"链式反应"，是不可能取得好的研究成果的。因此研究语言的发展变化必须充分考虑到语言的每一个分系统、每一个层级。众所周知，下一级的同名单位经组合构成上一级的单位，音位构成词素，词素构成词，词组成句子。任何一个层级系统出现变化，就会导致其他层级的变化。

关于语言类型方面的变化亦是如此，任何一种语言的类型转变也都是系统性的，而不是孤立地呈现在某一语言层级上。俄语分析化的发展作为近年来俄语中最为明显的发展趋势之一，也绝不是仅限于俄语的某一具体环节，而是从各个层级都有所表现。因此，我们对俄语分析化现象的研究也应该系统、全面、充分地考虑到俄语的每一个语言分系统。[2]

分析化现象如今已经深入到俄语的各个层级，从构词到词汇再到句子，无不有所体现。首先我们来看现代俄语构词层面分析化的具体表现：

许多语言学家，如 Е. Д. Поливанов, А. А. Реформатский, М. В. Панов,

---

① Сепир Э. *Язык. Пер. С англ* [M]. Москва: Соцэкгиз, 1934: 5.

② 现在有些俄语的语音面貌也发生了变化，比如 e，在外来词中多保留硬发音 э。英语的发音已经进入俄语的音位系统，并产生影响。重音前置、硬音软化原是改造外来词的方式，现在已经不经改造直接借用的现象很多，比如 самми'т 重音前移变成 са'ммит，текст 中的元音 e 硬化变成 тэкст，这都是受英语的影响。这些发音方式相对俄语来说更为省力、简便，因而有增多的趋势。

Е. А. Земская 都曾经指出，分析化现象作为语言的一个特征，并不仅仅表现在语法意义层面，还渗入了其他语言层级，比如构词领域。

В. Я. Плоткин 认为，分析化是所有语言层级都有的特征，"分析化现象意味着语言类型的改变，因此会涉及该语言所有的形态领域。其中，词素间关系的转变非常重要。分析性关系和综合性关系是词素和词组合关系的两个极点。"（В. Я. Плоткин，1984：24）这里词素间关系的转变说的就是构词方式的改变。

俄语构词层面的分析化现象表现在派生词结构中黏着性的增强，即从俄语原有屈折性的构词方式逐渐转向了黏着性的构词方式。关于两种构词方式的差异，在第一章中我们已经有很多的论述。在屈折语词内，词素和词素之间没有明确的界限，同一个词内各个词素的表达融合成一个单一的不可分的形式，屈折变化成分的独立性很弱，词素完全依附于词根，成为词的一部分，甚至完全无法与词剥离。而在黏着语里每种语法意义只用一个附加词素来表示，每一个附加词素也只表示一种语法意义。词素与词素之间界限明确，整体意义通过词素的自由组合来表示。它的词根一般不发生变化，具有一定语法意义的附加词素按照词序黏附在词根的后面来构造新词或表示同一个词的不同形态。它的各个部分的联系比较松散，语法关系和结构由词素或词的自由组合表示，我们能很容易地区分开。形象地说，一个词和可分离词缀的关系相当于一个人和鞋子的关系，我的鞋子可以脱下来给你穿。一个词和不可分离词缀的关系，相当于一个人和他的脚的关系，虽然我和你都有脚这个类似的部分（发挥着同一种功能，有着类似的形态），但是不能把我的脚卸下来给你装上。如今的俄语构词方式逐渐从原来的不可卸的脚（综合性的构词方式，词素结合十分紧密，不可分开）开始向可脱可穿的鞋子（黏着性的构词方式，词素结合比较松散，易分开）方向转变。比如原来的构词模式下词素与词素之间通常会加上中缀（-e-, -o-, -ъ-），以便它们之间结合得更加紧密，不易分开。而如今则完全不需要，两个词素可以直接结合在一起构成新词，这就是黏着化构词方式最明显的表现之一。

那么黏着性的构词方式和分析化趋势有什么关系？为什么黏着性构词方式的增加就是分析化现象的体现？这里的确存在着矛盾之处，一方面，黏着化就是按照构词和语法意义建立起来的统一的词素综合体，因此逻辑上应该完全符合综合语的特性，因为综合性就是词汇和语法意义的混合表达，所以传统上认为黏着语也是综合语的一种。另一方面，黏着语的词缀具有单值性，词素也相对独立，能够自由组合。所以黏着的背后应该还存在着另一个特点，即分析性。因为分析性的特点就是意义表达时的离散性（дисткретность），以及结构的可分解性，即各成分在组成新词的同时又各自保留独立性。所以可以说，黏着语其实也是分析语，而且是最具分析性的语言，因为其可分解性和组成成分的独立性已经深入到了词素一级。В. Г. Гак（2000）认为，黏着语其实就是最具分析性的语言。Ш. Балли（2001）和 Е. Д. Поливанов（1933）在对突厥语和东亚语言进行研究之后也做出相同的结论。他们认为，分析性的词源意义与其适用于黏着语的现实并不矛盾。某些学者还认为："黏着化其实就是构词领域的分析化。"（Н. Б. Мечковская，2009：268）

因此可以说，现代俄语中派生词结构黏着性特点的增长也促进了构词领域的分析化现象。但我们认为，黏着化现象不可能完全等同于分析化现象，因为黏着化是第二位的，是分析化的结果，是词素结构和语义高度可推导性的结果。也就是说，语言中分析化的增长导致了黏着性结构派生词的增加。（Г. П. Мельников，2000）

因此，我们认为现代俄语构词领域的分析化主要表现在词素结合的黏着化，并且由此导致的其语义和结构的松散性，以及派生词中词素的独立性（автономность）。

俄语标准语构词领域黏着性的增长不仅表现在构词词素的自由松散上，还表现在语义上，即构词词素倾向于单义性，这点在前缀构词方式上表现最明显。许多前缀，不论是俄语的还是外来的，在与不同词类结合的过程中，都会有好几个意义，比如：против (анти-, контр-); превышение (сверх-, супер-, архи-, гипер-, ультра-, мега-); ложности, мнимости (псевдо-, квази-); временного предела (экс-, пост-, после-)。但随着时间的发展，它们逐渐单义化了。这种现象表明，第一，一定的构词前缀固定与一定类型的词干相结合；第二，一定构词类型固定拥有一定的狭隘意义。这些因素都促使能指与所指相对应方面单义性的增长，客观上也促进了构词层面的分析化现象。词素的意义现已呈现出单义的趋势。单义化虽然记忆的时候负担有所增加，但组合的时候就方便了很多，在创造新词新意的时候十分省事。组合出的新词意义简单明了、一目了然。

那么为什么俄语的构词方式会从综合性向分析性发展？我们认为，第一，黏着性的构词方式省去了词素结合时原有的形态变化，简单易操作，容易创造出各种新词来满足对不断出现的新事物进行命名的需求。第二，在目前这个信息爆炸的时代，人们需要尽可能多、尽可能快地传递信息，信息量越大所需的编码也就越多，为了达到用最少的编码来实现最大信息量的传播，人们就必须缩短和简化编码（摆脱了中缀），减少记忆负担。第三，这种构词模式赋予了每个词素独立的语义，这种通过"语义+语义"的方式构成的新词，其意义一目了然，不需要再额外掌握专门的语法知识，也减轻了记忆负担。

我们认为俄语构词层面分析化（黏着化）发展的具体表现有：组合构词法的变异与活跃、构词前缀的实词化、基数词直接进入构词模式、截短构词法的能产化、外来词根或词缀的能产性增加、缩略语的大量出现。下面我们逐一进行分析：

3.1　组合构词法的变异与活跃

在苏联解体后的新时期，受英语（分析语）的影响，"在现代俄语中正形成着一种新的词组类型"（В. Г. Костомаров，1994：45）。这种词组由两个名词组成，头一个名词实际上是相当于形容词，起限定作用。例如компакт-диск（试比较俄语习惯的表达方式：компактный диск）、Горбачёв-фонд（试比较地道俄语的表达方式：Горбачёвский фонд 或 фонд (имени) Горбачёва）。大众传媒上常见到：бизнес-новости（商务新闻）、бизнес-клуб（商界俱乐部）、бизнес-центр（商务中心）、бизнес-сервис（商务服务中心）、бизнес-школа（商业学校）、бизнес-специализация（商贸专业化）、бизнес-тур（商务旅行）、президент-отель（总统宾馆）、панк-стиль（朋克风格）、экспресс-опрос（特急质询）、офис-применение（办公用）、толк-шоу（电视中的谈话节目）、пресс-центр（新闻中心）。一些经济、文化实体的名称也常采用这种结构：ОРТ-реклама（ОРТ 广告公司）、Континент-Банк（限额银行）、Банк Российский Кредит（俄罗斯信贷银行）。

这种构造实际上是介乎词组与复合词之间的一种语言现象，它们变格时只最后一部分变化。这种构词法利用语言中的现成材料合成一个词，构词方法简便、表意明确、可释性强、易于为人们理解和接受，被称作是组合构词法。组合构词法也是黏着性构词方式的典型表现，因为两部分相结合时，不需要再添加额外其他成分（比如中缀等）。两部分的结合十分松散，完全可以将其轻易分开，再分别和其他的成分重新组合成新词。与其他构词方法相比时，因带有明显的分析语构词的特征而在之前一直处于非积极的状态。但在现代俄语中，我们越来越经常地遇到借助组合法构成的俄语新词。比如：радикал-демократы, штаб-квартира, бизнес-право, масс-культура, допинг-контроль, документ-отчет, интернет-дирекция, компакт-диск-проигрыватель, пресс-служба, покупка-продажа, люмпен-интеллигенция, маркетинг-директор, национал-коммунист 等。

Это пункт **покупка-продажи** акций акционерного общества «МММ». (МН, 17. 04. 1994)

К текущим счетам относятся расчеты по **экспорт-импорту** товаров, **купля-продаже** валютных ценностей, переводы за границу... (НГ, 27. 10. 2003)

Магазин Guta Shop предлагает редкий на Московском валютном рынке аудиоаппаратуры **товар – музыкальный мини-центр с компакт-диск-проигрывателем** фирмы JVC. (Коммерсант, 25. 05. 1992)

组合构词法在构造这些新词的同时也在无形中扩大了自己的内涵，从而与原有定义相比产生变异。其主要表现在：一、构词成素可以是不同词类的词，如 он-лайн（在线）、прайм-тайм（黄金时间）、хай-тех（高科技）、шоу-мен（演出主持人）、шопинг-тур（购物旅游）等；二、构词成素可以是非同语词，如 рок-музыка（摇滚音乐）、тест-драйф（驾驶测验）等；三、构词成素可以是非同一性质的词，如 Гёте-институт（歌德学院）、TV-рейтинг（电视排行榜）、ВИЧ-инфекция（艾滋病病毒）等；四、构词成素数量可能是两个以上，如 экс-вице-премьер（前副总理）等。俄语组合构词法变异与活跃导致的直接结果是俄语依靠词形变化表达词与词之间关系的综合性特征减弱，而分析化趋势增强，词序也因此变得更加重要。

组合构词法发展趋势有以下特点：

一、数量明显增加

组合构词法是俄语词汇的"老本家"。1586 年俄国铸匠乔霍夫铸造的炮王（царь-пушка）和 1733—1735 年间俄国工匠马托陵父子铸成的钟王（царь-колокол）这两词在 1880 年出版的达里辞典里均可查到。至于民间口头文学和日常口语中的 жар-птица（火鸟）、баба-яга（妖婆）、хлеб-соль（待客的酒食）等词的历史都可以追溯到久远的年代。但是现代俄语中组合复合名词的数量原本不多。1953 年出版的 Ожегов 辞典里（约 52000 词）只收有二十几个。现代俄语中组合复合名词不仅大量增加，而且其中的许多词在语言中已经落地生根，成为常用词、基本词，人们经历着由不习惯到习惯，甚至在言语活动中离不开的过程。

二、形态不够稳定

组合复合名词在数量上的迅速增加和在言语实践中的经常使用，使得这类词在内容与形式之间原有的矛盾更加凸显了。

首先是词和词组的界限问题。платье-костюм 是词还是词组？在辞典中是否应单列词条？有些学者把它归为组合复合名词一类。有些学者认为，платье-костюм 属于合成名称一类，不是复合词，而是一个词组。有些则认为它是词，是属于组合复合名词中与融合型相别的组合型一类。其次是词的性属问题。两部分性属不一致的情况下怎么判断，кафе-столовая 是中性名词，还是阴性名词？有些时候是 Кафе-столовая открылось。有些时候是 Кафе-столовая открылась。另外还有词形变化问题。диван-кровать 是两部分都变形，还是只变后部分？

原来一般认为这是两个词组成的词组，而现在已经基本认为是一个词了，即复合词。于是这也就解决了词变和语法性属的问题，前一个词通常可理解为限定说明成分，后一部分才决定意义和语法属性的问题，因为俄语中通常只有词尾才能体现语法属性，所以只需要变后半部分即可。也就是说，从原来的词的组合变成了一个词的两个或若干个组成部分，原来的词作为词素和词根通过黏着性构词方式组合成一个新词。性属自然也以后面的一个词为准。Кафе-столовая открылась 才是正确的表达。两个词作为词素和词根，通过黏着的构词法组合成一个新词，也恰恰说明了俄语构词方式分析性的增强。我们可以对比以下两个句子：

1. Наиболее удобны **кресла-кровати и диваны-кровати**, конструкции которых весьма разнообразны.（Известия, 30. 3. 1960）

2. Также **в диван-кроватях** есть положение «релакс», то есть, не раскладывая полностью спальное место, можно выкатить и разложить «Дельфин», получая возможность сидеть **на диван-кровати** полулёжа.（Известия, 18. 8. 2014）

很明显，20 世纪 60 年代时，人们把它们看作是两个词，因此词典里标准的用法还是两部分都变，而如今的报纸上就已经只变后一部分了。这也说明如今人们已经把它看作是一个词了。这种变化的减少也符合人们对于语法简便和省力原则的追求，符合语言发展的分析化现象。

再比如一些传统的职务称呼（包括军衔），如 премьер-министр, генерал-полковник 等，第一部分已经不变格了，而于 1971 年确定的新军衔，如 лейненант-инженер, капитан-инженер 仍然两部分都变格，这可以说明问题。

早在 1881 年 Ф. И. Буслаев 就曾注意到组合复合词的发展变化情况，他说："某些由两个名词……合成的词，在变格时两个词的词尾都变化，如：Царь-градь, Царя-града, царю-граду 等等。……这个最古老的用法在现代语言中正被以后的只变后一词的用法所代替 Царь-града, Царь-градомъ, Царь-градь。"[①] 应补充的是，这一词中的连字符在以后年代里又被略掉了：Царьград[②]。хлеб-соль 转为 хлебосоль，再转为 хлебсоль 也是一个很好的例子。

词的两个部分结合得愈来愈紧密，第一部分逐渐失去词形变化的特性，向单一形态的复合词过渡，这就是组合复合名词发展的总趋势，这就是构词层面分析化的发展趋势。

3.2　构词前缀的实词化

俄语标准语法中构词前缀在言语中是不能单独运用的。但我们发现，现代俄语中已出现前缀实词化并独立运用的情况。有些前缀已经彻底实词化，还有一些虽不完全实词化，但在意义和构成方面已经独立化。

这一类现象出现的原因我们可以从认知基础上的模块性概念（понятие модульности）来进行分析。模块性是指存在于语言使用者意识中的派生词成分与孤立词之间的相关性。（Д. Б. Никуличева，2006）语言单位功能的模块性概念同样也可以应用于构词体系的分析化现象。因为在黏着词中词素与词素之间界限清楚，且每个词素都有其明确的意义，所以对于说话人来说它们都有很大的心理现实性[③]，即容易分解和形成自己的语义。正是模块性才致使复合语言单位的辅助成分能够轻松脱离整体，前提是该成分在语言使用者的意识中是相对独立的。因为高度的自主性让词素可以脱离旧词的束缚，出现在新的词汇单位之中，比如：супер, мега, ультра, контр, против, за 等。

---

① Буслаев Ф И. *Грамматика русского языка* [M]. Москва: Издательство Отделения русского языка и литературы, 1881: 167.

② *Советская энциклопедия* [M]. Москва: Третье Издательство, 1980: 446.

③ психологическая актуальность

Вы пестуете американских ультра.（你们在培养美国极端分子。）这些本来只是一个词缀，如今已经变成了一个独立的词，其意义明确，可单独使用。这就是构词前缀的实词化，也是黏着性构词方式高度发展的结果。这类词的黏着部分或前或后，或单独使用，本身无性、数、格的词形变化，是分析性的定语。

这一类词具有修饰作用，但又缺少变化，被 М. В. Панов 称作是分析性形容词，这一新的词类我们会在 4.3 中详细论述，这里主要从构词方式上来进行分析。语言的变化发展有其天然的合理性和实用性，当表示新概念、新事物的术语或复合性称名过长而不便于运用时，便产生分析性名词、形容词，甚至分析性语气词。通过黏着手段构成新术语是分析性词语的典型表现。这种"黏着法"能用于各种词，具有极广泛的搭配能力。其组合功能及严格、准确的单义性都很符合语言规范化的要求。能产性很强的"黏着法"构成了无数的无变化的分析性名词或形容词（如用 аэро-, био-, радио-, теле-, изо-, космо-, гос-, авто, соу-, хоз-, проф-, сов-, фото-, микро-, анти-, видео-, транс-, мезо-, ракето, ультра 构成，诸如：аэроклуб, биозона, радиоцент, телеран, изоморфизм, космонавт, госохрана, автостоп, соусоревнование, хозрачсёт, профкор, совучреждение, фотобюро, микрозонд, антикосмос, видеотелефон, трансмиттер, мезоклимат, ракетовоз, ультрамодерн… ）。仅"радио"所构成的分析性名词、形容词就多达数百个，再如 теле-, гос-, хоз-, фото- 更是多得不胜枚举，词典亦无法全部纳入。此类由俄语本身构成的词同外来词（借用词）一起还构成现代俄语词汇体系中庞大的一类分析性形容词，它们已失去其熟语性，不具备谓语性的功能，但却具有很强的分析性、准确性、稳定性和系统性。其严格的分析性使这类称名、术语更接近于词组，而不是复合词。有趣的是，随着科技成果愈来愈广泛地运用于生活领域，又出现了一种"非术语化"的现象，即专业术语转义用于日常生活中，如：Я всё время с ним чувствую изоморфизм.（我总觉得和他很像。）

这一类前缀的来源主要有两种：一、由外来前缀转写而成的前缀，如：авто- (auto-), супер- (super-), мини- (mini-), вице- (vice-), псевдо- (pseudo-), экс- (ex), топ- (top-), микро- (micro-), авиа- (avia-), аудио- (audio-) 等；二、由俄语固有词汇借助截短法（截去词根和后缀，保留前缀，与 3.4 截去词尾和后缀，保留词根和前缀不同）而构成的前缀，如：теле-, зам-, лже-, гос-, мед-, спец- 等。这些前缀一方面继续以构词成素的身份参与构词，另一方面它们以词的身份在语句中独立运用。例如：

1. Лужков подготовил молодых дублеров своим **замом**. (Известия, 16. 12. 2005)

2. **Экс** премьер-министр России, например, отмечал, что за короткий период в России исчезли признаки демократического общества. (Вслух-Ру, 23. 08. 2005)

3. **Мини** капустник как ни странно, но на садовых участках сегодня практически не увидишь капусту. (АиФ, 05. 05. 2005)

4. Сейчас на прилавках наших магазинов появился очень большой выбор всевозможных специализированных языковых курсов на **аудио, CD** и видеокассетах, ориентированных на слушателей, желающих получить языковой навык «без отрыва от жизни». (АиФ, 13. 08. 2002)

现代俄语中虽然已出现了构词前缀实词化的语言事实，但是不容否认的是，前缀实词化不是一个突发的，而是一个渐进的过程；不同前缀的实词化速度是不同的，其变化的态势是不平衡的；前缀实词化进程与前缀构词化进程是相伴而存的。分析性构词方式构成的词中词素与词素之间界限清楚，且每个词素都有其明确的意义，顺序亦不能随意改变。所以对于说话人来说它们都有很大的心理现实性，即容易分解和形成自己的语义。同时高度的自主性也让词素可以脱离旧词的束缚，出现在新的词汇单位之中。因此这也是构词方式分析化程度加深的体现。

3.3　基数词直接进入构词模式

现在俄语构词层面词语组合分析化中的另一情况是，数词积极参与到构词模式中。即名词与表示序列、年度等的数词用无中缀的复合法构成复合词的情况，现在也十分普遍，这种现象也同构词模式的分析化趋势有密切关系。以往通过间接格的形式进入语句表示特征意义的数词，现在简化成为可以直接参与构词的构词成素，如：компонеты Windows98, ЭКСПО-2010, Олимпиада-2008, Мисс Азия-2004, космонавт-два, Арабеск-86, Эксполанг-93, Мисс-99, выбор-2004, комитет-2008 等。比如例句：

«Комитет-2008», безусловно, организация общественная. (НК, 19. 01. 2004)

«Мисс Россия-2002» мечтает строить дома. (АиФ Суббота-воскресенье, 09. 08. 2002)

这种模式下的数词与主词结合不紧，数词可随意脱落或与其他名词重新自由组合，这种现象也体现了构词领域的黏着化趋势。构词范畴的这种变异简化了词组合的进程，同时也强化了词组合构造的分析性。

3.4 截短构词法的能产化

在俄语中，可以用动词、名词或形容词通过截短形式（截去词尾或后缀，保留前缀和词根，与 3.2 构词前缀的实词化是有区别的）构成零后缀的名词，如：пускать-пуск，обмануть-обман，серьезный-серьез，примитивный-примитив 等，其中形容词截短构词的模式过去主要出现在口语和非标准语领域。在 19 世纪和 20 世纪初的作品中，интим (интимный)，серьез (серьезный)，курьез (курьезный) 等词还只是出现在一些非标准语的作品中，而шарм, интим, наив 等词甚至还受到人们的嘲笑。

20 世纪 80 年代改革初期，позитив（正片）、негатив（负片）这两个由摄影学术语演变来的党政俚语，通过 М. С. Горбачёв 的演说进入当代标准语交际领域中：

Материал, который можно характеризовать как **«негатив»**, просто запугивает читателя, если не говорит, как с плохим бороться, не внушает уверенности и оптимизма.（МП, 11. 09. 1986）

此后，由形容词截短构成名词的模式不仅变得比较能产，而且其构成的名词非但没有受到标准语的排斥，反而大量出现在大众传媒等标准语交际领域。例如：

безнал (безналичный), беспредел (беспредельный), громозд (громоздкий)

Даже **нелегалы** могут быть гражданами России.（Известия, 04. 11. 2001）

Эксклюзив «Голубого огонька» на канале «Россия» – примадонна российской эстрады Алла Пугачева (вот оно, главное отличие второго от первого, его козырь и гордость!) отличилась исполнением новой песни.（Известия, 10. 01. 2003）

截短词符合语言手段的经济化需要和省力原则，而由该模式派生出的词汇的盛行，除了语言内部因素的制约外，也与现代俄语的口语形式的影响力上升有关，同时也体现了新构词模式背景下词素的高度可分解性（分析性）。这种截短构词方式传统上是属于具有口语色彩的或是非标准语领域的边缘性构词手段，在俄语语言系统的口语化的总体趋势下，该模式逐渐由边缘走向中心，能产性明显提高。过去俄语词较长、音节较多，在信息爆炸时代，既不利于书写，也不方便口说，截其语义核心独立出来，可很好地解决这一问题，这也符合省力原则。

3.5 外来词根或词缀的能产性增加

现代俄语中一些外来词缀（特别是从美国英语中引入的）积极参与构词过程。苏联解体以来，下列前缀得到空前的运用，它们几乎排挤掉了原有的俄语前缀。

外来前缀 пост- 代替俄语原有前缀 после- 构成：постмодернизм（后现代主义）、постреференлумый（全民公决后的）、посткоммунистический（后共产主义的）、постсоветский период（苏联解体后时期）、посткоммунистическое общество（共产党下台后的社会）、постперестроечная эпоха（"戈尔巴乔夫"改革之后的时代）、поставгустовская эпоха（八月事变后时代）等。Костомаров 说："пост- 这个前缀获得了空前的能产性。"

де- (дез-) 意为"取消"，"消除原有事物或特征"。社会、政治、经济制度的改变，导致对原有制度以及相关现象的取缔，使得这个前缀空前活跃。这个前缀常常与后缀 -изация（……化）同时使用。如：декоммунизация（消除共产党的思想及其影响）、десоветизация（废除苏维埃政权制度）、деколлективизация（取消农村经济集体化做法）、деканонизация（反对教条、固定模式的思潮）、деконсолидация（走向对抗）、дезинтеграция（分化、使集合体解体）、демонополизация（非垄断化，废除垄断）、десталинизация（消除斯大林主义影响）、денационализация（非国有化）、дефедерализация（非联邦化，取消联邦建制）、дедолларизация（停止以美元为结算单位），等等。

很多词是原有词加前缀 де- 构成的，如：коллективизация – деколлективизация, интеграция – деинтеграция；而有些词如 десталинизация, десоветизация 则是由 де- 同时使用 -изация 构成的新词，因为原先并没有сталинизация, советизация 这样的词。

这种名词很容易再衍生构成动词，如：деполитизация – деполитизировать, денационализация – денационализировать, деидеологизация – деидеологизировать。

与俄语原有前缀 сверх- 相比，外来前缀 супер- 更加常用。现在人们已不用 сверхдержаво（超级大国），而用 супердержаво，虽然在意义的表达上它们是完全一样的，区别仅仅表现为后者的前缀是外来的、更时尚。супер-构成的新词充斥现代俄语：суперагент（超级代理人）、супермодель（超级模特）、суперкубок（超级杯赛）、суперцена（特高价，特低价）、суперновость（最新新闻）、суперзвезда（超级明星）、супермен（超人）较早就出现了。新时期又出现了 суперрынок（超市，超级市场）、суперсамолёт（超级飞机）、супермаркет（超级自选商场）、супертурнир（超霸赛）等。

анти- 比俄语原有前缀 против- 更能产。以《21 世纪俄语新词新义词典》所收录的 20 世纪 80 年代初至 1998 年新词为例，前缀 против- 构成的新词只有 26 个，而前缀 анти- 构成的新词有 133 个：антитеррор（反恐）、антиНАТО（反北约）、антирыночный（反对市场经济的）等，антипрезидентский（反对总统的）、антироссийский（反俄罗斯的）、антиамериканский（反美国的）、антиправительственный（反政府的）、антицентрист（反中心主义者）。一起热用还有 про-，意为"亲……"，如：пропрезидентский（亲总统的）、пророссийский（亲俄罗斯的）、проамериканский（亲美国的）等。

экс- (=бывший)：экс-президент（前总统）、экс-чемпион（前冠军）、экс-спикер（前议长）、экс-мэр（前市长）等。在如今的语言实践中，экс-不仅用于职务名称，我们还发现 экс- 用于非职务名称与表人名词的例子：

Экс-супруга Аршавина примерила новый образ.（Огонёк, 03. 08. 2005）

用在形容词前的例子：

Проблем много, их надо решать, но как? Несомненно одно – брызги, полетевшие от этого скандала, ещё долго нельзя будет оттереть ситак уже довольно потрепанного **экс-белоснежного** фрака русского балета.（Огонёк, 04. 01. 1995）

блиц- 比俄语原有前缀 быстро- 更合时代节拍：блицопрос（闪电式调查）、блицтемп（闪电速度，飞速）、блиц-интервью（闪电式采访）、блиц-курс（速成课，闪电教程）；外来前缀 мульти- 比俄语原有前缀 много-更活跃：мультитон（多音频）、мультивитамины（多种维生素）、мультивиза（多次往返签证）；外来前缀 вице- 比俄语原有前缀 зам-更常见于报端：вице-премьер（副总理）、вице-спикер（副议长）、вице-чемпион（亚军）、вице-мисс（亚姐）。这些词中有的有连字符，有的没有。我们认为，没有连字符的形容词中的两个部分结合得更紧密、黏着性更强，因此是分析性程度更高的表现。目前来看，没有连字符的形式越来越多地取代连字符的形式。

外来后缀也是如此。随着英语一系列表国际或社会政治丑闻的词被借入俄语，比如：уотергейт（水门事件）、гольгейт（科尔门事件）、ирангейт（伊朗门事件）。-гейт 已成为俄语新生后缀，用于表国际或社会政治丑闻事件词的构成，如 кремлегейт（克里姆宁宫丑闻）、слупскгейт（斯鲁普斯克丑闻）。

源于英语的后缀 -ман 用于表示各种"高度迷恋于……的人"词的构成，它比俄语原有后缀 -ик, -ст（……者）更形象，比如：киноман（影迷）、видеоман（电视迷）、меломан（音乐发烧友）、интернетоман（网虫）、пироман（纵火狂）、работоман（工作狂）。

英文字母直接参与俄语新词构成是一个构词新现象，主要表现在与电子信息产业相关词汇中：IP-телефония（IP 电话开发）、IT-индустрия（信息技术业）、IT-рынок（IT 市场）、e-бизнес（电子商业）、e-покупатель（网上购物者）。

外来词缀的好处不仅仅在于时髦，也不仅仅是方便与外国交际。外来词缀在构词时通常被作为一个独立的词，而不用使用各种中缀，仅黏着在一起就可以。外来词缀不需要过多地转化便可积极参与并溶入俄语的构词过程，说明现代俄语系统对外来词素的宽容和兼收，对构词词素来源的宽容是构词层面黏着化的基础，也体现了构词体系的分析化现象进程。这也大大地方便了交际者，同时也使它们数量越来越多，传播越来越广。

3.6 缩略语的大量出现

И. В. Приорова（2001）也认为，缩略语是现代俄语中分析化现象最积极的表现手段。缩略语是俄语现代称名资源中不可分割的一部分。俄罗斯社会政治生活方面发生剧变之后，人们迫切需要对新现象进行命名，这些新现象的名称又往往是由很多个词组成。说话人为了缩短文本，就把这些名称进行压缩，压缩之后的形式简便好记，也好用，比如：ЕР – партия «Единая Россия», ЕГЭ – единый государственный экзамен, КИМ –

контрольно-измерительные материалы, ЧОП – частное охранное предприятие, ЕДВ – единовременная денежная выплата, ОСАГО – 38 обязательное страхование автогражданской ответственности, ГИБДД – Государственная инспекция безопасности дорожного движения。

现代俄语中出现了大量的缩略语，而且可以缩写的词的空间也大大扩展了。一般来说，缩略语是快速传递信息的有效手段，因而在社会飞速发展的转型时期，缩略语在俄语中的大量出现便不难理解。如果说，过去出现的缩略语一般都是在交际中广为流传的结构，则目前俄语词汇手段的新特点是非普及型缩略语的大量出现。一些人还故意制造出一些与已经有一定"知名度"的缩略语相同的结构，或者故意制造出联想性很强的缩写形式，使当代俄语中的缩略词显得纷繁多样。另外，过去的俄语标准语领域，尤其是书面语中，一般避免通过词首缩略语加词缀构成新词，但当前这种模式在传媒等标准语领域使用得相当普遍，甚至还出现了用外语缩写词直接添加俄语后缀构成新词的现象。

语言学家不仅关注缩略语数量的增加，还注意到了大量的由多成分组成的称名的出现，比如现代俄罗斯的办事单位、机关、工厂和机构的名称：

Роскомдрагмет (Российский комитет драгоценных металлов)

РосУкрЭнерго (Российско-украинская энергическая компания)

Мосжилкомхоз (Московское жилищно-коммунальное хозяйство)

Внешэкономбанк (Внешно-экономический банк)

Госналогслужба (Государственная налоговая служба)

Роспотребсоюз (Российский потребительный союз)

这一类缩略语是由意义组合而成。此类词的特别之处在于，它们由多个成分组成，每个成分又都由辅音结尾，最后由完整词做词尾，前面由词的第一个音节加后面的辅音一个半音节做词素，该音节在长期的使用中，其意义面貌已深入人心、尽人皆知，已经能表达全词的整个意思，各部分词素对接时又没有任何特殊的构词词缀手段（这就是黏着的构词方式）。

现代俄语中还有一类过去不多见的复合字母型缩略语也较流行，例如：НовГУ（Новгородский государственный университет имени Ярослава Мудрого 诺夫哥罗德大学）、МосНПО（Московское научно-производственное объединение 莫斯科科研生产联合公司）等。这一类词的构词方式是意义组合+首字母，也是黏着性构词方式的体现。

　　还有一类词全部是由首字母构成，比如：МЧС (Министерство по чрезвычайным ситуациям)，ГИБДД (Государственная инспекция безопасности дорожного движения)。我们认为，缩略语的大量出现也是现代俄语构词体系分析化现象的体现之一。因为，首先各种缩略语都是由原有各组成成分的首字母或一部分内容不经任何中缀直接粘贴而成，因此其构词结构本质上都是黏着性的。其次，缩略语是在语言经济原则的作用下形成的，它的出现导致了语言编码长度的缩减，更加符合现代社会的需求和省力原则，利于快速的语流和交际。

　　而且大部分的缩略语在形态上是不变化的，其语法范畴通过与其他词的句法联系来体现，即分析性的方式。比如：ООН решила направить своих наблюдателей в зону конфликта（通过动词 решила 的词尾可以得知 ООН 是阴性单数）；СМИ выступили с критикой политики местных властей（通过动词 выступили 的词尾可以得知这里的 СМИ 是复数形式）。因此我们可以将缩略语归为一种特殊的词类，其构词和词变特性都反映了俄语分析化的特点。关于缩略语，我们在"4.1.4.2　俄语本土不变化名词"中将从形态层面进行更加详细的分类和论述。

3.7　本章小结

　　一、分析化现象作为现代俄语最典型的特征之一，已经渗入俄语的各个层面，其中也包括一向相对稳定的俄语构词层面。这也是现阶段较为新鲜的研究领域。

　　二、构词层面的分析化主要表现在派生词结构中黏着性的增加：旧的构词模式中词是作为词形的聚合体，而新的多产的构词模式中词变成了词素组合体（В. В. Борисенко，2007：211），即各成分在组成新词的同时又各自保留独立性。

　　构词领域分析化的特点是词素语义的可推导性，以及结构的可分解性，这直接与黏着化相关。但我们认为，黏着化现象不可能完全等同于分析化现象，因为黏着化是第二位的，是分析化的结果，是词素结构和语义高度可推导性的结果。

　　我们可以把现代俄语中黏着性的构词法分为两大类，第一是用词素构词，第二是把整个的词当作一个词素来进行构词，就是我们说的组合构词法。这样的情况就要求我们所说的"词素"（广义）意思要明确，还要它们意义单义化。黏着化构词法使得各成分可以自由组合，单义化又使得各成分在构成新词的时候意义一目了然，十分省事。在构词的过程中，各词素的组合顺序是特定的，是根据说话者或者交际者本身的意图来决定的，起修饰限定作用的成分必须放在前面，后半部分是语义核心，语法属性也由后半部分决定，所有的变化都以后边的部分为主。这样就大大地节省了两部分都变化所消耗的力气和时间，因而符合省力原则。不过词素的自由组合也绝不是任意而为，必须要尊重受众的理解能力和接受程度。

三、俄语构词层面分析化的具体表现有：

1. 组合构词法的变异与活跃；

2. 构词前缀的实词化；

3. 基数数词直接进入构词模式；

4. 截短构词法的能产化；

5. 外来词根或词缀的能产性增加；

6. 缩略语的大量出现。

四、黏着性的构词方式简单易操作，容易创造出各种新词来满足对不断出现的新事物进行命名的需求，缩短和简化编码（摆脱了中缀，不再为中缀的选择而费力），减少记忆负担，赋予了每个词素独立的语义，通过这种方式构成的新词，其意义一目了然，易于被人们接受。

五、我们认为，随着语言内部的发展和外部社会的推动，俄语构词层面的分析化现象会进一步深入发展，其表现方式也会更加多种多样，这都有待于开展更多的研究。

第四章　现代俄语形态层面的分析化现象

本节主要研究分析化现象在俄语形态层面增强的表现，即基本词类在俄语进化过程中所产生的语法不变化性（грамматическая неизменяемость）。前面我们已经说过，"分析性"在词汇层面的主要表现就是词的不变化性。众所周知，综合语最典型的特征就是词汇具有复杂的外形变化，并通过这些变化来表达各种语法意义，一个词具有形态聚合体，是一批词形的代表。而分析语则没有或者少有变化，语法意义通过重音、虚词和文本来表示，因此俄语形态层面不变化性的大量增加就是分析化现象增强的典型表现。具体就是指不变化词数量的增加和种类的增多，这在现代俄语的大多数词类中都有很明显的表现。例如 Л. В. Кнорина 就认为："无语法意义的不变化词汇单位的大量增加是分析化现象最明显的体现。"（Л. В. Кнорина，1978：23）

形态不变化词是指语法意义不通过词汇本身，而是通过与助词（冠词或前置词）或其他实词相结合，以词序、句法结构和语调等方式来体现。词的形态不变化性是分析语最首要的特征。组合关系是表达语法意义的重要方式（Е. В. Клобуков，1979：35），因为组合关系的缘故即使是不变化词也存在语法形式。[①]

俄语的主要词类，如名词、动词、形容词、形动词、数词等，传统上都是屈折性的，有着丰富的形态变化。但俄语中始终存在着不变化的词汇，如古俄语中就有不变化的副词。除了不变化副词外，研究者们还指出了其他一些分析化的词汇，比如 15 世纪时消失的分析化形容词。（Ф. И. Буслаев，1959；А. А. Шахматов，1957；Е. М. Ушакова，1974）18 世纪中期不变化名词开始在俄语中出现，虽然大多是外来语。И. П. Мучник 认为，这个时候"外来词还是努力地融入综合语的变格体系"，比如：какаом, в розовой

---

① 分析语中的词汇缺少变化，不能承载更多的语法意义，因此分析语中的组合关系尤为重要，正是组合关系赋予了不变化词更多的语法意义。这种原本通过词汇本身来表达的语法意义转而通过句子的组合关系来体现，就是形态层面分析化的最典型表现。

домине, Отеллу（И. П. Мучник，1971：259）。然而在 18 世纪末 19 世纪初时出现了相反的趋势，即外来词不再变化，19 世纪中期这种趋势成为了主流。在从综合性向分析性转变的过程中，俄语语法信息在词形方面消失了，转而集中于组合关系层级上。大部分情况下是词的形式变少了，即变格的减少或消失。俄语历史上就发生过数词变格的压缩、格数量的减少、某些动词形式的消失、某些形容词的非形态化。（М. В. Панов，2010）

近年来在外部社会因素和语言内部因素的共同作用下，在这些传统的"变化词类"中不变化词的数量和种类越来越多。除了这些传统的变化词类之外，"不变化性"还涉及动词，以及副词、副动词、无人称述谓词和助词类，如前置词、连接词、语气词等俄语中早就存在的不变化词类，这些词近年来在不变化性方面也有所发展，其数量和种类也是越来越多。

俄语中的不变化名词和形容词主要有：（1）俄语中早已存在的外来词（пальто, метро, меню; беж, хинди 等）；（2）不久前出现的外来词（джакузи, импрессарио, медиа, флоппи, яппи; эсперанто, метео-, фарм-, пресс 等）；（3）缩略语（АЭС, ООН, СКВ, СМИ, ЭВМ 等）；（4）俄语不变化地名（Живаго, Белых, Дурново）。此外，俄语中原来需要变格的某些名词（如以 -ово, -ево, -ыно, -ино 结尾的地理名词：Пушкино, Протвино, Косино, Царицыно）逐渐也变成了不变化词。

随着不变化名词和分析化形容词的出现，俄语语法中分析性表达方式的地位越来越得到巩固。同时某些语法意义也发生了改变，如各种词类语法形式的副词化，其中包括前置格结构，如：шагом, на лету, досуха, до отвала, без умолку 等。М. В. Панов 指出，19 世纪至 20 世纪俄语中某些携带意义的前置格结构开始向副词转化。"这对分析化是有利的，因为这样就成为了不变化词。"（М. В. Панов，1968：111）

20 世纪中期俄语中又出现了一些不变化的数字结构，如：космонавт-два, по модели пять。

М. В. Панов 认为，动词作为一种实词，"几乎不可能不变化"[①]。然而动词作为俄语综合语的主要部分，也有可能是分析化的。在最近的研究中，有人指出了一种新的特殊词类，并将其定义为分析化动词，如：тю-тю, баиньки, брысь（Д. Р. Шарафутдинов，1997；Е. В. Клобуков，2001）。还有

---

① Панов М В. *Позиционная морфология русского языка* [M]. Москва: Наука, Школа "Языки русской культуры", 1999: 126.

人区分出了口语中的不变化特殊词类，如述谓词：ля-ля, бу-бу-бу, так себе；呼应词语：Ничего! Пустое!（Е. А. Земская，1979、1993）

俄语不变化词种类繁多、数量巨大，几乎所有的现代俄语实词词类中都有不变化词的存在：名词、形容词、副词、动词、数词、代词，并被大量使用。比如下面摘自俄语网站的段落就充分说明了俄语中不变化词的大量使用：**Spyker** готовится объявить о покупке **Saab**. Найдены тела ещё 11 погибших на месте крушения **Boeing** 737 в Ливане. **Бизнес**-газета **RBC-daily**: **Burger King** придумал новую страгетию в борьбе с **McDonald's**. В распоряжении компании крупнейший в мире наземный кран **MSG100** грузоподъемностью **4400 m**. Выручка компании в 2008г. составила 647 **млн евро**.[①] 这段话中共有 11 个不变化词，其中有英文原词、英文字母缩写词、由英语音译而来的俄语词、不变化形容词、俄文字母缩写词，还有数词等。

由于长期以来俄语学界对分析化现象的研究过于分散、缺乏系统性，词汇形态上的分析化趋势长期以来没有得到应有的重视。比如《Русский язык конца XX столетия》一书在讨论现代俄语分析化趋势的章节中，只提到了以 -ово, -ино 结尾的不变化地名，以及 сама 替换 самое 的情况。Е. А. Земская[②]曾经对俄罗斯侨民语言中的分析化现象进行过研究。而现阶段我们再开展研究时，则需要对语言材料进行一个全面的考察。这就要求我们对词类划分、形态学特点及其相应的词典描写等问题有充分的了解。

《Русский язык》（2001：260）一书中对不变化词汇的定义是："不变化词汇不具有词变的语法形式。主要包括两类：1）不用词形来表达形态意义的词，包括虚词、感叹词，以及副词（以 -o 结尾的性质副词除外）；2）某些具有正常性数格变化的词。"因此，不变化性受限于不变化单位的词类所属。语言中分析化趋势增强的程度也因为词类的不同而不同。如果说对于副词、无人称述谓词和虚词来说，不变化性是其构造上必有的特征，那么对于名词和形容词来说，不变化性则并非必然的现象。因此，语言中的分析化趋势主要表现在静词领域且具有系统性的特征。

不变化词的词类所属问题十分复杂，因为这些不变化单位大多具有语法多功能性，即扮演不同词类的角色。如：выпить кофе в интернет-кафе и в

---

① http://top.rbc.ru/economics/25/01/2010/364995.shtml

② Земская Е А. *Русская разговорная речь: лингвистический анализ и проблемы обучения* [M]. Москва: Русский язык, 1987: 67.

интернете рекламируют новую кофе-машину. 这里的 кофе- 和 интернет- 前后就分别扮演不同的词类。20 世纪中叶，俄语中不变化成分被禁止当作前置成分使用，这说明当时俄语中还没有不变化形容词。词组中的后置成分，如 язык урду, рукав реглан, юбка макси，被认为是不变化名词做修饰语。由此可见，语法多功能性其实是分析语的基本特征，并且其融合性的词类分布和不变化性一样，被看作是分析化趋势加强的主要特征。词变的缺失、同音异义词、换位词组、句法层面的功能变体等都导致不变化词很难被划分词类。这些现象在英语中很常见，英语作为一门典型的分析语，其词类划分主要根据三个标准：意义、形式和功能。随着词形变化的逐渐消失和同音异义词的增加，第二个判断标准已经失去了意义。因此，在判断不变化词的词类所属时，意义和功能成了主要的判断标准。现代俄语的情况也十分复杂，传统的词类分类方法已经不太适合了。

上述分析化趋势的增强不仅出现在现代俄语中，也出现在近几十年来的其他印欧语言中，不仅口语，还有书面语。

我们认为，导致俄语词汇层面不变化词汇大幅增加的原因主要是：第一，不变化词使用方便简单，在交际过程中减轻了人们记忆负担，符合省力原则和现代社会发展加速的需求。第二，词汇摆脱了复杂的形态变化，不能再同时承担词汇意义和语法意义，原本集中为一个词的意义现在只能由两个或更多个词来分别承担，拉大了语义缝隙，便于对其进行说明和修饰，符合人类思维的分析性特点。第三，词汇虽然不变化，但其原有的语法意义也可以通过和其搭配的动词或形容词来表达，这样更加省事。这本身也是分析化的典型表现。

下面我们来逐一详细分析现代俄语中的不变化词类：

4.1 名词

我们首先要分析的是近代俄语中的不变化名词，因为名词是最常见，且使用最广泛的一类词。它最容易受到外部环境变化的影响，其发展变化也最明显体现外部社会的发展变化。近年来俄语中出现了大量的不变化名词，除了数量大幅增加之外，其种类也是十分繁多。这和分析化现象有着直接的关系，因为很明显，不变化名词只能通过组合关系手段来表达语法意义，比如：познакомились с известным кутюрье，原本通过屈折变化来表示的语法意义转而通过文本"известным"来表示了。这种意义的分开表达恰恰就是典型的分析性表达手段。传统的变化名词通过屈折形态变化来表示语法意义，形态复杂多变，不够方便简洁。另外所有的意义同时集中在一个变化词身上，使得意义过于密集，不便于进行说明和修饰。而不变化名词摆脱了传统的屈折形态变化，形式更加简单，交际过程中减轻了人们记忆方面的负担；其原有的语法意义通过其他手段来分析性地标明，符合大脑思维逐词逐字往下推进的顺序，这也是分析化的表现之一。这样做也拉大了语义缝隙，便于添加修饰成分，使得表达更加精细。因此不变化名词数量和种类的增多是现代俄语的突出特色和必然趋势之一。

4.1.1　俄语不变化名词的历史

18 世纪末 19 世纪初，俄语达到了一个高度发展的状态，并且形成了只有标准语才具备的一些特点，比如将外来词看作是一种外部现象，并且倾向于保持其不变化性。外来词在进入俄语标准语的整个过程中都保留着借助无形态变化的分析性手段来表达语法意义这一内部趋势。

И. П. Мучник 指出，18 世纪中期，俄语标准语尚未形成时，外来词曾试图融入俄语的变格体系。到了 18 世纪末 19 世纪初时情况发生了改变，尽管外来词加入变格体系的情况仍然比较常见。但外来词的不变化性已经渐渐地变成了一种规则。这种规则首先出现在《 Практическая русская грамматика, изданная Николаем Гречем 》一书中，书中写到："以 о, е, и, у, ю 结尾的外来名词（депо, кофе, колибри, рандеву, ревю ）……不需要变化。"[①]

1838 年出版的《 А. Х. Востоков 语法 》中也规定了专有名词的不变化规则。1837 年出版的《 В. Г. Белинский 语法 》中也同样规定了专有名词的不变化性。这种不变化性规定只针对专有名词的情况，也说明了不变化的普通名词在数量上远远少于专有名词。之后有关不变化性语法规则在专有名词和普通名词的数量上就完全一致了，这说明，不变化名词中普通名词的数量越来越多了。（ Ф. И. Буслаев，1959 ）即不变化趋势已经从术语领域扩展到了日常生活领域。

20 世纪头十年，不变化名词的数量大大增加，不仅包括外来不变化词，还包括许多俄语本土的不变化新词，比如各种缩略语；以及 метро,

---

[①] Греч Н И. *Практическая грамматика русского языка* [M]. Санктпетерб: СПб Воспитательного дома, 1827: 78.

бюро, кафе 等在外形上与外来词相似的俄语本土词。（И. П. Мучник，1971）

如果说 19 世纪时少量以元音结尾的外来词是不变化普通名词的唯一来源，那么在十月革命期间和十月革命后出现了大量新的不变化词汇类型，即缩略语。大部分缩略语出于各种原因不能简单归入某一变格类型。

早在 19 世纪不变化缩略语出现和扩散之前，来自乌克兰语以后缀 -ко，-енко 结尾的姓氏（Короленко, Шевченко, Рыбалко, Скляренко 等）就表现出不变化的趋势，这在很多作家的小说中都有体现。没有明确的变格样板是这类姓氏不变化趋势的原因之一，因为俄语本土词中没有中性的动物名词。此外，这些词所携带的民族特色与民族认同也使它与一般俄语词汇不同，如果变化，就会失去其特色。再者，俄语表人的名词是有阴阳性之分的，以 o 结尾的人名无法区分男女，变起来十分麻烦。慢慢地，这种姓氏在口语中彻底失去了词变的形式。现代俄语语法书中以 -ко, -енко 结尾的乌克兰姓氏是不需要变格的。（《 Русская грамматика 》，1980[①]；《 Современный русский язык 》，2003）

Внуково, Кусково, Пушкино, Шереметьево 之类俄语地理名词变格体系方面分析化趋势的加强也同样吸引了研究者的注意。这些俄语本土词在 20 世纪开始逐渐变为不变化词，并且这种趋势随着时间的推移变得越来越强。它们不变化的原因之一是其变化形式同相应人名的变化形式会发生纠合。而保持不变化的形式则不会使人产生误解，也不会与人名或其他名称混淆。

值得一提的是，不变化名词的渗入过程在时间上与标志着俄语标准语建立的一系列重要转变完全吻合。其中包括句法构造和词组方面的重要转变，比如大量前置格结构排挤无前置词结构的情况。В. В. Виноградов 对前置词分析化过程描写得最为详细，他指出："语言的分析化形式不仅在数量上急剧增长，在质量上也变得复杂化，变得更有意义和更加明确。前置词的抽象意义正在经历语法化的过程。前置词体系的变化使得俄语语法系统向着更加分析化的方向发展。"（В. В. Виноградов，1938：530）关于前置词格排挤无前置词的结构的情况我们将在 5.2 中有详细描述。

随着形态层面分析化趋势的增强，不变化词在名词变格系统内已经占有自己的一席之地，对俄语语法来说已经不是一个另类。

---

① Шведова Н Ю. *Русская грамматика* [M]. Москва: Наука, 1980: 89.

4.1.2 俄语不变化名词产生的原因

俄语不变化名词的主要来源是外来语。研究表明，其他斯拉夫语中外来词的变格趋势是尽量融入该语言已有的变格体系。（И. П. Мучник，1971）而俄语中则保留了很多不变格的外来词。导致这种变格体系区别对待外来词的原因在于语言发展内外因素的差异。俄语标准语最初形成于成熟的社会发展阶段，当时的俄罗斯人可以自由学习西欧语言尤其是法语，而且俄罗斯人一直以来也比较渴望融入欧洲，因此在语言、宗教、生活习惯等方面都尽量向西方靠拢，在此情况下，大量的外来词不断涌入俄语，随便渗入俄语语言体系。这是不变化名词产生的外部原因。

其次，20 世纪俄罗斯社会方面发生的巨大变化也为其提供了支持，其中包括：说话人社会地位的改变、教育的普及，以及新政体的建立等。（Русский язык，1968）不变化名词的使用频率越来越高，并且获得了新的意义，还为新不变化词的产生提供了基础。比如 бюро 一词，在十月革命前使用频率很低，十月革命后却变成了许多社会机关名称的基础词：партбюро，политбюро，информбюро，техбюро，машбюро 等。（И. П. Мучник，1971；Русский язык，1968）бюро，депо，кино，кофе，кафе，метро，пианино，пюре，рагу，такси，трико，эским 之类的词使用频率如此之高，以至于很多人都不再觉得它们是外来词了。此类外来词已经变成了俄语习惯的成分，而它们的不变化性也成了名词变格分析化的寻常特点。

不过绝不能仅仅从外部因素来解释不变化名词这种俄语语法构造中的"另类"。正如 И. П. Мучник 所说："如果语法体系本身不提供支撑的话，外来词是不能通过无词缀的方式来表达各种格的意义。"（И. П. Мучник，1971）这说明俄语语法系统内部本身就存在着接收和催生不变化词汇的土壤。因此为了揭示导致俄语与其他斯拉夫语在外来词变格方面不同的原因，还需要弄清楚形成这种趋势的语言内部因素。

И. П. Мучник 认为："18 世纪末 19 世纪初，当该外来现象进入俄语时，俄语的变格体系非常稳固，这导致其不仅可以通过词缀手段，还可以通过词缀替代品来表达格意义。"（И. П. Мучник，1971：257）也就是说，综合性的过于稳固反而导致了分析化手段在名词变格中找到了自己的地位。"正是因为俄语语法结构在名词和其他词类方面具有稳固且多分支的变格对立系统，所以从最开始俄语语法就在很大程度上比南斯拉夫语和西斯拉夫语（波兰语除外）更加倾向于借助替代手段来表达格意义，并因此导致外来语

形态上的不变化。"（И. П. Мучник，1971：257）

此外，名词变格体系分析化趋势加强的根源也在于语言发展的内部规律，省力原则等内部因素突破了俄语强调的规范力，在词汇层面也逐渐开始大展手脚。语言从工具到载体再到认知，现在又回归到工具属性，从语言学研究回归到语言的合理使用。在语言内外因素的共同作用之下，应该说分析化是语言发展的必经之路，毕竟分析化使语言形式变得更加简单方便是不争的事实。

所有的上述情况都为俄语语法中各种分析化现象的出现做了铺垫，也包括外来词不经变化就能进入俄语体系这一事实。

4.1.3　不变化名词的分析性特征

不变化名词与变化名词相比，性、数和格形式的语法指标有着原则上的区别。不变化名词的性和数从通过词本身的结构转变为通过结构外手段来表达，即不再通过词尾而是通过语境和文本（组合关系）来体现。组合关系是判断不变化名词语法意义"性和数"的唯一手段，句子组合关系上的结构多元性可以让"非屈折"形态表达各种语法意义，词的形式意义通过与句子其他成分之间的组合关系来体现（这就是性数范畴的分析性表达方式），因为组合关系的缘故即使是不变化词也存在语法形式。比如：старое меню было лучше 和 известный мафиози попался 中的 меню 和 мафиози，我们仅凭外表不能判断出其性数，但我们可以根据形容词 старое，известный 的词尾，以及谓语 было 和 попался 的形式知道这两个词分别是中性单数和阳性单数。这就是分析性的表达方式。

最典型的名词性的分析化趋势体现在"双性名词"的大量增加，即阳性名词兼用于表达阴性的情况，比如：Пожилая врач вела приём в поликлинике. Продавец обсчитала покупателя. 俄语中成对的人称表达（студент – студентка, певец – певица, поэт – поэтесса）数量不多，因此更多情况下在表达性时使用的是语义一致性，比如：экономист составила смету, профессор выступила с докладом. 随着社会的发展，表达新职业的词汇不断涌现，而性范畴方面与之相对应的词汇却大量缺失，从而导致现代俄语中性范畴方面语义一致性的结构数量大大增加。从形式上的一致性到语义上的一致性，词的语法意义不再通过词的屈折形式，而是通过语境和文本来判断，这恰恰是分析化的表现之一。这种现象最早出现于口语中，随后逐渐渗入书面语，最后被广泛运用。比如：

В церемонии открытия комплекса **приняла** участие **губернатор** Петербурга Матвиенко». (РИА, Новости, 15. 03. 2010)

Менеджер пилота **сообщила** о его решении принимать участие в соревнованиях. (Росбалт, 04. 02. 2010)

Промоутер хотела ответить грубостью. (Тюменские известия, 04. 03. 2010)

Ларикмахер-брейдер салона красоты **опробовала** на себе экзотическую прическу. (Ваш Ореол, 12. 05. 2010)

Помощник мэра города **вручила** капитану 1гранга Игорю Смоляку символический ключ. (МО, Российской Федерации, 15. 05. 2010)

Как **рассказала автор** учебно-методического комплекса «Уроки русской речи», ведуций научный сотрудник кафедры Ольга Коленкова, занятия рассчитаны на детей старшего дошкольного возрастоа – 5-6лет. (Изветсия, 29. 03. 2013)

Умерла режиссер «17 мгновений весны» Татьяна Лиознова. (Комсомольская правда, 29. 11. 2011)

此类结构中丰富的语义含量以及简便的使用形式也是分析性结构的典型优点，因此这种结构首先在报刊政论语体中被大量使用。

ГЭС, ТЭЦ, СКВ, ЭВМ, НЛО 之类的俄语缩略语的性属与相对应的变化名词和外来词不同。首先是因为组成这些缩略语的词很多都保留在说话人的脑海里。正是因为组成中心词的性属决定了缩略语的性属，所以这些缩略语的性并不与其表面形态保持一致。因此，这一类词的性属表达形式也可以说是分析性的。

至于数范畴的表达，则只能通过一定的组合关系手段。在 привезли пианино, поздравляли импрессарио 一类的结构内，数范畴并未被表明。它只能在修饰性词组和述谓词组内通过说明词的形态来表达，比如：новое/новые пианино, импрессарио был рад/были рады。

这些性数意义由不同的词分开表达正是分析化的表达形式，因为原本集中在一个词身上多种意义现在分摊到几个不同的词上面。总之，这类词本身并不具有"性和数"的外部语法形式，其外部形式和语法属性是由其他词来表示的。不变化名词完全不能通过屈折变化等综合手段来表达性和数的范畴，因此只能借助组合方式来表达："说明词（形容词和动词）性的形式从从属变成了非从属，它们在词组的聚合地位（修饰和述谓）也从弱方变成了强方。"（И. П. Мучник，1971：281；М. В. Панов，1968：8）因此，我们完全可以说，现代俄语中不变化名词数量的增多是分析化现象增强的表现。

4.1.4　现代俄语中不变化名词的分类

因为我们的任务是研究现代俄语不变化名词的构成及功能方面的多产化趋势，所以我们要考虑被收录进俄语词典内的大量的不变化名词。我们的研究对象是 20 世纪后半期至 21 世纪初进入俄语体系且在语言和言语中被现实使用的不变化词汇。

我们选取分析的新词词典有：《Словарь новых слов русского языка 1950-х – 1980-х гг. под ред. Н.З.Котеловой》（以下简称 СНС）、《Толковый словарь русского языка конца XX в. Языковые изменения под ред. Г.Н.Скляревской, СПб., 1998》（以下简称 ТС-XX）。СНС 内大概有近 200 个从 20 世纪 50 年代到 80 年代之间出现的不变化名词。ТС-XX 中收录了其中的 100 个。

此外，被收录进 ТС-XX 的词汇中有一些是俄语中早就存在的，但是出于各种原因长时间使用频率不高，比如：крупье, рандеву, рантье, импрессарио 等。还有那些 20 世纪末时获得新意义的词，比如 меню（список компьютерных программ）。在分析此类词时只考虑其新获得的意义。

为了弄清这些不变化词汇在世纪之交时的使用频率，我们分析了六种不同风格的报纸：《Аргументы и Факты》《Известия》《Комсомольская правда》《Московский Комсомолец》《Независимая Газета》《Правда》（1999—2004 年之间被收录进互联网的内容）。我们还使用谷歌搜索这些词汇所使用的文本的数量，以便弄清 1999 年至 2004 年间这些词在上述报纸的使用频率。一些没有被收录进上述词典但被广泛使用的外来词也被纳入我们的研究范围。

20 世纪中期至 21 世纪初，俄语中有 111 个不变化外来新词开始变得十分活跃，其中有 23 个没有被收入 СНС 和 ТС-XX，它们是我们在报纸和网络上发现的。

不变化名词传统上分为外来词和俄语本土词两类。现代俄语大部分的外来不变化词来自西欧语言并以元音结尾（普通名词和专有名词）。另一类是俄语本土词：各种缩略语、以 -аго, -ово, -ых/-их 结尾的人名。其中比较特殊的是来自乌克兰带有 -ко, -енко 后缀的姓氏，以及带有后缀 -ино, -ово (-ево) 的俄罗斯地名。

　　下面来详细看一下 20 世纪末 21 世纪初有哪些不变化外来名词比较多产。

4.1.4.1　外来不变化名词

一、以元音结尾的不变化名词

1. 以 -о 结尾的不变化名词

传统类型有：барокко（巴洛克）、бюро（办事处）、метро（地铁）、пальто（大衣）、эскимо（棒冰）等，非俄语本土专有名词有：Мехико（墨西哥）、Осло（奥斯陆）、Токио（东京）、Отелло（奥赛罗）、Гюго（雨果）等。

　　该类词是俄语新词的积极来源。20 世纪 50 年代至 80 年代期间，俄语中出现了 12 个以 -о 结尾的不变化名词：дацзыбао（大字报）、дзюдо（柔道）、ибо（伊博人）、мачетеро（砍甘蔗的工人）、нейтрино（中微子）、пежо（标致）、пончо（披风）、родео（罗德奥）、сентаво（生太伏，分）、фламенко（弗拉门戈）、хуацяо（华侨）、чикано（奇卡诺）。它们全部被收录进 СНС。

　　近年来 ТС-XX 收录的外来词有：рено（雷诺）、вольво（沃尔沃）。重新被定义的词有：импресарио（音乐会主办者）、казино（赌场）、мафиозо（黑手党成员）。

　　除了上述不变化词之外，СНС 还特别指出了两个不变化名词：диско（迪斯科）、ретро（复古）。因为这两个词语法功能上不仅可以做名词，还可以做其他词类。在 ТС-XX 中这一类词有：видео（视频）、техно（泰克诺）。

　　СНС 中还有 6 个复合结构：метеобюро（气象局）、пресс-бюро（新闻局）、радиобюро（广播局）、сервис-бюро（服务局）、спортлото（体育彩票）、телефото（长焦），我们将它们归为分析化定语一类，并将在 4.4 中对其进行分析。

　　此外还有一些来自东方格斗的术语，目前使用频率也是越来越高：айкидо（合气道）、кэндо（剑道）、тейквондо（тхеквондо）（跆拳道）。

它们使用的文本有：

Еще он у нас на **тейквондо** ходит, в футбол играет.（АиФ, Семейный совет, 09. 02. 2001）

Мы сняли пиджаки, отодвинули диваны и 50 минут отрабатывали приемы **айкидо**.（АиФ, 13. 01. 1999）

Шесть дней в неделю их учат не только танцевать классику с модерн-дансом, но и петь, <...> играть в драме, по-японски орудовать мечами в стиле **кэндо**.（НГ, 04. 04. 2003）

在谷歌中 айкидо 一词共搜到 27 篇文本，кэндо 6 篇，тейквондо（тхеквондо, тхэквондо, таэквондо）的各种变体 79 篇，其中使用最广泛的是 таэквондо，共 42 篇，其次是 тхеквондо 15 篇、тхэквондо 4 篇、тейквондо 2 篇。

外来蔬菜水果的名称在俄语中也被广泛运用：авокадо（牛油果）、манго（芒果）。比如：

Экзотические **авокадо и манго** предпочитают лишь 4% москвичей.（МК, 29. 11. 2002）

Он увлекается конным спортом и бодибилдингом, а есть любит креветки и **авокадо**.（Комсомольская правда, 09. 06. 2003）

Морковка, свёкла или петрушка, только что снятые с грядки, несравнимо полезнее, чем привезенные издалека бананы, **авокадо**, дыни или ананасы.（АиФ, Здоровье, 17. 10. 2002）

Мало кто из россиян знает, какими должны быть на вкус хорошие... **манго**.（Комсомольская правда, 31. 03. 2003）

我们总共搜到了 44 篇 авокадо 使用的文本，以及 52 篇 манго 使用的文本。

мачо（大男子主义）、парео（一种三角形的服饰）、портфолио（投资组合）是前不久刚刚进入使用领域的。它们被收录进《电子正字法词典 РО》中，парео（一种女用披肩）还被收录进《新外来词词典》（НСИС）中。

报纸资料表明，上述词近年来被广泛使用。比如：

Самой модной купальщицей ни за что не стать без **парео**.（Комсомольская правда, 20. 05. 2002）

За Бандерасом закрепилась внезапная слава единственного **мачо** сегодняшнего экрана.（Известия, 02. 10. 2003）

在谷歌上我们共搜到了 280 篇使用 мачо 的文本，17 篇使用 папео 的文本，64 篇使用 портфолио 的文本。

因此我们可以得出结论，以 -o 结尾的外来新词总共有 25 个，可以说是多产的，其中 СНС 收录 12 个，ТС-ХХ 收录 5 个。我们在其他新词词典中还发现了 8 个。

除了上述词汇外，新词词典中还收入了 10 个 видео 之类的不变化名词，也将它们看作是新的不变化名词。

2. 第二组不变化名词是以 -е（-э）结尾的外来名词

这类词俄语中传统上比较常见的有：алоэ（芦荟）、ателье（工作室）、кафе（咖啡厅）、шоссе（高速公路）、портье（接待员）等。还有一些表示外国地名和人名的词：Душанбе（杜尚别）、Кале（加莱）、Туапсе（图阿普谢）、Гете（歌德）、Данте（但丁）、Моне（莫奈）等。

这一类词也是数量庞大又多产。СНС 中收录了 8 个：биеннале 和 бьеналпе（双年展）、букле（仿羔皮呢）、каланхоэ（长寿花）、камикадзе（神风）、каратэ（空手道）、макраме（花边）、мачете（砍刀）、триеннале（三年展）。

ТС-ХХ 中收录了 7 个：камикадзе、каратэ、клише（老生常谈）、кутюрье（设计师）、крупье（经销商）、порше（保时捷）、рантье（食利者）。крупье 和 рантье 被认为是重新回归积极使用行列。

此外此类词还包括 саке（РО, НСИС）。

саке 来自日语，意为米酒。我们在谷歌上搜到了 23 个使用了 саке 的文本。РО 将其定义为阴性和中性。不过，我们通过对报纸材料的研究后发现，саке 做阴性的情况一次也没有。我们搜到的文本中它全部都是做中性，比如：

Он медленно выводит иероглифы и пьет принесенное его услужливой матушкой **саке**.（Известия, 02. 07. 2003）

Катя была потрясена сакурой, **саке**, которое продается... в автоматах, как у нас раньше газировка за 20 копеек.（МК-Воскресенье, 15. 06. 2003）

Бывает мало рисового **саке**.（МК, 14. 08. 2003）

Саке такое же теплое, женщины такие же пугливые, европейский футбол в Японии как не понимали, так и не понимают.（НГ, 06. 06. 2002） резюме 一词的使用频率越来越高，并且获得了新的意义。目前它最常见的意义是"某职务候选人的自我简介"。这个意义我们在报纸上搜到了150 多次，例如：

Как мое **резюме** выглядит среди других и как на бумаге подчеркнуть свои достоинства?（Правда, 11. 12. 2003）

И жена <...> начала рассылать мои **резюме** повсюду.（Известия, 24. 12. 2002）

А тот, кто еще не понял европейского гения, после прочтения блестящего **резюме**, составленного PR-службой Мариинского театра, должен устыщиться собственной невежественности.（НГ, 05. 05. 2001）

Грамотно составленное **резюме** – половина успеха.（АиФ, Дочки-Матери, 04. 06. 2001）

реноме 一词有很明显的实义化趋势。在俄语详解词典[①]中它被标注为旧的、书面的。然而在最近它却越来越多地出现在各种媒体语言中。比如：

Кому нужна телекомпания с таким **реноме**?（АиФ, 07. 07. 1999）

У меня до сих пор все просят денег взаймы <...>. Если есть – даю, если нет – занимаю у кого-нибудь и все равно даю. Надо же поддержать **реноме** миллионера.（АиФ, Телеглаз, 14. 01. 2003）

Если компания крупная и стремится поддержать СВОQ **реноме**, то она, вне всякого сомнения, ориентируется на офисы в престижных бизнес-центрах.（НГ, 10. 02. 2003）

Новая власть заботится о своем международном **реноме**.（НГ, 04. 12. 03）

В желании поддержать свое миротворческое **реноме** на Ближнем Востоке Вашингтон готов...（МК, 11. 08. 2003）

Сложновато говорить о своем весьма положительном **реноме**, если ваш двор похож на конюшню.（Правда, 18. 05. 2002）

在报纸中我们总共发现将近 120 个使用该词的文本。

总之，以 -e 结尾的不变化外来名词积极充斥着俄语新词词群。我们总共列出 16 个这样的词，其中一个在俄语词典中未被标出。

---

① Шведова Н Ю, Ожегов С И. *Толковый словарь русского языка* [М]. Москва: Издательство "Азь", 1992: 765.

3. 第三组是以 -и 结尾的不变化外来词

有一些是早就进入俄语的，比如：бигуди（卷发器）、виски（威士忌）、денди（花花公子）、жалюзи（百叶窗）、такси（出租车）等，还有一些是人名和地名：Батуми（巴统）、Нагасаки（长崎）、Тбилиси（第比利斯）、Чили（智利）、Алигьери（神曲）、Сальери（萨列里）等。

根据 CHC，从 20 世纪 50 年代到 80 年代俄语中充斥着以下新词：багги（越野车）、бигуди（卷发器）、бикини（比基尼）、буги-вуги（一种古老的非洲舞）、йети（雪人）、комби（客货两用车）、липси（一种双人舞）、лобби（大堂）、мафиози（黑手党人）、мульти（多功能）、мульти-пульти（多功能控制台）、паблисити（宣传）、профи（利弊）、сафари（野生动物园）、седи（加纳本位币）、сиртаки（一种希腊舞）、спагетти（意大利面）、сулгуни и сулугуни（一种腌制奶酪）、татами（榻榻米）、тиффози（球迷）、томми（一个音乐专辑）、ультра-си（高难动作）、фосбюри（背越式跳高）、хали-гали（一种舞蹈）、хачапури（干酪馅饼）、хаши（一种菜）、хиппи（嬉皮）、хобби（爱好）、цунами（海啸），共 29 个。

TC-XX 中共有 11 个：ауди（奥迪）、мафиози（黑手党人）、паблисити（宣传）、пепси（百事可乐）、прайвеси（隐私权）、профи（职业选手）、таски (мн.)（出租车）、травести（异装癖）、флоппи（软驱）、хиппи（嬉皮）、яппи（雅皮）。

此外还有一些近年来广泛使用但未被收入 CHC 和 TC-XX 的词：брокколи（一种彩色卷心菜）、киви（猕猴桃）、кольраби（一种卷心菜）、суши（一种日本餐盘）；джакузи（带水下按摩的浴缸）、секьюрити（安全部门）、тамагочи（电子宠物）。这些词被收入进了 PO，НТС，НСИС。

брокколи 和 кольраби 被一致认为是阴性：

Брокколи с виду похожа на цветную капусту, <...> **кольраби** больше похожа на крупную редьку.（АиФ, Дочки-Матери, 06. 11. 2003）

我们共找到 78 个使用 брокколи 和 20 个使用 кольраби 的文本。

киви 被认为是阳性和中性：

Один **киви**, два-три грецких ореха.（из рецепта）

Два апельсина или одно **киви** остаются хорошим источником витамина.（АиФ, 14. 08. 2003）

我们在报纸上找到 78 个使用该词的文本。

来自日语的 суши（寿司）则是中性，且常用作复数：

"Северное **суши**" европейцу рекомендуется запивать водкой.（МК, 31. 12. 2002）

Говорят, если скушать много **суши**, запив их обильным количеством саке, можно легко превратиться в японца.（АиФ, Дочки-Матери, 31. 07. 2003）

我们共找到 296 个使用该词的文本。

另一个来自日语的词 тамагочи（电子宠物），常用复数，其使用高峰是在 20 世纪 90 年代初，现在仍然很活跃：

Как играть в игры **Тамагочи**?（АиФ, 07. 07. 1999）

Тамагочи по-русски выпускались как картриджи к портативным игровым консолям Game Boy.（МК, 04. 02. 2003）

我们在报纸上共找到 25 个使用该词的文本。

Джакузи（带水下按摩的浴缸）是中性：

Несколько особых любителей водных процедур немедленно запрыгнули в огромное **джакузи** на 8 персон.（АиФ, 18. 06. 2003）

Будет сауна, большое **джакузи**.（АиФ, 30. 08. 2002）

我们共找到 93 个使用该词的文本。

Секьюрити 有两个义项："保卫站，巡逻站"；"保卫人员"。两个都能在 НТС 和 НСИС 里面找到。做第一个讲时该词是阴性和中性，不过据我们观察，实际运用中该词只做阴性：

На борту должны были находиться 189 пассажиров, обреченных на смерть. Если бы не бдительность шведской "**секьюрити**".（Известия, 01. 09. 2002）

Встревоженные намеками на президентскую **секьюрити**, мы поспешили...（АиФ, 31. 10. 2001）

做"保卫人员"讲时是阳性：

Крупный **секьюрити** на лестнице "Пушкинского" пускать нас куда бы то ни было отказался.（Известия, 21. 07. 2001）

我们共找到 163 个使用该词的文本，其中 85% 是复数：

Для обеспечения безопасности местные **секьюрити** будут взаимодействовать с федеральными службами.（Известия, 19. 09. 2001）

以及 секьюрити окружили, секьюрити смогли, секьюрити вызвали

милицию, секьюрити обсудили, личные секьюрити, секьюрити не усмотрели 等。

通过观察我们发现，以 -и 结尾的不变化名词在不久前还是数量不多，如今却已经是最多产的新词。我们总共在媒体语言中收集了 43 个这一类的不变化名词。究其原因，主要还是近年来俄语的外来词主要来自英语，而英语词又往往以元音/-и/结尾，比如：publicity, privacy, pepsi, floppy, hippie, yuppie。

4. 还有一组是以 -у（-ю）结尾的不变化外来名词

比如：интервью（采访）、кенгуру（袋鼠）、рагу（炖锅）、какаду（鹦鹉）、ревю（滑稽剧）、табу（禁忌）等；非俄罗斯的地理名词：Баку（巴库）、Перу（秘鲁）；以及人名：Алсу（阿尔苏）、Камю（加缪）等。

СНС 中收录了 4 个：кешью（腰果）、ноу-хау（诀窍）、путассу（鳕鱼）、рендзю（五子棋）。

ТС-ХХ 收录了 3 个：гуру（大师）、ноу-хау、ушу（武术）。还有一个是重新"回归"使用的：рандеву（会合）。以及一个获得新意义的：меню（电脑程序菜单）。

此外报纸中也发现了三个没有收录词典的新词：барбекю（烧烤）、кун-фу（功夫）、фондю（火锅）。

барбекю 来自法语，俄语性别是中性，比如：

Запланированное **барбекю** <...> пришлось устраивать под навесом. （АиФ, 21. 11. 2001）

Устроим хорошее **барбекю** в среду.（НГ, 14. 11. 2001）

Жители здешних мест <...> увлекались своеобразным **барбекю**. （Известия, 05. 03. 2003）

我们在报纸中找到 45 个以上使用该词的文本。

кун-фу 一词来自东方格斗术语，有两种写法：кун-фу 和 кунг-фу。常用的是前者，性别为中性：

Специально для фильма «Ривз» самозабвенно изучал **кун-фу**.（АиФ, 12. 05. 2003）

Настоящее **кунг-фу** – это не просто боевое искусство.（Правда, 22. 07. 2003）

我们总共发现 22 个使用该词的文本。

第二种写法的使用频率也不低，共有 20 个文本：

Он виртуозно владел секретными приемами **кунг-фу**.（НГ, 15. 01. 2002）

А вдруг они **кунг-фу** изучали?（КП, 18. 12. 2003）

此外我们还遇到了 16 个其他类似的写法：

мастера приехал из легендарного монастыря Шаолинь, родины **кунфу** ("одухотворенной борьбы").（МК-Воскресенье, 06. 04. 2003）

фондю 是一种瑞士传统菜，来自法语，在俄语中是中性。使用频率不是很高，在报纸上总共出现 11 次：

Авторы доходчиво вам объяснят, что шампанское положено подавать к устрицам и икре, <...> а 126 белыми швейцарскими винами принято запивать столь частое на нашем столе **фондю**.（АиФ, 09. 10. 2003）

Фондю "Нефтяное" Нарезать сыр крупными кусками, обильно покатать его в масле. Подавать на раскаленной сковороде.（Известия, 30. 12. 2003）

我们总共搜集了 12 个以 -у 结尾的不变化新词，因此可以说是多产的。

5. 外来缩略语

СНС 收录了 2 个：Джи-Ай (и JI – Joverment Issue, американский солдат), УФО (и UFO – Unidentified Flying Object)。ТС-ХХ 收录了 5 个：ИБМ (и IBM – International Business Machines), Би-би-си (и BBC – Британская корпорация радио и телевидения), Би-би-эс (и BBS – Bulletin-board system), БМВ (и BMW – Марка легкового автомобиля немецкой компании), ДОС (и DOS – Disk Operating System)。

6. 以 -ко, -енко 结尾的乌克兰姓氏

比如 Аверченко, Короленко, Лысенко, Мурашко, Петренко, Ярошенко 等。这些词以前是需要变格的，如今在俄语标准语中已经不需要变了。这也是分析化现象的体现。

4.1.4.2 俄语本土不变化名词

现代俄语中的不变化名词并不仅限于外来词，下面分析几组多产的俄语本土不变化词。

首先是一些字母型和音节型的缩略语：

一、字母型缩略语

1. АТС, МТС, РСФСР 一类的缩略语

造成它们不变化的原因有：1）阴性的性属与形态的不对称（硬辅音结尾）。2）我们通常是按照字母读音的方式来对其进行拼读的，俄语中字母的名称是不变化的，因此导致了此类缩略语的不变化。

CHC 中总共收录了 36 个这样的缩略语：

АТЭЦ (Атомная тепловая электростанция), АЭС (Атомная электростанция), БМП (Боевая машина пехоты), ГАИ (Государственная автомобильная инспекция), ГАЭС (Гидроаккумулирующая электростанция), ДНК (Дезоксирибонуклеиновая кислота), ДСО (Добровольное спортивное общество), ЖКО (Жилищно-коммунальный отдел), КБ (Конструкторское бюро), КБО (Комбинат бытового обслуоюивания), КВН (Касса взаимопомощи), КПЗ (Камера предварительного заключения), КРУ (Контрольно-ревизионное управление), МСО (Меж:колхозная строительная организация), НИИ (Научно-исследовательский институт), НТР (Научно-техническая революция), ОАСУ (Отраслевая автоматическая система управления), ОКБ (Общественное конструкторское бюро), ОПХ (Опытно-производственное хозяйство), ОРЗ (Острое респираторное заболевание), ОСЕ (Ограничение стратегических вооруэюений), ПМГ (Патрульная милицейская группа), ПМК (Подвижная механизированная колонна), ПТУ и пэтэу (Профессионально-техническое училище), РНК (Рибонуклеиновая кислота), СВЧ (Сверхвысокие частоты), СКБ (Специальное конструкторское бюро), ССО (Студенческий строительный отряд), ТТМ (Техническое творчество молодежи), ЦРУ (Центральное разведывательное управление), ЦТ (Центральное телевидение), ЦУ и цэу (Ценные указания), Чпичепе、чэпэ (Чрезвычайное происшествие), ЧПУ (Числовое программное управление), ЭВМ (Электронная вычислительная машина), ЭКГ (Электрокардиограмма), ЮДМ (Юные друзья милиции), ЮДП (Юные друзья пограничников).

ТС-ХХ 中总共收录了 20 个：АЯ (Аномальное явление), ВЧК (Временная чрезвычайная комиссия), ГБ (Государственная безопасность), ГКО (Государственные краткосрочные облигации), ГНС (Государственная налоговая служба), ГПУ2 (Главное политическое управление при президенте РФ), ДПР (Демократическая партия России), ДР (Демократическая Россия), ЕС (Европейское сообщество), ЕЭС (Европейское экономическое сообщество), КПРФ (Коммунистическая партия Российской Федерации), ЛДПР (Либерально-демократическая партия России), ОЗУ (Оперативное запоминающее устройство), ОС (Операционная система), ПЗУ (Постоянное запоминающее устройство), ПЭВМ (Персональная ЭВМ、персональный компьютер), РФ (Российская Федерация), СКВ (Свободно конвертируемая валюта), СП (Совместное предприятие), ФСНП (Федеральная служба налоговой полиции).

2. ВЛКСМ, КВН, СССР 一类的缩略语

它们不变化的原因是：由字母的名称组成，而俄语中字母的名称是不变化的。

СНС 中总共收录了 19 个：АПК (Агропромышленный комплекс), ВЦ (Вычислительный центр), ДДТ (Дихлордифенилтрихлорэтан), ДК (Цом культуры), ДСК (Домостроительный комбинат), ЖСК (Жилищностроительный кооператив), ИВЦ (Информационно-вычислительный центр), ИСЗ (Искусственный спутник земли), КВЦ (Координационно-вычислительный центр), КП (Комсомольский прожектор), КПД (Коэффициент полезного действия), ЛПК (Лесопромыгиленный комплекс), МНС (Младший научный сотрудник), НЗ (Неприкосновенный запас), НПО (Научно-производственное объединение), СВ и эсвэ (Спальный вагон), СКП (Стартовый командный пункт), СМК (Студенческий механизированный комплекс), СРТ (Среднийрыболовный траулер).

ТС-ХХ 中收录了 16 个：АО (Акционерное общество), АПК (Агропромышленный комплекс), БТР (Бронетранспортер), ВПК (Военно-промышленный комплекс), ВС1 (Верховный Совет), ВС2 (Верховный суд), ГКЧП (Государственный комитет по чрезвычайному полоэюению), ДС (Демократический союз), ЕХБ (Евангельские христиане-баптисты), КС (Конституционный суд), НПСР (Народно-патриотический союз России), НПФ (Негосударственный пенсионный фонд), ПК (Персональный компьютер), ПО (Программное обеспечение), ТОО (Товарищество с ограниченной ответственностью), ХДС (Христианскодемократический союз).

3. РОНО, РАЙФО, СЕЛЬПО 之类的缩略语

它们不变化的原因是：1）以词根 -о 结尾，与外来词相似；2）词尾元音一变化就破坏了该缩略语同原词组之间的联系，比如：РОНО – районный отдел народного образования。

任何以元音结尾的缩略语都可以归为这一类，比如：МАИ, МИФИ, СМИ, СМУ, РИА 等。导致此类缩略语不变化的原因也是缩略语与原词组之间的联系，该联系致使不能将词尾元音看作是名词的词尾。这一类结构特别稳定。

СНС 中收录了 4 组：АСУ (Автоматизированная система управления), ВИА (Вокально-инструментальный ансамбль), НЛО (Неопознанный летающий объект), СТОА (Станция технического обслуживания автомобилей).

ТС-ХХ 中也是 4 组：ГНИ (Городская налоговая инспекция), НЛО (Неопознанный летающий объект), РИА (Российское информационное агентство), СМИ (Средства массовой информации).

4. АЭС, ГЭС, НЭП, ООН, ТЭЦ, ЖЭК 一类的缩略语

这种缩略语并不是字母名称的总和。它们以硬辅音结尾，按理说应该归为阳性名词的变格，可是它们却属于阴性名词（由核心词来决定其性属）。这就导致其在言语实践中变格的不稳定性。尽管在大多数情况下它们是不变格的，但也有个别按照阳性名词变格的情况，尤其是缩略语 вуз (в вузе, вузов), загс (загса, загсом), БАМ (БАМа, БАМу), ЖЭК (в ЖЭКе), НЭП (НЭПа, с НЭПом)。这些缩略语使用频率非常高，以至于说话人不需要考虑其原词组是什么。它们似乎已经变成了独立完整的词汇，并且进入了阳性名词的变格体系。在口语和大众传媒中的变格性以及其广泛使用性进一步巩固了其变格形式。

这种形式的缩略语不能说是多产的。

СНС 中收录了 3 个：АСУП (Автоматизированная система управления производством), ЛЭП (Линия электропередачи), ПЭС (Приливная электрическая станция)，三者使用频率都不高。

ТС-ХХ 中收录了 2 个：МИД (Министерство иностранных дел), РАН

(Российская академия наук)。这两个缩略语使用频率很高，在正式场合中不变格。

5. ВГИК, ВЦИК, ГОСТ, МИД, МХАТ, ТАСС, ТЮЗ 一类的名词

它们的核心词属于阳性，因之前提到的因素并不能对其按照阳性名词变格的方式产生影响。

这些词是否变格取决于搭配特点。比如 МИД 和 ТАСС 在正式的搭配中不变格：отдел печати МИД СССР, директор ТАСС, сообщение ТАС；而在口语中却变格：сотрудники МИДа, работал в ТАССе。

而 МХАТ, ТЮЗ, ВГИК, ГОСТ 等词的变格却比较统一。它们大部分情况下都要变格，只有极少数情况下不变。

不过这一类的缩略语在严格的公文事务语体中是不变格的。

ТС-XX 中收录了 3 个：ПТУРС (Противотанковый управляемый реактивный снаряд), РОВД (Районный отдел внутренних дел), ЭПАС (Экспериментальный полет "Аполлон-Союз")。

СНС 中收录了 2 个：ВИЧ (вирус иммунодефицита человека), МРОТ (минимальный размер оплаты труда)。

二、音节词形缩略语

第二组不变化非外来名词是音节词形缩略语："一个词的开头部分与另一个词的变格部分相组合。"[①] 这种缩略语是俄语中早就存在的：гороно, района, сельпо, завбиблиотекой, завотделом, замдиректора, замминистра, комполка, управделам。

20 世纪 50 年代中期至 80 年代期间这种词的使用频率很高，СНС 中有 18 个：завбазой, завклубом, заввроно, завотделом, завпроизводством, завфермой, замминистра, начрадио, начцеха, полбанки, полбуханки, ползели, поммастера, предзавкома, предисполкома, предсовмина, предцехкома。

此种缩略语在近 10—15 年间产量不高。ТС-XX 中没有收录一个，不过其在语言中的使用频率还是很高的。

---

① Касаткин Л Л. *Краткий справочник по современному русскому языку* [М]. Москва: ПА Леканта, 1995: 89.

因此，俄语本土不变化名词中使用频率最高的是 СКВ, ЛДПР, ЭВМ, АО, ВПК, ГКЧП 之类的字母型缩略语。在上述词典中总共找到 95 个新字母缩略语。

音节型缩略语数量要远远少于字母型。我们总共找到 17 个此类型缩略语。其中还有些是可按照阳性名词方式变格的。

至于 20 世纪近几十年来缩略语新词的多产率，根据我们的研究，20 世纪末 ТС-ХХ 中有 45 个缩略语、38 个外来不变化名词。俄语本土词和外来不变化名词之间的数量关系说明，现代俄语名词变格体系中的不变化（分析化）现象早已不是什么"异类"了。

此外，由于长期频繁大量的使用，某些缩略语在使用者心中已经成为了独立的词语，这更加加剧了其不变化性。[①] 有的甚至已经可以参与构词，还十分地能产，比如 ГИБДД 就能构成 ГИБДДшник（国家安全交通检察局的人）等。

三、俄语专有名词（姓氏）

首先是以 -аго, -ово, -их, -ых 结尾的二格形式的姓：Белаго, Дурново, Живаго, Белых, Седых, Черных 等。

以辅音结尾，不同于传统的 -ов (-а), -ин (-а), -а (-я)，用于指称女性的姓名：Белоус, Кулик, Мороз, Солове 等。

四、以 -ово (-ево, -ёво), -ино (-ыно) 结尾的俄罗斯地名

在俄语名词变格系统分析化趋势加强的背景之下，以 -ово (-ево, -ёво), -ино (-ыно) 结尾的斯拉夫语地名的变格值得关注，比如：Болдино, Бородино, Донино, Кусково, Пушкино, Тушино, Щелоко。这一类词是否变格至今仍有争议。《1980 年科学院语法》认为："在口语、职业用语和报刊中，以 -ово (-ево, -ёво) 和 -ино (-ыно) 结尾的地名有变格的趋势，其他情况下则不变格，如：до Тушино, из Внуково, от Поронино, около Шереметьево。"（《Русская грамматика 1980》）

Л. Г. Граудина（1980：33）认为这些词在以下情况下不需要变格：

1）做同位语时：к деревне Белкино, на станции Гоголево, из станицы

---

① 也有一些例外，比如 мид（外交部），其形式上太像一个独立的单词了，因此会常常见到其变格的情况。

Тихоново, в селе Василъково 等。

2）为了避免与相似词弄混时：Ленин – Ленино, Репин – Репино, Лермонтов – Лермонтово, Киров – Кирово。

关于此类词在口语中的变化性，《俄语和苏联社会》中指出："书面文章并不能准确反映鲜活口语（也可以说标准语）中 Болшево, Пушкино, Ткаченко 一类名词的变格情况，毕竟在各种语法手册里，这些名词被归为变格的一类。"（《Русский язык》，1968：57）口语中为了追求快速的语流和信息表达，并避免引起歧义，因此更倾向于使用不变格的形式。

统计数据表明："Тушино, Воронцово, Шереметьево 之类的地理名词慢慢变成了不变化名词。"（《Русский язык》，1968：57）数据甚至表明，使用该类词变格形式的多为老一辈的人。从这一点变化上可以看出这一类名称的分析化现象。

在需要使用 Болшево 二格形式的文本中，有 31.3% 的受访者选择使用不变格形式。在需要使用 Щелково 三格形式的文本中，有 39.3% 的受访者选择使用不变格形式，需要使用六格时，有 30% 的受访者使用不变格形式。有 72.1% 的受访者选择使用 Пушкино 的不变格形式。（《Русский язык》，1968：57）1968 年调查进行时，这些名词按要求都是应该变格的，但即便如此也没有阻挡住它们不变化形式数量的增长。

如今这种不变化的趋势在现代俄语中表现得越来越明显。据统计，20 世纪 90 年代中期，不变化名词的数量大概是 500 个，而根据 2006 年的统计数据，这个数量已经增加到了 2000 多个，是十年前的 4 倍。

在大部分说俄语的人看来，这一类的地理名词都不需要变格。一个莫斯科大学语言学的研究生说："对我来说更倾向于以 -o 结尾地名的不变格形式，尽管我知道按要求它们是要变格的。"（《Русский язык》，1968：57）

大部分以 -ово (-ева, -ёва), -ино (-ыно) 结尾的地名都来自俄罗斯的姓氏，比如：Белкина – Белкин, Гоголева – Гоголев, Давыдова – Давыдов, Иваново – Иванов, Рощино – Рощин, Тгаонова – Тихоно。此类地理名词的变化会导致混淆，比如：около Репина (около кого или около чего?)；подъехали к Иванову (к городу, к селу или к приятелю?)；расскажи мне об Иванове, узнай о Давыдове (о ком или о чем?)。为了避免出现这种状况，大多数说话人都不给中性地理名词变格，比如：рассказал об Иванове и рассказал об Иваново。因为不变化就不会出现此类问题，比如：около Репино, подъехали к Иваново, рассказал об Иванова, узнал о Давыдов。

除了避免和人名混淆之外，地理名词不变化的原因还有：第一，省力原则，地名本身就比较长，如果再变化的话，形式过于复杂，不利于交际；第二，做姓氏时要变化，做地名时不变化，因为一旦变化就容易使人分不清其原来的形式是什么；第三，还有些地名是属于外来词，外来词本身一般也是不变化的。这些不变化倾向使得此类词越来越摆脱屈折的形态变化，其语法形式和意义只能通过其他词类分析性地表示，因此完全符合俄语的分析化现象。

根据 2003—2004 年间莫斯科大学开展的调查，以 -ово (-ева, -ёва), -ино (-ыно) 结尾的俄语地理名词在现代俄语语言和言语中的不变格趋势越来越稳固了。调查结果表明：

1）大部分受过高等教育的说话人，如今都对以 -ово, -ево, -ёво, -ино, -ыно 结尾的地理名词不变格；

2）不变格倾向者对于变格的方案经常会有反感等负面情绪；

3）而那些变格倾向者则对不变格方案没有反感情绪，并承认其有存在的合理性。

以上三点很好地说明了此类词的分析化使用形式已经深入人心。

我们分析了一系列重音在词干上的地理名词（Болшево, Монино, Орехово-Зуево, Пушкино, Фрязино）和重音在词尾的地理名词（Люблино, Протвино, Строгино）在现代俄语报纸、杂志和现场直播中的使用情况，获得以下结果：

表 4-1

地名	变格的情况		不变格的情况		总数
	数量	百分比	数量	百分比	
重音在词干					
Монино	1	5.3%	18	94.7%	19
Фрязино	6	35.3%	11	64.7%	17
Пушкино	0	0%	12	100%	12
Болшево	5	40.7%	9	64.3%	14
Одинцово	44	40%	66	60%	110
Орехово-Зуево	19	27.5%	50	72.5%	69

（续表）

地名	变格的情况		不变格的情况		总数
	数量	百分比	数量	百分比	
总数	75	31%	166	69%	241
重音在词尾					
Люблино	3	11.5%	23	88.5%	26
Протвино	10	22.7%	34	77.3%	44
Строгино	5	16.7%	25	83.3%	30
总数	18	18%	82	82%	100
结果	93	27%	248	73%	341

根据上表来看，在俄语书面语中不变化（分析性）形式正在加强。

表格中书面语中变格与不变格的形式的百分比（27%：73%）也表明，个别作者还在遵循几十年前语法规则的语法习惯，而编辑们也在努力纠正他们的这种习惯。

重音在词尾的地名（Люблино', Протвино', Строгино'）变格形式更少的原因或许在于，说话人在脑海中将这些词等同于 пальто', метро', казино', трюмо'等词的变格形式。

因此，现代俄语中上述地名不变格的趋势越来越明显了。

根据 1980 年 Л. К. Граудина 所做的调查，20 世纪 70 年代俄罗斯报纸中上述地理名词变格形式与不变格形式之间的比例是：80.43%：19.57%。（Л. К. Граудина，1980）而 21 世纪的出版物中变格形式与不变格形式之间的比例是：27%：73%。

根据 20 世纪 70 年代地名刚开始出现不变格趋势时开展的问卷调查，在口语中使用不变格形式的人有 31%。（《Русский язык》，1968：57）而 21 世纪初时这个数据是 81%。

因此，近 40 年间以 -ово、-ево、-ино、-ыно 结尾的地理名词不变格的情况增长如下：

口语中从 31%涨到 81%。书面语中从 19%涨到 73%。由此可以看出，短短 40 年间，该类地理名词变化形式与不变化形式之间的比例就已经发生了彻底的转变，从这一点上就可以看出现代俄语分析化趋势的发展势头。

4.2　副词

由于副词作为一种不变化词，在俄语中存在时间比较久，大家都习惯了副词的这种不变化形态，以至于很多人并没有意识到它们同俄语的分析化现象有什么关系。事实上，副词是现代俄语分析化现象的核心词汇。因为首先俄语中的副词始终都是不变化的、分析性的，在外形上就符合分析语词汇的特征，其次它们没有屈折形态，其在句子中的语法意义也只能通过词与词之间的组合关系来表示，这也是分析性的特征。M. B. Панов（1968：30）认为，与名词和形容词领域新出现的分析化现象相比，副词的分析化现象是"根本性的"。因此，俄语中副词是存在最早、最广为人知、对其他词类的分析化现象影响最深的一种分析性词类。

作为一种典型的不变化的分析性词汇，副词近年来呈现出十分高产的发展趋势，新词的数量和种类都在不断地增加，使用频率也是十分高。因此，要想揭示副词这一本身就是分析性的词类形态层面的分析化现象的增强，我们就必须查看现代俄语副词构造的高产性。我们认为，副词新词的高产性和高使用频率是该词类分析化趋势增强的最突出表现。

为了揭示现代俄语副词构造的高产性，本节我们将从以下几个方面来研究副词：

1）俄语副词的历史；

2）副词的分析性特征；

3）副词的功能语义分类：性质副词（качественные наречия）、事物关系副词（предметно-относительные наречия）、数量副词（количественные наречия）、状态副词（обстоятельственные наречия）、情态副词（модальные наречия）、评价副词（оценочные наречия）；

4）俄语副词新词中的惯用词和罕用词；

5）副词新词的功能语义范畴以及多产的构词类型。

研究结果将有助于揭示俄语实词类中最重要的分析化环节，即副词的发展特点和趋势。

4.2.1　俄语副词的历史

早在俄语中出现不变化名词和分析化形容词之前，副词这一词类就已经形成。现代俄语中副词的派生能力极强，新的副词不断出现。因为没有形态变化，所以副词在很长时间内不被认为是俄语词类体系的一部分。"副词"一词的意思就是"附属于动词的"（В. В. Виноградов，1972：271）。В. В. Виноградов（1972）在其著作《Русский язык》中首次将副词看作是一个独立的词类。副词形态的多样性致使人们习惯从语义学和句法学的角度来对其展开研究。19 世纪中期之前，俄语语法学界将副词看作是对某种事物性质或状态的语义界定。

Ф. Ф. Фортунатов 提出从形态学角度研究副词，不考虑词的语义学或句法学特征。（Виноградов，1972）他的学生 Д. Н. Ушаков, М. Н. Петерсон（1925：30）等也支持从形态学的角度开展研究，他们将副词看作是"不具有形态变化的一类词"，同其他不变化词一样，如：кенгуру, нет, за, домой, поздно, лучше, нынче, говоря, увы, ах。

20 世纪中期，对副词的研究有了句法学界的标准。有些学者，比如 К. С. Аксаков 认为，应该从句法学的角度研究副词，因为副词没有统一的形态。

В. В. Виноградов 及其学生提出从句法和形态学相结合的综合视角来研究副词。他们认为，副词作为一种词类，其语法特征表现在其特殊的句法功能、"形态构造"、词汇意义，以及和其他词的语法关系上。这种看法是综合了语义、句法、形态和构词等各种角度。这种综合看待副词的态度体现在他1952 年编撰的《Грамматика》一书中。该书将副词定义为："一种不变化的词类，表示行为、性质或事物的特征，在句中做状语或者非一致定语。"[1]

1980 年的《Русская грамматика》对于副词的定义与此类似："一种词类，表示行为、事物的非过程性特征，或其他性质或特性的非过程特征。"[2]

И. Г. Милославский 也坚持同样的观点。在 В. А. Белошапковая 主编的《Современный русский язык》一书的"形态学"一章里，副词被定义为："一种不变化实词，能够表明行为的特征或者特征的特征。"[3]

百科辞典《Языкознание》综合语义、形态和句法的角度将副词定义为："一种不变化的词汇语法类，通常表示行为、性质或事物的特征，在句中做

---

① Виноградов В В. *Грамматика* [M]. Москва: Изд-во Академии наук СССР, 1952: 606.

② Шведова Н Ю. *Русская грамматика* [M]. Москва: Наука, 1980: 703.

③ Белошапковая В А. *Современный русский язык* [M]. Азбуковник: 3-е испр. и доп, 1997: 587.

状语或者定语，极少做谓语。"(《Языкознание》，1998：332）

М. В. Панов 看待副词的视角比较独特。他认为副词是"动词和形容词的伴侣，如：наспех, вчера, слева"[①]。他将以 -o 结尾来自形容词的副词，如 весело, красиво 等划为形容词。

我们认为，上述定义大同小异，都不够精确。因为动词不仅表示行为（работать, идти），还表示态度（любить, принадлежать）、状态（лежать, болеть）。动词意义的共同特征是事物的过程性特征。（Е. В. Клобуков，1995：225）；形容词表达事物的非过程性特征（Е. В. Клобуков，1995：225）。因此将副词定义为"行为特征"和"事物特征"并不是很具体。综合上述观点，我们将副词定义为："一种不变化实词，表示过程性或非过程性特征的特征（双重特征，特征的特征）。如：говорить убедительно, читать <u>очень</u> быстро, <u>слишком</u> медленно, на улице <u>почти</u> тепло。副词和动词、形容词、述谓词及其他副词之间存在着依附关系，在句子中一般做状语。"（Е. В. Клобуков，1995：225）

4.2.2　俄语副词的分析性特征

副词最大的特征就是缺少词形变化。

В. В. Виноградов（1972）虽然没有直接将副词命名为"不变化词类"，但其划入副词词类的都是"不变格、不变位、关系不一致的词"。Е. М. Галкиной-Федорук 则将副词命名为"不变化词类"[②]。

《Языкознание》（1998）对副词基本形态特征的定义是："缺少词形变化，同所有其他实词类都存在词汇和构词的相关性，有着独特的构词词素表。"其中对于副词的定义中最有意义的一条是："通常是不变化词类"（《Языкознание》，1998）。И. Г. Милославский 对副词的定义也是"不变化词类"[③]。

但并不是所有的学者都认同副词的不变化性，比如 Л. В. Щерба 就指出

[①] Панов М В. *Позиционная морфология русского языка* [M]. Москва: Наука, Школа "Языки русской культуры", 1999: 125.

[②] Виноградов В В. *Грамматика* [M]. Москва: Изд-во Академии наук СССР, 1952: 606.

[③] Милославски И Г. *Современный русский язык* [M]. Москва: 3-е изд, 1997: 242.

由形容词构成的副词比较级就存在着形态的变化[①]。

Е. В. Клобуков（2000：242）认为，"把副词定义为不变化词并不完全正确"，因为"副词比较级具有词变特征，如 весело, веселее, веселее всего"。

我们认为，比较级并不是副词的必要形式。因为，一、大部分的副词没有比较级形式，这种变化没有聚合体，而且词的原初形式是不变化的；二、除比较级之外，该词类的所有词都没有其他形式的词变；三、变化的比较级形式少，而且不典型；四、如今变化的比较级形式也已经不常用，人们更倾向于使用分析性的表达方式，即通过加 более, менее, наиболее 等构成比较级；五、与其他词类相比，副词本身就缺少变化形式，别的词类具有变化词尾，副词的词尾则无变化标志，甚至这类标志在其他词类中也常被当作不变化词；六、将比较级看作是词变还是构词在俄语学界尚未有一个定论。本文中我们将副词看作是不变化词类。并且认为不变化性是副词最重要的形态特征。除了过程性与非过程性特征的特征，以及独特的句法功能之外，不变化性是副词区别于其他词类的重要特征。比较级只是由性质形容词构成的副词才具有的补充性特征而已。

副词是实词中最基本的不变化（分析化）词类，也是俄语语法分析化现象的火车头。因为副词是俄语中存在最久、数量很多，且新词层出不穷，使用频率又特别高的一类不变化词。而且前面我们已经说过了，副词是一种表示"关系"或"性质"的词，对它来说搭配性是第一位的。正是因为这种"搭配性"才导致了副词和其他词类之间的密切关系，而又因为这种密切关系的存在导致了副词的不变化性能够进入到其他实词领域。

比如 М. В. Панов 就指出了副词对其他实词的入侵，这种入侵在很多方面对现代俄语语法造成了改变，在分析化现象方面也起到了显示器和催化剂的作用。比如副词好像入侵了形容词这一词类之内，如：яйцо всмятку, волосы торчком, письма издалека, чтение вслух，或者戴上形容词短尾中性的面具，如：интересно, громко。而对于动词领域来说，副词的入侵主要是指副动词领域。我们认为，正是因为副词具有和名词搭配的能力，所以在俄语中才出现了诸如 беж 之类的分析化形容词。既然 всмятку 这种类型的不变化词可以修饰名词，那么另一种类型的不变化定语（беж, эсперанто 等）也

---

① Щерба Л В. *"Субъективный и объективный метод в фонетике"* *Языковая система и речевая деятельность* [M]. Москва: Наука, 1974: 135.

是说得通的。所以说现代俄语中的新词类——分析化形容词（4.3）的大量出现可以说与副词的这种特性和影响密不可分。而在名词领域，М. В. Панов[①]则认为，在口语中某些带名词的前置格结构和副词之间的界限越来越模糊了。这样，不变化词在俄语语法体系中的功能领域就大大扩展了。副词本身的不变化性及其在口语和标准语中使用的高频率一刻不停地对其他词类产生着影响，导致其他词类范围内也出现分析化的典型特征，即不变化词的大量出现，这也是为什么有人说副词是俄语分析化现象的火车头的原因。

需要强调的是，正是因为有派生词的存在才使得分析化趋势在其他实词类领域得以发展，所以我们必须研究副词新词的派生词以及其在现代俄语中的使用积极性。不变化名词和形容词的出现要晚于副词，它们的出现在很大程度上是受副词派生的影响。所以说，副词具有特殊的语法积极性，能够入侵到其他词类领域。副词对于现代俄语中不变化词类数量和种类的增加有着不可忽略的作用。正是因为如此，副词这个并不具备屈折语特征的词类才能成为俄语最重要的词类之一，同时也是俄语实词分析化现象的显示器和催化剂。

下一节将从语义、功能和构词的角度来分析副词的发展趋势。我们将试图证明，俄语词类体系中分析化趋势的最主要一环是按照语言内部规律不断向前发展的形态部分。不变化副词新词的日益增多和其较高的使用频率也是分析化趋势发展的重要证据。

4.2.3 俄语副词的分类

В. В. Виноградов（1972）划分出四种基本的副词形态类型：性质的（或性质关系的）、事物状态的、数量的和动词的。

性质（或性质关系）副词在俄语中数量最多。其中由性质形容词短尾中性构成的，以 -o, -e 结尾的居多。В. В. Виноградов 认为，19 世纪末出现了一种趋势，除了性质形容词之外，没有比较级和短尾形式的关系形容词也可以构成 -o, -e 结尾的副词形式，比如：досрочно, заочно, железно, каменно 等。

В. В. Виноградов 将表示程度和数量的副词也归入到以 -o（还有 -ски：адски, чертовски）结尾的性质副词之内，比如：довольно, мало, совершенно。

---

① Панов М В. *Позиционная морфология русского языка* [M]. Москва: Наука, Школа "Языки русской культуры", 1999: 33.

还有对情感程度进行界定的副词，如：чрезвычайно, замечательно, необыкновенно 等；以及数量副词，如：очень, вполне, чуть-чуть。

В. В. Виноградов 把带前缀 по- 的三组副词（по-русски, по-волчьи, по-новому）归类于一种特殊的语义类型：状态性质副词。这种副词不仅修饰动词，还修饰形容词、副词，以及名词，如：не по-детски задумчивые глаза, кофе по-варшавски。В. В. Виноградов 将表示比较和行为方式的所有副词都归为这一类。（В. В. Виноградов，1972）

В. В. Виноградов（1972）将事物状态副词又分为几类：1）时间副词，如：издавна, сначала, засветло, вмиг, днем；2）地点副词：сзади, издалека, снаружи, вверх, вниз；3）原因副词：сослепу, сгоряча, со зла, понево；4）目的副词。В. В. Виноградов 认为，这类词始终在原因状语和行为方式之间摇摆，比如：в насмешку, в шутку, назло, нарочно, невзначай，因此这类词通常修饰动词或者表示行为状态的名词。

В. В. Виноградов（1972：302）单独列出了源于动词的副词（отглагольные наречия），其中包括副动词，"它们的动词性已经被去除，比如体、时、态等（стоя, пехотя, молча, шутя, играючи, крадучись, ливмя, плашмя）。"

由此可见，В. В. Виноградов 在对副词进行分类时既考虑了语义和句法，还考虑到了构词特征。

《1980 年科学院语法》参考 В. В. Виноградов 的分法，将副词按照词义分为纯特性副词（собственно-характеризующие），即"表示特点、性质、行为方式、特征强度的副词"（《Русская грамматика》，1980：703），即 В. В. Виноградов 所说的性质或限定副词；而状态副词（обстоятельственные），则"表示人们根据地点、时间、条件和其他状态对事物外部特征做出判断的副词"（《Русская грамматика》，1980：703）。而特性副词又分为行为方式副词和程度副词。而状态副词又分为地点副词、时间副词、原因副词、目的副词、协同副词。

根据副词在句子中的功能，传统上可以将其分为两大类型：限定副词和状态副词。

限定副词表明性质特点、行为或特征的强度，使行为方式具体化。根据意义类型和功能特点限定副词可以分为：程度副词，通常与动词、形容词、副词、状态范畴词连用，比如：много работать, очень умный, совсем светло, немного грустно；行为方式副词，通常与动词连用，比如：ходить пешком, читать вслух, хорошо говорить по-английски，有些情况下还可以与表示行为状态的名词连用，比如：чтение вслух。

状态副词不表示行为的特性，而是表示其发生过程的特征，也就是指出行为的地点、时间、原因、结果、目的、协同性，比如：вперёд, вчера, досыта, нарочно, вместе。某些状态副词可以与名词连用，比如：взгляд вперёд, письма издалека。也正是因为如此，М. В. Панов 才将всмятку 归类到形容词。我们认为，正是副词的这个特点导致俄语语法中出现了 беж 一类的分析化形容词。яйцо всмятку, волосы ёжиком, чтение вслух, письма издалека 等之类的俄语本土的分析化词组也很好地证明了副词是俄语语法分析化的核心。

要想了解这个俄语分析化的核心词类是如何发展的，以及是否每种语义类型的副词都有新词产生，我们需要更加详细地了解一下副词的功能语义类型：

1. 性质副词：1）консервативно 一类纯性质副词，指由一定词表示的行为、状态、特征的性质特点。2）кинжально, стекольно 之类半性质副词。

2. 事物关系副词：不行使性质限定功能，不能被其他性质副词和程度副词所修饰。1）внутривенно, типографски 之类行为方式副词，不表示行为的性质特征，而是表示其存在方式；2）компьютерно, культурологически 之类关系副词，表示事物、行为同其他事物、行为之间的关系，又不是从性质副词的角度。

3. 数量副词：1）копеечно 之类表示特征强度递进的程度副词；2）ежедекадно 之类扩展数量副词，指出一定特征的次数，与质量特征无关，比如：кратные, суммарные, всеочевидно 之类的情态副词，反映说话人对于所提事物的了解或态度，通常与动词、形容词和副词搭配，比如：это стало всеочевидно；3）безголово 之类的评价副词，表明从评价主体的角度对行为的看法，不与表相对意义的动词搭配。

4. 状态副词，不具体指出行为的性质，而是表示其过程的性质，与动词搭配，有时候也与名词搭配：1）днями 一类的时间副词；2）локально 一类的地点副词；3）нацелено 一类的目的副词；4）原因副词，此类副词中有一个新词 погранично，如 дружить погранично（因为地理位置近而交好）；5）结果副词；6）协同副词。

4.2.4 副词新词的使用频率

之前已经说过，不变化名词和形容词的出现在很大程度上是受副词派生的影响。正是因为有派生词的存在才使得分析化趋势在其他实词类领域得以发展，所以要想证明现代俄语中副词词类的分析化现象现状，我们必须研究副词新词派生词以及其在现代俄语中的使用频率。

我们对副词新词研究所参考的词典是：《Словарь новых слов русского языка 1950-1980 гг.》（СНС）、《Толковый словарь русского языка конца XX в.》（ТС-XX）、《Новое в русской лексике》（НРЛ）。

本节中我们总共分析 494 个副词新词，其中性质副词 175 个（46 个纯性质副词和 129 个性质关系副词）、175 个事物关系副词（133 个行为方式副词和 42 个关系副词）、39 个数量副词新词（表特征强度的有 32 个，表广度的有 7 个）、70 个评价副词新词、情态副词只有 1 个新词、状态副词有 34 个新词。

为了弄清哪些副词是常用词，哪些是罕用词，哪些是潜在的常用词，我们借助谷歌搜索网上语料库中的文本，比如文学作品文本，包括散文、诗歌、人物传记、期刊；还有书面性质的谈话记录，比如：各种讨论、论坛和会议等。在这些文本中找到我们感兴趣的副词的使用情况。

除了上述文本外，我们还单独分析了网上可以搜到的六种不同风格的报纸：《Аргументы и Факты》《Известия》《Комсомольская правда》《Московский Комсомолец》《Независимая Газета》《Правда》（1999 年至 2004 年）。

我们认为这样选取的语料较有说服力。如果上述词典中的新词常常出现在报纸和互联网文本上的话，那就说明它们是常用词。如果在网上一个例句都没有搜到或者只是发现一两个使用情况（通常是在诗歌等艺术作品中），那就说明这个词不是常用词。

我们将根据统计结果，在每个功能语义群内按照常用副词、少用副词和罕用副词的分类列出详细的表格。我们按具体词搜索出的文本量将副词新词分为 5 个等级：

表 4-2

惯用副词	*超过 500 *100—500 *10—100
罕用副词	*1—10 *0

（1）高频率副词（在语料库中出现次数超过 500 次）

纯性质副词：глобально, метафорично, распахнуто, тезисно, по-тихому, по-быстрому, по-особенному, неформально, вымученно, обескураэюивающе, концептуально, осознанно, отстранённо, приземлённо, малиново, перламутрово, функционально；性质关系副词：академично, аппаратно, врачебно, демократически, деревенски, детективно, завораживающе, кулуарно, лавинообразно, монопольно, мыльно, пунктирно, рекламно, скульптурно, телевизионно, цивилизованно, огненно, потребительски, по-житейски, по-советски, по-христиански, по-взрослому, по-инэюенерному, по-рыночному, по-садовому, по-современному, по-строительному, по-футбольному。这些副词在报纸中都能查到。其中有一些在我们选中的报纸中比较少见，比如：метафорично, распахнуто, изучающе, вымученно, приземлённо, перламутрово, мыльно, пунктирно, скульптурно, деревенски, по-инэюенерному, по-строительному。其余词在报纸中则很常见。

事物关系副词：аварийно, амбулаторно, визуально, внутривенно, внутримышечно, дискретно, дистанционно, интегрально, зрительно, изучающе, наружно, опосредованно, очно, подпольно, поточно, программно, струйно, телефонно, эксклюзивно, косметически, неделимо, с ветерком, оптом, цирком, впрямую, архитектурно, ассоциативно, жанрово, законодательно, зрелищно, инженерно, классово, компьютерно, конституционно, морально, ментально, однозначно, оценочно, пространственно, радиационно, статически, структурно, финансово, штатно, биологически, сейсмически, социологически, экологически, энергетически, юридически。这些词只有 поточно 在报纸中一次都没有出现。报纸上比较少见（10 次以下）的有：дискретно, интегрально, струйно, телефонно, косметически, неделимо, неконтролируемо, ассоциативно, жанрово, оценочно, социологически。其余词使用频率都很高。

数量副词：аномально, нешуточно, обалденно, радикально, стопроцентно, тотально, космически, по-крупному, по-черному, пренебрежимо, неконтролируемовполуха, одноразово, разово, постранично, пофамильно, поэтапно。其中报纸上出现次数为 10 次以下的有：нешуточно, космически, пренебрежимо, вполуха, одноразово, разово, по-странично。其余词出现频率都很高。

状态副词：исходно, круглогодично, условно-досрочно, встречно, локально, вкруговую, встык, влево-вправо, прилюдно。报纸上出现 10 次以下的有：встречно и вкруговую。其余词不论在报纸上还是互联网文本上使用频率都很高。

评价副词：аморально, аргументированно, высокопрофессионально, глубинно, ёмко, западло, консервативно, круто, малоэффективно, комфортно, оптимально, органично, потрясно, престиокно, раскованно, ссексуально, спекулятивно, недемократично, некачественно, некорректно, неоднозначно, неорганизованно, непредсказуемо, непрофессионально, нереалистично, неэстетично, неэффективно。其中 потрясно 在报纸上从没出现过。出现 10 次以下的有：высокопрофессионально, глубинно, ёмко, неорганизованно, спекулятивно。其余词在报纸上的使用频率都很高。

（2）广泛使用的副词（100—500 次之间）

纯性质副词：аналитично, комбинационно, модерново, скоординированно, неостановимо, заполошно, обещающе, поощряюще, дразняще, дурманящее, разностно, щадяще；性质关系副词：бытово, героично, закулисно, исповедально, кабинетно, кинематографично, плакатно, пластмассово, погребально, прозападно, тупорыло, широковещательно, капиталистически, кибернетически, обывательски, подхалимски, провидчески, эллински, по-кавказски, по-предательски, по-социалистически, по-чемпионски, по-газетному, по-довоенному, по-командному, по-самолётному, по-смешному, по-совковому, загнанно, обвиняюще。其中报纸上一次都没有出现过的有：ненавидяще, обещающе, поощряюще, разностно, аналитично, погребально, подхалимски, эллински, по-довоенному, по-самолётному, по-смешному, обвиняюще。其余词在报纸上都出现过 10 次以上。

事物关系副词：аврально, бесконтактно, бесступенчато, внахлёст, всяко-разно, децентрализованно, портретно, проекционно, разнопланово, резидентно, сухопутно, биографически, типографски, эзотерически, дуриком, полуподпольно, полуутвердительно, пролётом, дисциплинарно, постановочно, самопально, генотипически, кинематографически, культурологически, матерно, моральнопсихологически, невзаправду, подетально, полистно, понарошке。其中报纸上没有出现的有：бесступенчато, внахлёст, резидентно, генотипически, невзаправду, полистно, полуутвердительно。其余词在报纸上均出现 10 次以上。

数量副词：всесоюзно, непробиваемо, обвально, обморочно, опупенно, воинствующе, внатяжку, вполнакала, вполнеба, ежедекадно, ежесменно。报纸上一次也没有出现的有：обморочно, опупенно, вполнеба, ежесменно, подетально。其余都是出现 10 次以上。

状态副词：днями, местами, первоочерёдно, секундно, засухо, нацеленно。报纸上一次也没有出现的是 секундно，其余都是 10 次以上。

评价副词：антисоциально, безличностно, высококачественно, комплиментарно, многомерно, наполненно, незло, небезболезненно, неженственно, нешумно, ненавидяще, несуетно, одномерно, однолинейно, отточенно, тягомотно, волюнтаристски, технократически, кучеряво, чужо。其中报纸上一次也没有出现的有：безличностно, высококачественно, технократически。其余的词都是 10 次以上。根据数据，并不是所有广泛使用的副词都在报纸上出现过。主要原因还是在于词汇意义和修辞特点的不同。

（3）少用的副词（10—100 次之间）

纯性质副词：одышливо, остросюжетно, ухватисто, незащищенно, разрешающе, дурманно, прельстительно, нетуго, ясно (видеть)；性质关系副词：батально, галантерейно, громово, информационно, кинж:ально, криминально, личностно, дальнозорко, крысино, осенне, опалово, пушечно, пьяненько, репортаэюно, сабельно, стально, стекольно, телегенично, трибунно, хитиново, по-бюрократически, по-космически, по-митьковски, по-новаторски, по-парламентски, по-печенежски, по-совдеповски, по-творчески, по-научно-фантастическому, по-перестроечному, по-подрядному, опьянённо, скукоженно, угорело, насвежо, неконфронтационно。其中报纸上偶尔出现的有：прельстительно, нетуго, информационно, криминально, телегенично, по-бюрократически, по-совдеповски, по-творчески, угорело。其余副词在互联网文本上也不常见，在报纸上更少碰到。

事物关系副词：бессимптомно, вещно, вкопанно, долево, коллаокно, представительски, бесславно, вперекрест, впокат, вприглядку, впроводку, заглушённо, запоминающе, монтажно, напроход, напрочно, нараспах, натихую, попеременке, вперебив, вприскок, встоячку, некомплектно, несерийно, подагрически, сказово, собственноноэюно, спринтерски, сорванно, изручь, антирыночно, типаэюно, антимонархически, внеисторически, идейно-политически, по-полицейски, вась-вась, снсивьём (перен.), наличманом, фамильно, шахматно。其中报纸上偶尔出现的有：вещно, вприглядку, впроводку, коллажно, вперекрест, некомплектно, собственнонож:но, спринтерски, антирыночно, типажно, идейно-политически, живьём, шахматно。其余在报纸上一次也没有出现。

数量副词：внатруску, копеечно, окаянно, вполсердца, вполшага, каждочасно, навалом, побатарейно, пож:нивно, покомнатно, поэлементно, поэскадрильно, лихо。其中只有两个副词在报纸上出现过：копеечно 和 покомнатно。

状态副词：ввысь (перен.), всепогодно, где-то (временное значение), сиюсекундно, раненько-раненько, с довойны, наверх (в вышестоящую инстанцию), накоротко, налево (перен.), повдоль, потом (откладывать на потом), неприлюдно, вразнотык, погранично, там (перен.)。在报纸出现过的只有：ввысь (перен.), где-то (временное значение), наверх (в вышестоящую инстанцию), налево (перен.), потом (откладывать на потом), погранично。

情态副词 всеочевидно 在互联网文本上出现过 11 次，在报纸上没有出现过。

评价副词：безголово, боевито, оюелезно (перен.), заорганизованно, захлёбно, перечислитеъно, сложненько, хищновато, делячески, лобово, шапкозакидательски, помрачённо, незашоренно, некомплексно, непроверенно, неоскорбительно, нестеснительно, обезумело, туго, высокоорганизованно, техницистски, наотмашь。其中以下词在报纸上只出现一次：елезно (перен.), заорганизованно, перечислитеъно, непроверенно, неоскорбительно。

（4）罕见的副词（1—10次）

纯性质副词：мордовито, притаённо, сложносочинённо, взнервленно, томливо, предвзяточно。

性质关系副词：золотоглаво, коротконого, лишайно, новобрачно, скороговорочно, опекунски, пиетистски, по-алкашески, по-кампанейски, по-вахтёрски, по-пиночетовски, по-сальериевски, по-стэмовски, по-сумски, по-хуторянски, по-клопиному, нешатаемо, приручённо, акульно, галочно。我们在报纸上只找到 коротконого 一个词。

事物关系副词：двулично (от «два лица») косоприцельно, моторизованно, предынфарктно, разножанрово, невыговоренно, безблатно, безнаж:имно, безотвально, бесплулсно, беспокровно, бесштрафно, напеременки, напеременку, напоперёк, впристяжку, вприсест, двухпредметно, пововсе, всухаря, самохотом, антиэтатистски, биоритмически, синтаксономически, человековедчески。其中只有 предынфарктно 在报纸上出现两次。

数量副词：вполдуши, вполума, допредельно, многогодно, пятисоткратно, порегионно。其中只有 вполдуши 在报纸上出现一次。

（5）极罕见的副词（0次）

状态副词 насвеже, вподиаём 在报纸上都没有出现过。

评价副词 гонористо, вразнопляс 在报纸上没有出现过。

还有一些副词在报纸和互联网都没有出现过，其中纯性质副词和性质关系副词有：обоюдовостро, натютмортно, фанфаристо, пропутчистски, по-люксенбуржски, по-мезозойски, по-минсобесовски, по-русопятски, по-фрондёрски, по-натасканному, по-уйгурийски, пушкарно, белосахарно, стогоподобно, плотинообразно；事物关系副词有：бескойково, двухсерийно, запинчиво, полувполголоса, силодёром, трёх-четырёхступенчато, бестоварно, наперелёт, впривязку, антиливийски, психодокументально, погрядочно, пооперационно, почастёво；数量副词有：вполстекла；状态副词有：завчёра, всезаборно, оценочные, промашисто, противоперестроечно。

由此我们可以得出副词新词的使用频率，如下表所示：

表 4-3

来源		使用频率	新词数量
互联网出版物	惯用词	超过 500 次 100—500 次 10—100 次	149 个 110 个 141 个
	罕用词	1—10 次 0 次	60 个 34 个
		总数	494 个

根据上表来看，大部分的俄语副词新词都在 20 世纪末 21 世纪初的书面文本中广泛使用。

近年来词典收录的副词中，有 400 个可以被称为常用词，占总量的 81%。其中 149 个在互联网文本上出现 500 次以上，110 个出现次数位于 100—500 次之间，141 个位于 10—100 次之间。还有 94 个可以说是罕用的，占 19%。其中 60 个是很少出现的，34 个只是个人偶然用词。

4.3 形容词

20 世纪初，俄语语法中分析性成分的加强已经十分明显。20 世纪 20 年代末，出现了一种新的语法类别——分析化形容词（аналитическое прилагательное），如：платье беж, костюм хаки, театр-буфф。М. В. Панов 认为，这是"语言分析化进程中最具有革命性质、最罕见的现象，但就算如此罕见的现象也在俄语中出现了"（《Русский язык》，1968：57）。分析化形容词在俄语中的出现并非偶然，主要来源还是媒体中的一些外来词，如：масс-чтиво, метео-прогноз, полит-бомонд, камуфляжные сетки хаки 等。

它们具有修饰名词的意义和功能，同时又不具备性数格变化。比如：апаш, банту, барокко, бордо, коми, мокко, неглиже, рококо, урду, хинди, цунами, эсперанто 等。它们的主要特点和具体表现是"零变格"[1]，"不变化的"[2]和"只有一种形式，其中包括了各种数、性和格的意义"（《Краткая русская грамматика》，2002：270）。这类词是非常有意思的一类词，同时也

---

[1] Шведова Н Ю. *Русская грамматика* [M]. Москва: Наука, 1980: 556.

[2] Шведова Н Ю. *Грамматика современного русского литературного языка* [M]. Москва: Наука, 1970: 307.

是未被充分研究的一类词。

不变化形容词首先是某些表示颜色的词，比如：платье беж, костюм хаки，某些工艺品的种类，比如：юбка клеш, воротник плиссе, лента бордо，以及其他一些词，比如：часы пик, стиль модерн, вес нетто。这些主要是外来词表某种特征。（М. В. Панов，1968）这些结构中形容词不再受被修饰名词性、数、格的限制，与名词之间是一种普通的依附关系，即分析性的关系。其中一些不变化形容词总是后置，而另外一些则总是前置，还有一些既可以前置，又可以后置（Б. З. Букчина，1998：13）。不变化形容词做名词定语时，不具有一般的形容词形态特征。其中一些外形上转化成了普通形容词的形式，比如：бежевый, гротескный, бордовый，但大多数都没有转化，比如：кофе мокко, брутто-вес, вес брутто, хинди язык, язык хинди, стиль модерн, программа-минимум 等。

分析化形容词摆脱了屈折的形态变化，缩减了编码，形式更加简单，减轻了人们的交际负担，符合语言发展的经济原则。形容词原有的由形式体现的语法意义转而变成由句子中的组合关系来体现，即由综合性的表达方式转变为分析性的表达方式，符合分析化现象，其数量和种类的增多也反映了俄语的分析化现象的增强。

现代俄语中关于分析化形容词的问题也曾经存在着一些争议，有些学者将不变化形容词归于副词或不变化名词，比如：А. И. Молотков 和 Л. В. Кнорина 认为，брюки галифе, стиль модерн, юбка мини 之类的组合应该被看作是两个词一格的连接，"定语就是被限定的称名"（Л. В. Кнорина，1996：23）。因而她认为这种定语就是名词，而不是形容词。我们认为，这种看待分析化形容词的观点不正确，因为在一定的文本背景下，галифе, модерн, мини 等词被剥夺了名词的一般范畴意义，即事物性意义。这种定语指出了事物的特征，回答了"какой?"的问题：брюки (какие?) галифе, юбка (какая?) мини, стиль (какой?) модерн (ср. модные брюки, длинная юбка, старинный стиль)。因此，我们认为这一类词不属于名词而属于形容词。

如今没有人再怀疑俄语中存在着不变化形容词，《1980 年科学院语法》也指出了这一类形容词和名词的同音异义性[1]。其中列举了最常见的 70 个不变化形容词，同时在附录中写到，"某些不变化形容词也可以做名词用，比

---

[1] Шведова Н Ю. *Русская грамматика* [М]. Москва: Наука, 1980: 78.

如：апаш, банту, барокко, бордо, коми, манси, маренго, сорт ткани, модерн, мокко, неглиже, рококо, суахили, соло, травести, урду, хинди, цунами, эсперанто"[①]。这也就是说，不变化形容词这一词类已经得到了官方的认可。

4.3.1 分析化形容词的历史

对古俄语进行的研究表明，直至 15 世纪之前古俄语语法中存在着所谓的以 -ь 结尾的不变化形容词，比如：фазличь, соугоубь, прпрость, свободь, неоудобь 等，这些没有形态特征的形容词在句子中主要做修饰语。E. M. Ушакова 指出，不变化形容词在古俄语中通常做名词的非一致定语，比如：соугоубь пришествие, соугоубь грхы, неудоубь путьмь。（E. M. Ушакова, 1974）其语法意义"只依赖于被修饰名词，它们之间的搭配是分析性的"（E. M. Ушакова, 1974：126）。

那么为什么 15 世纪不变化形容词后来从俄语中消失了呢？观察испълнъ, различь, соугоубь, свободъ, неоудобь 等词的句法功能就可以得出结论。这些词在古俄语中的句法功能不仅仅局限于修饰名词。根据 E. M. Ушакова 的观察，它们和变化形容词具有一样的特性，"能够在搭配的基础上形成形容词短语，即做扩展定语，还可以做谓语。"（E. M. Ушакова, 1974：127）"尽管缺少形态变化和同被修饰词之间的一致性联系，不变化形容词在句法功能上与变化形容词的用法一样。"（E. M. Ушакова, 1974：127）此外古俄语不变化形容词还有一个重要的特点，就是可以在被修饰词的前后自由使用，这一点在功能层面与普通变格形容词没有区别。因此，古俄语中不变化形容词是冗余的、重复的，没有自己的特点，最终没能成为一种特有词类，因此从语言中消失了。此外还有一定的社会因素，比如在当时，语言的规范是由贵族制定的，他们为了彰显与百姓的不同，显示其教养和循规，也故意省去不变化的词，从而加大语言书写和拼读的难度。

20 世纪之所以能够形成分析化形容词这一新的词类，其中一个重要因素就是之前我们说过的现代俄语语法中语言的经济原则和语法的简洁化趋势。现代俄语语法分析化现象的总趋势为分析化形容词的进一步发展提供了土壤。名词也是如此，不变化名词在业已形成的稳定的变格体系中占有着一

[①] Шведова Н Ю. *Русская грамматика* [M]. Москва: Наука, 1980: 556.

席之地，不必担心是个"异类"而遭到排挤，也是这个原因。

大部分分析化形容词具有外来性质，В. Г. Костомаров（1994）认为，正是这一点使得它们使用过程中是分析性的，也就是说没有任何变化，这就导致了它们在语法上比俄语更加简便。语法上的简便使得它们能够迅速被人接受，并广泛传播开来。

通常一个表示特征的外来新词很容易就能加入俄语的形态学体系，获得形容词所有的词变语法特征。然而某些外来词却没有采用形容词特有的特征，或者只采用其部分特征。有时候某些外来形容词的不变化性有其结构上的原因。比如表示语言类型的词 хинди, суахилли, урду, пушту 很难演变成变化的形容词。而且 М. В. Панов（1968）认为，俄语语法中分析化形容词的出现和发展与"各种分析化结构发展所造成的语法的简洁化、语言的经济原则"这一普遍趋势紧密相联。事实上，形容词所携带的语法信息大多数情况下都是冗余的。分析化定语所修饰的词语自身就能表明其形态特征，也就是说形容词新词的形态变化其实并不是必需的。

分析化形容词作为一种特殊的词类在现代俄语中地位的稳固，导致其在功能层面与普通变化形容词也产生了区别。这些区别主要有：

1. 分析化形容词因为没有表达语法意义的形式特征，所以在使用时需要依附于一定的词，比如：платье беж, язык хинди, метео-выпуск, танц-проект；

2. 分析化形容词在功能上只做名词的定语，不行使述谓功能。

功能上的差异比形态上的差异更为重要，它使得不变化形容词不是"多余的"、重复的，也就不会像古俄语中的形容词 различь, соугоубь, свободь, неоудобь 一样被淘汰了。

此外，现代不变化形容词的出现和发展也同语言的接触有很大的关系。比如 Д. В. Бондаревский（2000：5）认为，不变化形容词的普遍化不仅仅是由现代俄语的分析化现象和语言的经济原则所导致，还是"受英语影响的结果，其中包括英语的语法系统"。

4.3.2　分析化形容词的分析性特征

М. В. Панов 首次将分析化形容词划分为一种特殊的词类。他将分析化形容词定义为："做名词的定语，没有普通形容词的形态特征。性数格通过和其进行搭配的词分析性地表达。"（М. В. Панов，1968：105；1971：111）但与此同时，М. В. Панов 也认为这一词类的划分还是值得商榷的，因为它包含的种类太多："这一词类包括了语言各个领域内的不同的词。"[①]

分析化形容词最典型的特点就是通常跟在某一词的前面或者后面。与形容词功能上的差别在于，它们只做名词定语，不行使述谓功能。俄语中分析化形容词的出现首先与某些外来词的特点相关，尤其是来自西欧的外来词。М. В. Панов 划分出了以下几组 20 世纪后半叶进入俄语的外来形容词：表颜色的词（костюм хаки, пальто маренго, платье электрик, беж бордо）；语言种类（хинди язык, урду язык, коми литература）；某些产品的种类（кофе мокко）；服装的风格（брюки клеш, юбка плиссе）；音乐名称（до диез, соната фа минор）；喜剧和艺术一类（театр-буфф, концерт гола, стиль модерн）；商贸用词（вес брутто, вес нетто）；铁路交通（поезд микст, часы пик）；独立的词（максимум, минимум）等。М. В. Панов 指出，现代俄语有一个特点，相对于普通形容词来说，在某些情况下更喜欢使用这种"形容词化的词"。因为它们方便、简单，而且形象、时尚。

对不变化形容词的认定，在俄语界有两种观点，即广义观和狭义观。

持广义观点的学者 А. А. Реформатский 不仅承认分析化形容词的存在，还将 профбилет 一类词中的 проф, глав, спец 等单位列入其中[②]。1972 年他在自己的著作中再次提出，профбилет, главрыба, госконтроль, Моссовет 等缩写复合词"本质上是词组、句段，只不过在修饰位置上的不是普通的形容词，而是'分析化形容词'，即 гос, глав, проф, мос 一类的截短部分"（А. А. Реформатский，1972：88）。他认为这种截短形式起限定作用，即形成一种新的形容词。

之后 В. Л. Воронцова（1996）进一步拓展了分析化形容词的范围，她将 фото-, кино-, радио- (фототехник, кинозритель, радиослушател) 和 лесо-, стекло-, ветро- (лесовод, стеклоблоки, ветроэлектростанция) 也划归于这一类。

对此持狭义观点的 Д. В. Бондаревский 不认为 проф, глав, спец 等成分属于分析化形容词。他认为分析化形容词的定义是："行使限定功能的不变化成分，具有或多或少的自由搭配性，可以分开或用连字符书写，具有独

---

① Панов М В. *Позиционная морфология русского языка* [M]. Москва: Наука, Школа "Языки русской культуры", 1999: 152.

② Реформатский А А. *О соотношении фонетики и грамматики (морфологии), Вопросы грамматического строя* [M]. Москва: Наука, 1955: 92-112.

立词的韵律特征，即独立的重音。"（Д. В. Бондаревский，2000：7）他认为："在此定义之下，不变化形容词就不再仅仅是一种特殊的形容词（主要功能是在与名词搭配时限定名词，指出其特征、性质和关系，普通形容词和不变化形容词都具有这一特征），而是一种特殊的词类。"（Д. В. Бондаревский，2000：7）

Д. В. Бондаревский（2000：5）认为并不是所有有修饰意义的成分都属于不变化形容词，只有那些具有明显独立词标志的才是。他认为，独立词类基本的范畴标志应该是"不仅仅具有广泛的搭配性，还应该具有书写独立性。这里的书写独立性指的是有连字符号的写法"。这样就把不变化形容词同前缀以及复合词前半部分等词素级的成分区分开来了。它们"词素性"最基本的标志就是书写的联合性（слитность написания）。（Д. В. Браднервский，2000：5）不能独立书写就说明它们没有全面的独立性，因此就不是分析化形容词。

这里我们赞同 Д. В. Бондаревский 的观点，我们也认为独立性是词类最重要的形式指标，分析化形容词必须具有全面的独立性。这样的话，телепередача, радиовещание, фотолаборатория, аэровокзал, геоботаника, гелиометр, гидроэлектростанция, электроэнергия 等词中的 теле-, радио-, фото-, аэро-, гео-, гидро-, электро-, гелио-，它们传统上的书写方式多是连写的，缺少句法独立性，虽然"在语言中获得了独立的功能。它们的语义和语音独立性很强，但缺乏全面的独立性，它们不能在句子中相对自由地移动"（Д. В. Браднервский，2000：252）。因此，它们不属于分析化形容词。在详解词典中这一类单位大部分被看作是"复合词的前半部分"。

Г. А. Стахеев（1973：10）在副博士论文中认为复合结构的前半部分介于词和词素之间，具有一定的词汇意义，同时又不失去其与实词之间的联系，因此可以将其命名为"аналиты"（分析化定语）。"分析化定语"与其他复合词的前半部分相比，其特点在于，首先，同 М. В. Панов 划分出的大部分分析化形容词一样，结构上必然与名词相连；其次，它们中的大部分都倾向于成为独立的词，比如：кино, радио 等；最后，分析化定语与名词的搭配是自由的，即它们能够与不同的名词自由组合成无数的词组。我们认同他的观点，认为这一类单位是分析化形容词的外围部分，虽然目前不能属于真正的分析化形容词，但随着时代的发展它们有可能取得进一步的全面的独立，成为真正的分析性形容词。我们认为这一类单位属于分析化定语。

4.3.3 分析化形容词的分类

现代俄语中能够做名词定语的不变化语言单位的种类有很多。М. В. Панов（1999）按照来源将它们分为 16 组。不过，他本人也认为，"这种分类法不能全面追求延续性和结构性，从历时上来看时代性有点模糊。但目前来看，很难从其他角度对其进行分类"[1]。这 16 组分别是：

1. Хаки (форма хаки), коми (коми писатель), хинди (язык хинди), люкс (парфюмерия люкс), мини (мини-фунты) 一类的词。它们的主要特征是位于名词后面，且没有同音异义词。

2. авиаконцерты, аэропочта, киносценарий, телепостановка, фотоматериалы, электроприборы 一类词的前半部分，它们前半部分与同根名词（радио, авиация, электричество, кино, телевизор）一致。

3. пресс-офицер, модерн-мещанство, программа-минимум, требования-максимум, повесть-гротеск 一类词组，前半部分以辅音结尾，М. В. Панов（1999）认为这使得它们不能被划为复合词组。而且其成分的顺序是固定的，这说明其前面的部分不是名词。

4. чудо 和 горе 是比较特殊的一类：чудо-мост, чудо-печка, горе-изобретатель, горе-воспитатели。同位语在第二组词（радио-, кино-）的影响下从名词变成了形容词。

5. 还有另外一种同位语的前半部分：царь-взятка, генерал-предатель, рассказ-газета。

第 4 组和第 5 组不是多产的。

6. 包含国际通用前缀的词：экс-президент, супер-кризис, ультра(-) правые... М. В. Панов 认为，这一类词的前半部分已经从前缀变成独立的词，因为它们可以与名词自由组合，有时还能和语气词连用，而且还有独立的重音：экс-то президент；– Как дела? – Супер! 这一组不仅比较多产，而且还是其他混合了词素和词的特殊单位出现的原因。

7. один, два, три 等数词做非一致定语：космонавт-два, страница сто двадцать пять，这一组分析化形容词在口语中非常常见，在书面语中如今也经常出现。

---

① Панов М В. *Позиционная морфология русского языка* [M]. Москва: Наука, Школа "Языки русской культуры", 1999: 153.

8. гос-, парт-, проф-, полит-, сов-, спец-, хоз- 一类的词比较特殊，它们以辅音结尾，与名词结合时，名词的意义不发生变化，比如：госучреждение, спецзаказ, политобозрение。这一类组合的前半部分是相对应形容词的开端，比如：государственный, специальный, политический，它们的组合能力是无限的，因而十分多产，如：Госдума, госзаказ, госучреждение, госчиновник, госсектор, госномер 等。

9. лесо-, хлеба-, газо-, лже- 一类以元音结尾的词，比如：лжеучение, хлебоуборка, стеклотара，它们来自复合名词的前半部分。在现代俄语中它们具有非成语性的搭配能力，可以和其他词自由组合，这一组并不是特别多产。

我们认为第 2 组、第 8 组和第 9 组在书写上没有分开，缺少全面的独立性，因而不是分析化形容词。应该是构词层面黏着性增加的表现（前面我们已经分析过的前缀实词化），也属于分析化现象增强的体现。

以下 7 组都不是多产：

10. жох, хват 一类的词：人们按成语 баба-жох, парень-хват 的样子又造出 женщииа-жох, дядя-жох, баба-хват, мужчина-хват 等词。

11. 副词做名词的分析化定语：волосы торчком, жулик поневоле。

12. академия после работы 之类的前置词结构做分析化定语。

13. так себе писател, всего лишь советник 之类的成语组合做修饰语。

14. 语气词做分析化形容词：тоже-политики, вроде-прилагательное。

15. созачинщик, сопроектировщик 一类词中的前缀 co-。

根据全面独立性的标准，我们认为第 15 组也不属于分析化形容词。

16. 普通形容词做共性名词的非一致定语 молодая врач пришла. Новая чемпион по плаванию улыбалась. 这一组的实质是语义一致性。虽然 М. В. Панов（1968）认为这一组不多产，但是随着现代俄语中语义一致性的增加，该组的多产性也在增加。在表达意义时文本重要性的增加也是分析化现象的表现，关于这一点我们会在本章第三节中详细分析。我们认为这一点也不属于分析化形容词，这是句法层面的分析化现象增强的表现。

4.3.4 分析化形容词的构成和功能

以上这种按照词汇来源的划分方式，从历时角度来说很有意义，但并不能反映语法特征和功能特点。在本文中，我们对不变化定语的划分方式与

М. В. Панов 不同，我们既从功能的角度，又从构词特征的角度出发，认为语言单位要想被划分为分析化形容词，必须具备以下特点：

1. 功能上做名词定语，但又不具备形容词组合关系上的形态特征，换句话说就是做名词的分析性不变化定语；

2. 符合语言单位独立性的评判标准，即具有自主性、可分离性、可移动性、分布独立性和重音独立性。当一个单位具有所有这些特征时，就是"典型"的分析化形容词，比如 беж, хаки, эсперанто 等。如果只符合部分特征，同时又做分析化定语用，那它就是从词素到词的过渡单位，属于分析化形容词的外围，比如 гос-, масс-, по лит-, парт-, проф- 等。

由此我们可以将其分为两大类：

一、分析化形容词的核心

在 М. В. Панов 划分的分析化形容词中，有一些在句子中只做名词的不变化定语。首先是表示颜色和语言的非派生词：беж, хаки, хинди, эсперанто 等。它们就是分析化形容词这一词类的核心。不过这一类词中还有 коми, люкс 等，我们认为，从功能上来看 хаки, беж, хинди, коми, люкс 并不是完全一样。因为 коми, банту 等词不仅表示语言，还表示民族，比如：коми-писатель, история коми, календарь коми, философия банту，它们可以在句子中做名词，比如：Небольшими группами коми проживают также и в других регионах Российской Федерации.[1] В 9 веке н.э. банту научились обрабатывать железо.[2] 因此，它们并不属于完全的分析化形容词。

还有一些表示语言却不表示民族的词，即没有同音异义词。比如：хинди, пушту, дари, фарси, эсперант 等。它们在句子中只做非一致定语，比如：Сейчас половина населения Земли говорит на пяти основных языках — китайском, английском, испанском, русском и хинди.（НГ, 05. 07. 2001）

因此 хинди, эсперанто 在语法上与 беж, хаки 一类表示颜色的分析化形容词相近，与 коми, банту 等具有更多语法功能的词有区别。我们建议将分析化形容词定义为：一种词，在句子中只做名词的不变化定语。我们将 коми, банту 等具有更多语法功能的词看作是兼类词和同音异义词，并在下一小节中进行分析。

---

[1] История коми, http://www.finugor.komiinforni.ru

[2] http://www.eldorado-tour.ru

二、分析化形容词的外围

按照我们的划分方式，分析化形容词的范围比传统上的理解狭窄一些，只包括表示颜色和语言的不变化词汇，比如：беж, хаки, моренго, хинди, эсперанто。不过分析化定语的内涵却不受限制。分析化形容词属于分析化定语，但分析化定语除了形容词之外，还有别的成分，比如一些词素或介于词和词素之间的过渡单位。这些单位目前处于分析化形容词的外围，但有可能随着时间的发展而进入其核心区域。比如 парт-, проф-, соц- 等。这些词大部分是形容词派生词（гендиректор, партбосс, танц-проек）和复合词（макро-проблемы）的前半部分切分而成。

根据我们的观察，最多产的分析化定语来自形容词。比如：

Из дальнейшего спича **партбосса** стало ясным, что контролировать его контора намерена исключительно местные власти.（МК, 26. 04. 2002）

Внучка Горбачева обманула **политбомонд**.[1]

Лучший **танц-проект** 183 года.（передача на канале Муз ТВ, 11, 06. 2003）

ФАРМ-ЛИКБЕЗ (Что вперед: еда или лекарство).（АиФ, 02. 06. 2003）

这一类词并不是分析化定语的核心，因为它们不是完全自由的语言单位。它们是词素到词的过渡单位，通常做名词前定语，比如：партсписки, парт(-)собрание, парт-строительство, парт(-)тусовка，它们的存在拓展了分析化形容词的组成，是其外围部分。在书面语和口语中我们没有碰到这种分析化定语行使除定语外其他语法功能的情况，因此我们将它们归类于不变化定语。

因此，分析化形容词可以分为不多产的和多产的。不多产的：完全符合条件，是分析化定语的核心部分，即 беж, хаки, хинди, эсперанто 等。多产的：从词素到词的过渡单位，是分析化定语的外围，包括名词派生词：масс-, полит-，复合词前半部分：макро-, микро。这些单位的出现和增多，以及使用频率的增加都说明了现代俄语词汇层面分析化现象的增强。

---

[1] http://www.grani.m, 3.07.2003

4.3.5 使用频率较高的分析化形容词

一、分析化形容词的核心

下面来看看在现代俄罗斯报纸《Аргументы и Факты》《Известия》《Комсомольская Правда》《Московский Комсомолец》《Независимая Газета》《Правда》（1998—2004 年）中使用频率最高的分析化形容词。[①]

1. 表颜色的分析化形容词

беж，意为"米色"，在 РО 和 НТС 中被定义为不变化形容词。该词使用频率很高，在报纸上共发现 50 个例句，比如：

Сегодня здесь преобладают белый, **беж**, небесно-голубой, сизо-сиреневый, черный, жемчужно-серый. （Известия, 18. 04. 2002）

Оттенки: лиловый, бургундского вина, ирландский зеленый, **беж**, коричнсвый. （ЛиФ Петербург, 29. 08. 2001）

бордо，意为"酒红色"，在 РО 和 НТС 中被定义为不变化形容词。该词使用频率也很高，在报纸上总共发现 35 例，比如：

А если прибавить к ансамблю босоножки цвета, скажем, **бордо**, <...> настроение как-то незаметно исправится. （КП, 04. 03. 04）

Верх подберите поярче – розовый, красный, желтый, **бордо**. （АиФ, Дочки-матери, 02. 11. 2001）

индиго，意为"靛青色"，在 РО 和 НТС 中被定义为不变化形容词。该词使用频率非常高，在报纸上总共发现超过 50 例，比如：

Она продемонстрировала вечернее платье цвета **индиго** с вышивкой ручной работы. （АиФ, Суббота-Воскресенье, 06. 11. 2000）

Цвет морской волны, **индиго**, желто-коричневый. （КП, 14. 12. 2001）

маренго，意为"黑灰色"，在 РО 和 НТС 中被定义为不变化形容词。与前面几个词相比，该词外来性质更明显，在报纸上总共出现 15 次，比如：

А вот цвета нынче в моде не по-летнему темные: преобладает серый во всех его оттенках (жемчужно-серый, **маренго**...). （АиФ, 14. 05. 1998）

Пальто из пушистого драпа цвета **маренго**. （Известия, 21. 01. 2004）

---

① 我们不可能列出全部分析化形容词，因此只选择现代报纸中最典型的代表词。

хаки，意为"黄褐色"，在 PO 和 HTC 中被定义为不变化形容词。该词在报纸上最常见（或许是因为这是军队服装的颜色），共有 150 多次，比如：

Все детство я проходил в черном, сером, в **хаки**. Теперь я додаю себе краски жизни, отобранные войной.（КП, 07, 10. 2003）

<...> над палатками камуфляжные сетки (желтые, а не **хаки**).（Известия, 10. 04. 2003）

электрик，意为"深灰色"，在 PO 和 HTC 中被定义为不变化形容词。在上述报纸中共找到将近 20 个该词表示颜色的例子，比如：

Любительницам ярких цветов можно порекомендовать насыщенный синий или «**электрик**».（АиФ, Дочки-Матери, 21. 12. 2001）

2. 表语言的分析化形容词

需再强调的是，这些词汇只表示语言，不表示民族，功能上只做定语。

дари，意为"达里语"，在 PO 中被定义为不变化阳性名词。不过在我们搜到的文本中该词只做分析化形容词，比如：

Дивизионный фельдщер Вилли Мельников занимался переводами, читал иранских поэтов ирисовал на песке штык-ножом рубай Омара Хайяма. На языке **дари**.（Известия, 15. 02. 2004）

我们共发现 20 个使用该词的文本。

пушту，意为"普什图语"，在 PO 被定义为不变化名词，阳性。在报纸上总共找到 16 个使用该词做不变化形容词的例句，比如：

"Настоящими афганцами" себя называют несколько племен, говорящих на языке **пушту**.（Известия, 27. 11. 2001）

урду，意为"乌尔都语"，在词典 PO 和 HTC 中被定义为不变化阳性名词。在报纸上找到近 10 个该词做不变化形容词的例句，比如：

Финн владеет турецким, азербайджанским, **урду**, персидским, немецким и французским языками.（Известия, 05. 03. 2002）

фарси，意为"波斯语"，在 PO 和 HTC 中被定义为阳性不变化名词。该词在报纸中出现频率很高，共找到近 50 个做不变化形容词的例子，比如：

Сейчас же в Иране шесть каналов, и передачи транслируются не только на **фарси** языке, но и на азербайджанском и других языках национальных меньшинств.（НГ, 24. 11. 2001）

Приглашенные вокалисты поют на всех языках мира, от испанского до **фарси** языка.（Известия, 11. 02. 2003）

хинди，意为"印地语"，在 PO 和 HTC 中被定义为不变化名词，阳性。该词在报纸上十分常见，比如：

<...> кипы бумаги на многих языках, включая **хинди** язык.（НГ, 17. 02. 2004）

"Синдугош" – так звучит словосочетание "Морская дуща" на **хинди** языке.（Правда, 08. 06. 2002）

报纸上共找到 35 个该词做不变化形容词的文本。

эсперанто，意为"世界语"，在 PO 和 HTC 中被定义为不变化名词，阳性。在报纸上共找到 27 个该词做不变化形容词的例子，比如：

Видимо, аспиранты тогда ассоциировались с модным языком **эсперанто**.（АиФ, 10. 12. 2003）

Он также владеет (кроме китайского) английским, арабским, испанским, немецким, французским, японским и **эсперанто** языками.（Правда, 20. 06. 2002）

二、分析化形容词的外围（词素到词的过渡单位，只行使修饰功能）

之前已经提过，除表示颜色和语言的分析化形容词外，还有一些从词素到词的过渡单位，比如：нац-, парт-, проф-, фарм-。这些过渡单位因为不具有全面的独立性，因此只做分析化定语，是分析化形容词的外围部分。随着分析化进程的深入，它们很有可能会获得进一步的独立性，变成真正的分析化形容词。这一类词的数量和种类的增多也反映了分析化现象的增强。

下面介绍在媒体中广泛出现的单位，根据我们的观察，这些单位可以被看作是"从词素到词的过渡"，也就是说它们具有高度的独立性，是重音的携带者，在说话人的语言意识中是独立的词。从构词层面讲它们是分析性（黏着性）的构词方式，从形态层面讲它们是潜在的分析化形容词。

按照构成方式可以将这一类词分为两组：

一、由形容词切割而成的派生词

这一类从构词方式上说属于黏着性的，因此也是构词层面分析化现象增强的体现。关于这我们已经在 3.4 中对其进行了分析。从形态层面来讲它们同样也是分析化趋势增强的表现，因为它们将可能变成真正的分析化形容词。它们的出现，以及数量和使用频率的增加也意味着潜在的分析化形容词数量的增加。

我们选取 10 个其中最常见的：

масс- 是分析化形容词的过渡单位，由形容词 массовый 切割派生而成，在 PO 中只是作为 масс-старт 出现过。在报刊中作为 "массовый" 的同义词行使分析化定语的功能则是十分常见，比如：

...вклад Страны восходящего солнца в копилку **масс-культуры**.（НГ, 05.03.2004）

Так что сегодня две трети **масс-пита** – кафе, бары, рестораны.（АиФ, 15.08.2001）

我们总共找到 11 个带 масс- 的词组：масс-кампании, масс-медиа, масс-культура, масс-поп-культура, масс-пит, масс-производство, масс-реклама, масс-спектрометр, масс-спектроскопия, масс-старт, масс-чтиво。

метео- 是分析化形容词的过渡单位，由形容词 метеорологический 切割派生而来，在 PO 和 НТС 中被定义为 "复合词的前半部分"。在媒体语言中行使分析化定语的功能，还有做独立词的情况，比如：

Как стать ведущей «**METEO ТВ**».（АиФ, Дочки-Матери, 09.07.2001）

我们共发现 15 个带 метео- 的词组：сводки метеоагенств, метеобюро, спонсор метео-выпуска, метеоинформация, производство и продажа метео приборов, метеопрогноз, метео-сайты, Метео-салон, метеосводка, метео справка, метео ссылк, метео-страница, метео-ТВ и Метео ТВ, метео-техника, метеоусловия。该单位也会做名称使用：«ОАО METEO», «ТОО Метео»。

нац- 是分析化形容词的过渡单位，由形容词 национальный 切分派生而来，在 НТС 中被定义为复合词的前半部分，在报纸中行使分析化定语的功能：

Украина признала русских **нацменьшинством**.（МК, 18.06.2003）

我们总共找到 19 个带 нац- 的词组（有些后面带句号）：нац. Происхождение, нац-принадлежность, нацпризнак, нацпатриот России, нацменьшиство и нацменьшинство, Нацболы, нацшколы, нац. чемпионат, нац. фактор, нац. сознание, нац. республики, нац. проблема, нац. образование, нац. компартии, нац. достояние, нац. диаспоры, нац. вопрос, нац. безопасность, Нацбанк。

парт- 是分析化形容词的过渡单位，由形容词 партийный 切分派生而来，在 PO 和 HTC 中被定义为形容词的前半部分。该词在报纸中使用频率很高，行使分析化定语的功能：

Парт-строителъство. Г. Селезнев посягнул на вотчину Г. Зюганова. （АиФ, 17. 07. 2002）

Однако причина неразговорчивости **партфункционеров** кроется... （Известия, 23. 01. 2004）

Во вторник **партбилет** положил на стол спикер Законодательного собрания Ленинградской области Кирилл Поляков. （Правда, 13. 08. 2003）

我们总共发现 25 个带 парт- 的词组：партактивисты, партаппарат, партаппаратчик, партбизнес, парт билет, партблоки, партбомонд, партбосс, партбюдж:ет, партбюллетенъ, партбюрократ, партбюрократизм, партвзносы, партвожди, партгруппа, парт дела, партлидеры, парт-министры, ПартНовости, парторганизаци, партсписки, парт(-)собрание, парт-строительство, парт(-)тусовка, партфункционеры。

полит- 是分析化形容词的过渡单位，由形容词 политический 切分派生而来，在 PO 和 HTC 中被定义为复合词的前半部分。该词在出版物中常做分析化定语用：

Немаловажным является и тот факт, что **полит-шоу** идет в прямом эфире. （НГ, 14. 11. 2003）

Валерий Зорькин вознесся на российский **полит-Олимп** в 91-м. （МК, 22. 02. 2003）

В преддверии нового **полит-сезона** пришлось менять и внешний вид здания. （НГ, 06. 09. 2002）

Это не Москва, где сосредоточена вся российская **полит-** и бизнес-элита. （МК, 23. 09. 2003）

Политбомонд принимает на грудь самогон и мартини. （КП, 22. 08. 2003）

我们总共找到 22 个带 полит- 的单位：политбомонд, политбюро,

политкоррекция, политкорректность, политиеобразованность, политобстановка, политобщение, полит-Олимп, полит-партии, политреклама, политсилы, политситуация, полит-скандал, полит-ТВ, полит-терминатор СССР, политтехнологическая интрига, политтехнологи, полит-ток-шоу, полит-тусовка, полит-шполитэкономия, политэлита。

пром- 是分析化形容词的过渡单位，由形容词 промышленный 切分派生而来，在 PO 和 HTC 中被定义为复合词的前半部分。该词在现代俄语报纸中做分析化定语用：

Доска **пром.** объявлений. (на сайте АиФ)

Кое-где **промзоны** уже стали стройплощадками. (Известия, 30. 01. 2003)

我们总共找到 10 个带 пром- 的词组：промбаза, промзоны 和 пром-зоны, пром-производство, промрайон, промкоплекс, пром. объявления, промотходы, Пром-сити, Промстройбанк, пром-экспорт.

проф- 是分析化形容词的过渡单位，由形容词 профессиональный 或 профсоюзный 切割派生而来，在 PO 和 HTC 中被定义为复合词的前半部分。该词在报纸上通常做分析化定语用，意义为：1. «профессиональный»，2. «профсоюзный»。我们共找到 21 个这样的词组，大部分是机构名称，比如：

В состав учредителей одного из старейших российских НПФ – **"Проф-Пенсион"**.（Известия, 19. 07. 2002）

В среду руководство холдинга **"Проф-Медиа"** сообщило две важные новости.（Известия, 15. 10. 2003）

带 проф- 的词组有：

1) проф. и бизнес форумы, проф версия, издательский дом «Проф-Медиа», СОЮЗ ПРОФ (кадровое агенство), проф(.)консультация, проф(.)мастерство, проф. мультимедиа оборудование, проф тренажеры, проф(.)образования, проф(.)оборудование, поисковая система Ищейка Проф, Проф-Пресс, Проф-архив проф. подготовка, проф. переподготовка, проф пригодность проф способность；

2) профактив, профактивисты, профбоссы, профобъединение.

танц 是分析化形容词的过渡单位，由形容词 танцевальный 切分派生而来，并没有被 PO 和 HTC 收录。该词在现代报刊中做分析化定语，意义等同于«танцевальный»：

В этом году современная **танц-программа** оказалась на редкость растянутой. (Известия, 16. 04. 2002)

Тем самым 45-летний хореограф (Е.Панфилов – Ю.Р.), долгое время несший бремя главного <...> **танц-авангардиста** страны, наконец, получил официальный статус. (НГ, 17. 10. 2000)

我们总共找到 24 个带 танц- 的词组：танц-авангардист, танц-версия партитуры, танц-исследование, танц-караоке-шоу, танц-класс, танц-молодчики, танц-отрывок, танц-партер, танц-партнерша, танц-площадка, танц-повестъ, танц-поле, танц-пол, танц-программа, танц-симфония, танц-спектакль, танц-театр, танц-труппа, танц-филъм, танц-шоу。

теле- 是分析化形容词的过渡单位，由形容词 телевизионный 切割派生而来，在 PO 和 HTC 中被定义为复合词的前半部分。该词在报刊中使用频率很高，通常做分析化定语用：

ТЕЛЕ-СИГНАЛ ОКРЕПНЕТ. (Заголовок, Правда, 26. 02. 2002)

Ольга Шелест: У меня нет цели превратиться в серьёзную **теле-тетёнъку**. (Известия, 14. 03. 2003)

Против геноцида и **теле-Путина**. (Правда, 21. 01. 2002)

Вместо реальной политики – нескончаемый **теле-Новый** год. (КП, 15. 04. 2003)

我们总共找到 35 个带 теле- 的词组：теле-Азазель, телеакадемики, телебашня, телебеспредел, телеведущая, телевыступление, телевышка, теле-дон-жуан, теле-звезды и телезвезды, телеканал, теле- и киноискусство, теле- и кинокомпании, телекоммуникации, Теле-Коммуникационные Технологии, ТЕЛЕ-НЕ-ВИДЕНИЕ, теле-нефтепредприниматель, теленовости, теле-Новый год, телеоператор, телепевец, теле-поп-фабрика, телеприставка, телепроект, теле-Путин, теле-радиоканалы, теле- и радиопередачи, теле-«расследователи», теле-тётенька, теле- и фотокамеры, теле-ток-шоу, телецентр, теле-шоу。

фарм- 是分析化形容词的过渡单位，由形容词 фармацевтический 切分派生而来，并没有被 PO 和 HTC 收录。该词不久前才在俄语中出现，在报刊中做分析化定语：

Своя **фарм-промышленность** необходима. (АиФ Здоровье, 16.

05. 2002）

Медицинские и **фарм**. Лицензии.（АиФ, 04. 04. 2003）

我们总共找到 16 个带 фарм- 的词组：фарм-бизнес, фарм-индекс, фарм-клуб, фарм-команда, фарм-ликбез, фарм. лицензия, Фарм навигатор, фарм. отдел, фарм-препараты, фарм-проект, фарм-промышленность, фарм-рынок, фарм-сервис, фарм склад, Фарм-статистика, фарм фирмы。该词常用于公司和机构的名称，比如：OOO "ВОСТОК-ФАРМ", ЗАО "Фарм-Синтез", МосквЗАО "Нита-Фарм", компания "Фарм-Нева"。

二、复合词的组成部分

需强调的是，并不是所有由复合词切割而成的派生成分都属于分析化形容词。只有包含以下特征的才可以：能够自由搭配（有 10 个以上的构词），能形成新的词组，能够从一定词中分离出来，有独立的重音。本文只研究那些在说话人脑海中可以与不同名词频繁搭配以至于被当作独立词的成分，这些成分是分析化形容词的外围部分，将来随着分析化现象的加强，也有可能变成真正的分析化形容词。

这一类词中有 2 个在报刊中常做分析化形容词：

макро- 是分析化形容词的过渡单位，在 PO 中被定义为复合词的前半部分，在 HTC 中为前缀。该词在报刊中常做名词的分析化定语：

Пересказ придуманных эпизодов, в которых сверхмасштабность соединяется с **макро-деталями**, впечатление производит сильное.（Известия, 14. 11. 2001）

Можно взять любой уровень российско-белорусских отношений – от **макро-уровня** в политике и экономике и до психологического ощущения обоих народов.（НГ, 26. 01. 2001）

我们总共找到 21 个带 макро 的词组：Макро-будущее микро-устройств (заголовок), макро-вельвет, макро-вирусы, макро-детали, макро зарисовки, макро кадры, макроконвертер, макрокосмос, Макро-МТС, специальные и макро объективы, макро-проблемы, макро-регионы, макро-структура, принадлежности для макро- и панорамной съемки, макро-снимки, макротравматизация, макро-уровнь, макро-фотоальбомы, макро- и мик-роэлементы, макро- и микроэкономика, макро-языки (в программировании).

микро- 是分析化形容词的过渡单位，在 PO 中被定义为复合词的前半部分，在 HTC 中为前缀。该词在报刊中使用频率很高，常做名词的分析化定语：

Некоторые объекты (**микро-** или, напротив, макромира). (НГ, 10. 12. 2003)

Отпустим человека после операции, а через месяц-два у него из «**микро**» появляются «нормальные» метастазы. (АиФ, 27. 09. 2000)

我们总共找到 20 个带 микро 的词组：микроавтобус, микрогрант, микро-кавказские республики, модель «Микро классик», микро- и макрокосмос, микро-купальники, микро "лейблы", микро-стерео-литография, «микро» метастазы, твистер нормальный – не «микро», микро-Лев Толстой, микро-наполеон, микро-РНК, микро-процессор, микро-страны Кавказа, микро- и макротравматизация, микро-футбольное поле, микро-шорты, микро-юбка и юбочка-микро, микроэлемент.

以上词组中我们可以看到，有些具有修饰意义的不变化成分构成的词组缺少统一的书写形式。有些具有连字符，有些又没有。

我们认为，分析化定语虽然书写具有多样性，但以有连字符的形式为最多，意义最为明确，最方便使用。因为较之无连字符的形式，它们不易被误解。因为如无连字符，前置的限定语就容易形成误解，构词方面则会加重交际者的负担，并造成解析的麻烦。因此，有连字符的形式成为了最多的选择，并作为分析化来被人认同。而且有连字符的情况下，不变化修饰成分更容易和被修饰名词分离开来，具有更强的独立性和再组合性，符合分析性的特征。因此，我们有理由认为，具有连字符形式的成分已经摆脱了"词素"层级，接近词类的层面，因此可以被认为是类分析化形容词。而不具有连字符的形式独立性较差，还不能被认为是分析化形容词，只能是其外围部分，即"分析化定语"。随着分析化进程的深入，没有连字符的形式会向有连字符的方向发展，或者会彻底摆脱合写的形式，变成两个独立分写的词，这种情况下，它们才能被认为是真正的分析化形容词。

随着俄语分析化进程的提高，现代俄语中"不变化前置定语+名词"结构的使用频率特别高，在现代俄语报刊语言中有很多这样的例子，比如：бизнес-контакт, гала-концерт, джаз-оркестр, крим-кроссворд, кросс-культурные отношения, рейв-клуб, сервис-обслуживание, фейс-контроль 等。В. Ш. Браднервский 认为，20 世纪 90 年代报纸和杂志上的不变化形容词常见于

以下几个语境中，比如"文化和艺术"（видео-, гала-, конференц-, поп-, ретро-, ТВ-, ток-, топ-, хаос-, шоу-, хит-, эсперанто- ）；"音乐"（арт-, бас-, джаз-, диско-, кантри-, рейв, рок-, соул- ）；"政治和社会生活"（брифинг-, вице-, премьер-, пресс-, экс-, экспресс-, экстра- ）；"体育"（гольф-, допинг-, спарринг-, спорт-, фитнесс-, шейпинг- ）；"商业"（бизнес-, мастер-, прайс-, шоп-, штрих- ）；"技术电脑术语"（мульти-, медиа-, РС-, СД-, компакт-, аудио-, видео- ）；"医学"（ВИЧ-, СПИД- ）。

　　下面是我们统计的 20 世纪 80 年代和 21 世纪初苏联和俄罗斯报刊中几个最常见带有分析化定语的派生词数量的对比：

表 4-4

词	20 世纪 80 年代	21 世纪初	构词方式
масс-		8	名词截短
метео-	2	6	名词截短
нац-		19	名词截短
парт-		25	名词截短
полит-		23	名词截短
пресс-		25	名词截短
пром-	5	10	名词截短
проф-	2	21	名词截短
танц-		20	名词截短
теле-	37	33	名词截短
фарм-		6	名词截短
яхт-		8	名词截短
марко-	5	9	复合词组成部分
мирко-	36	20	复合词组成部分

表 4-5

构词方式	20 世纪 80 年代	21 世纪初
名词截短	41	29

（续表）

构词方式	20 世纪 80 年代	21 世纪初
复合词组成部分	46	204
总数	87	233

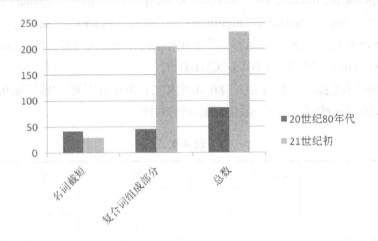

图 4-1

从上面图表可以看出，短短 20 多年内，此类派生词的数量大大增加了，这反映了形态层面分析化现象的增强。

4.4 兼类词和同音异义词

上一节我们介绍了功能上只做非一致定语的分析化形容词，然而可做分析化定语的词并不仅限于此。比如近二三十年来俄语中出现了大量的 бизнес-план, видео-салон, офис-менеджер, пиар-структуры, фитнес-клуб, рок-исполнитель, экспресс-опрос, шоу-премьера 一类的派生结构。

同分析化形容词一样，它们的书写形式也比较多样。有的已经彻底摆脱了后半部分的粘连，和被修饰词完全分开写，这种情况下，该成分已经获得了全面的独立性，从词素彻底进化为了词。但大多还处于合写的形式，与彻底独立的成分相比，合写就意味着前半部分还没有完全脱离后半部分。有的有连字符，有的没有。但以有连字符的形式为最多，意义最为明确，最方便使用。因为有连字符的形式意义更为明确，更容易与被修饰成分剥离，书写也方便，更容易发展成为独立的词，符合分析性的特征。而不具有连字符的合写形式独立性较差，只能是其外围部分。随着社会的发展和分析化现象的增强，没有连字符的形式会向有连字符的方向发展，有连字符的形式则会彻底摆脱合写，变成两个独立分写的词。这意味着它们能更轻易地脱离原结构的束缚，和另外一个成分进行自由组合。这种情况下，它们才能被认为是真正的分析性修饰语。因此，我们可以认为，这一类成分是潜在的可做分析化定语的兼类词和同音异义词。它们数量的增多也反映了形态层面俄语分析化现象的增加。

4.4.1　兼类词和同音异义词的历史

兼类词在俄语中并不是新现象。比如拟声词在不同的文本中可以做名词（Раздается **кукареку**），有时还可以做动词（Петушок кукареку = кукарекает）。（Л. Л. Касаткин, Е. В. Клобуков，1995）虚词中也有兼类词现象，"有一些词和词组，它们可以做实词，也可以做虚词（еще как, где там, лучше, какой там 等），或者做多种意义的虚词（вот бы, ну, ну 等）"（Л. Л. Касаткин, Е. В. Клобуков，1995）。兼类词在句子中可以做名词、分析化形容词、不变化副词。其中大部分主要做名词和形容词。还有一些词更为宽泛，比如许多之前做同位语的词，除了做名词和形容词外，还可以做副词。我们来比较一下 супер 的三种词类：

名词：Он уже тогда был мэтром, **супером-гипером**.[①]

形容词：Ребята просто **супер**!（口语）（类似的还有 супер агент, супер-Америка, супер-VIP, супер-вирус）

副词：а）形容词的分析化定语：**Супер-профессиональный**, практически безупречный, замечательной красоты и динамикибоевик.（Известия, 14, 01. 2002）类似的还有：супер быстрый, супер-дешевые туры, супер-пробивной, супер-прогрессивный, супер-профессиональный, супер-элитный。б）独立副词：– Боря, как идет подготовка (к юбилейному концерту)? – **Супер** идет. Очень много новых обалденных номеров.（МК 12. 03. 2004）类似的还有：супер(-)скоростной, супер удобно, супер-элитный。

我们在本节中将讨论实词（名词、形容词、副词）领域中兼类词做分析化定语的现象。

В. В. Виноградов（1952）首次指出兼类词的存在。他以外来词 анданте

---

① http://www.gradsky.symiegoria.com

为例，该词有些情况下是"副词"（ вы играете быстрее, чем следует: это надо исполнять анданте ），有些情况下是"名词"（ анданте из пятой симфонии Бетховена ），有些情况下又是"不变化形容词"（ темп анданте ）。"不过没有人把它归类于动词。因此即使是没有屈折变化的外来词也有多种语法功能，根据其词汇内容、句法形式和事物意义的不同而属于不同的语法范畴。"[①] 在 20 世纪 30 年代的俄语中兼类词的确是个异类，如今随着社会的发展，情况已经发生了彻底改变。

兼类词大多是来源于源语言是分析语的外来词，多是英语，比如 шоу, бизнес, интернет, онлайн, пиар, рок, рэп 等外来词在其源语言中就属于多种词类：to see a show; show business, show card, show house; to launch a business, to run a business; business class business centre, business plan。它们在句子中的句法功能是分析性的。这些词在进入俄语过程中并没有成为某一特定的词类，而是表达一种对于俄语语言意识来说的新事物、新概念和新现象，而且常常是整个词组都是外来词，比如：бизнес-класс (business class), бизнесс-центр (business center), бизнесс-план (business plan), рок-музыка (rock music), рок-фестиваль (rock festival), шоу-бизнес (show business), пиар-акция (PR action)。因此在俄语中同时出现了以下名词 в мире бизнеса, прибыльный бизнес, интересное шоу, чёрный пиар 和形容词 бизнес-центр, пиар-акция, шоу-бизнес。

需要指出的是，外来词并不是以音响模块或词典单位的形式进入俄语的，而是其在句子中的具体形式。因此与名词 интернет 一起进入俄语的还有 интернет-услуги (Internet service), интернет-связь (Internet connection) 等词组。之后在俄语中就会根据这种"分析化形容词+名词"的模式组合出很多类似的词组：интернет-публикации, интернет-программы, интернет-ресурсы, интернет-магазины, заниматься бизнесом – бизнес-возможности, радио – радиотеатр, русский рок – рок-фестиваль。

随着分析化现象的深入，俄语中的兼类词和同音异义词的数量也越来越多。自 20 世纪 80 年代至 21 世纪初，苏联和俄罗斯报刊中这一类派生词的数量大幅增加，根据我们的统计数据，如下图所示：

---

① Виноградов В В. *Грамматика* [M]. Москва: Изд-во Академии наук СССР, 1952: 128.

表 4-6

词	派生词的数量		构词方式
	20 世纪 80 年代	21 世纪初	
авиа	4	10	名词截短
авто	16	27	名词截短
био-	7	14	名词截短
гос	3	27	名词截短
евро-		24	名词截短
кибер		47	名词截短
мото	2	10	名词截短
спец	5	28	名词截短
тур		13	名词截短
фото	3	17	名词截短
макси		20	名词截短
мини	38	385	名词截短
аудио		21	复合词的组成部分
видео	9	67	复合词的组成部分
кино	24	52	复合词的组成部分
радио	27	25	复合词的组成部分
мега		44	复合词的组成部分
вице		17	前缀
гипер		14	前缀
квази-	1	11	前缀
нео-		21	前缀
пост-		18	前缀
псевдо-	21	38	前缀
сверх-	40	18	前缀
спер	16	101	前缀

（续表）

词	派生词的数量		构词方式
	20 世纪 80 年代	21 世纪初	
ультра	2	31	前缀
экс		216	前缀
экстра		27	前缀

按照构词方式来分，总的数量如下表所示：

表 4-7

构词方式	20 世纪 80 年代	21 世纪初
名词截短	80	512
复合词的组成部分	60	209
前缀	78	622
总数	218	1343

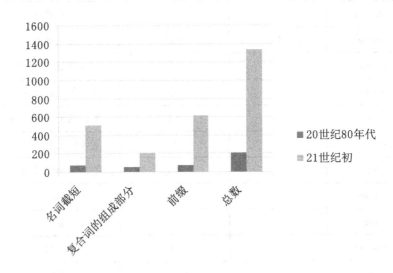

图 4-2

　　由以上图表可以看出，从 20 世纪 80 年代至 21 世纪初，俄语报刊中带有兼类词和同音异义词做非一致定语的派生结构数量大大增加了，总量增加了六倍还多。这反映了形态层面俄语分析化现象的增加。

4.4.2 兼类词和同音异义词的分析性特征

这一类词在词典学中被当作是复合词。我们虽然赞同从词典学的角度将其划分为复合词，也赞同 М. В. Панов 等学者从形态学的角度将其划分成分析化定语（аналит）。不过它们（бизнес, видео, фитнес 等）与 беж 一类专门的分析化形容词是有区别的。我们在上一节中已经指出，狭义的分析化形容词在功能上只做名词的分析化定语，比如：брюки хаки цвет индиго, полит-тусовка. 而 бизнес, видео, вип, медиа, пиар, фитнес, офис, шоу 等词则具有更多的词类属性，如可以做名词：ведение бизнеса через Интернет, классические медиа, увлекательное шоу, чёрный пиар... 而且很多词典都将它们定义为名词。因此 бизнес-проект, шоу-таланты 一类结构的前半部分的形容词属性并不明显。但这些词汇又都能做名词的定语，有些情况下确实可以被当作是分析化形容词，比如：

Бизнес-проект Кремля.（Версия, 22. 07. 2003）

В этих тяжелых политических условиях коммунистам не осталось ничего иного, как уповать на свои **шоу-таланты**.（МК, 04. 05. 2002）

"**Медиа-социум**" владеющий лицензией 197 на телечастоту.（МК, 17. 05. 2002）

Пригласили бы **офис-леди** куда-нибудь оттянуться.（Внеклассное чтение, Роман Т.1, 2002, 222）

那么这种结构会不会是名词的同位语？

的确，两者在结构和外形上十分相似，同位语也通常位于被修饰词之前或之后，也经常用连字符和被修饰词相连。虽然按照传统语法书的规定：同位语是"句子的成分，用以说明名词，本身也是名词，且与被修饰词保持同格形式"（Л. Л. Касаткин, Е. В. Клобуков, 1995：77），"同位语在性数格上与被修饰词保持一致（телефон-автомат, телефона-автомата, телефоны-автомат）"[①].

而在实际的交际过程中，尤其是随着时代的发展和分析化进程的深入，连同位语中也出现了很多只变核心词，修饰成分不变化的情况。比如：

Встреча Дмитрия Медведева с **Премьер-министром** Республики

---

① Белошапкова В А. *Современный русский язык* [М]. Азбуковник: 3-е испр. и доп, 1997: 224.

Армения Овиком Абраамяном. (Правда, 31. 08. 2010)

我们认为，两者最大的区别还是在于词义的差别。同位语是从不同的角度来描述同一个事物，指出同一个事物的两个不同的特征，比如 генерал-полковник, премьер-министр, студент-отличник, газета «правда», студент-отличник, Волга-река 等，构成这些结构的两个成分之间的重要性差别不大。

而 бизнес-план, видео-салон, офис-менеджер, пиар-структуры, фитнес-клуб, рок-исполнитель, экспресс-опрос, шоу-премьера 一类的词组我们经过分析可以发现，前半部分明显是后半部分的限定语，前半部分只是起到限定说明前半部分特征的作用。两个成分不是说明同一个事物的不同方面。前半部分的重要性明显低于后半部分，因此它们并不是同位语。我们建议将这种现象称为兼类词和同音异义词做分析化定语，或潜在的兼类词和同音异义词做分析化定语。

兼类词（英语叫转类词，conversion，частеречная конверсия）是指同一个词在保留相似词义的前提下做不同词类使用。在大多数情况下，一个词只属于一个词类，但也有一小部分的词兼属两类或多类，这种情况在分析性的语言中非常常见，比如英语和汉语。同音异义词（омоним），是指两个或两个以上发音相同而意义不同的词语。两者的区别在于，兼类词是同一个词行使不同词类的功能，比如 экстра 可做 1）名词：читать «Экстру»；2）形容词：экстра-специалист, Макароны просто экстра! 3）副词：экстра-авангардный。还有 городское кантри, музыка кантри; политический экстрим, экстрим-спорт。而同音异义词则是指形式相同而意思完全不同的两个词，比如：1）Новый **клуб** выстроен по проекту молодого архитектора. 2）Из окна вырвался **клуб** дыма.

有些学者将兼类词看作是语法的多功能性，或者是语法的多义性。（Д. В. Бондаревский, 2000; Т. Б. Астен, 2003）语法多功能性是带有多词类特征的分析语所特有的特征，它同不变化性一起，被看作是分析化现象增强的一个最基本的特征。由于屈折词变形式的缺失、同音异义词、压缩构词法、修饰名词功能的多样化等原因，某些语言单位很难被划作某一特定的词类。这些特点都是英语等分析语所特有的，它们的词类划分同俄语一样，通常有三个标准：意义、形式和功能。第二个标准在英语的进化过程中已经丧失了意义，屈折形式的丧失和同音异义词的大量出现导致了这一标准在分析语中失去了判断作用。俄语中不变化的兼类词在判断其词类时，也同样只能依靠意义和功能，因为它们也丧失了形式上的变化。Т. Б. Астен 认为："有两个因素促使了俄语形态系统语法多功能性的发展：1）词汇具有不完全的形态指标，即形态变化的缺失；2）分析语（首先是英语）形态系统的特点产生的影响。"正是在这些因素的影响下，变化名词成为不变化形容词之后才会得到了广泛的运用，比如：рок 和 рок-опера，джаз 和 джаз-фестиваль。（Т. Б. Астен，2003）

我们认为，不管是同音异义词还是兼类词数量的增多，还是语法多功能性的增强都是分析化现象增强的表现。因为分析化趋势最典型的特征就是词形变化的减少，而在词汇要表达的总意义数量不变化的前提下，词形变化形式的减少必然导致兼类词和同音异义词数量的增加。反之，通过现代俄语中兼类词和同音异义词数量和现象的增多，我们也可以得出分析化现象增强的结论。比如 А. А. Поликарпов（1976）就认为，词汇同音异义性程度的提高是语言构造分析化的因素之一。此外，兼类词和同音异义词数量的增加也反映了编码数量的减少，编码的简化符合语言的经济原则，顺应了分析化现象的大趋势。此外编码的简化必然导致原来由词汇承担的语法意义转而由句子承担，语义理解时更加依赖文本，之前通过词来表达的意义现在变成通过文本来表示，这也是分析化现象的典型表现。比如 М. В. Никитин 认为："有关外延的信息与词的文本相关，它们通常由两部分组成：不可或缺的内涵特征及其个别隐含在文本中或在文本中明确表达的蕴含特征。"（М. В. Никитин，1983：25）词的内涵特征是一种语义常体，而隐含意义则是通过联想而成。内涵通过语法外显来体现，隐含则通过文本，两者一起完成了总的意义表达。随着语言分析化程度的提高，语法表达手段不再具有明显的外部特征时，文本背景的作用必然随之增加。反之，表达不同语言意义时对文本的依赖性越高，该语言的分析化程度也就越高。

4.4.3 可做分析化定语的兼类词和同音异义词的分类

本文选取例句的时间跨度是 1995 年至 2004 年，在此期间非正式的现代俄语口语中有超过 2500 个带分析化定语的词组，其中 2000 多个是兼类词和同音异义词做分析化定语，由此可以看出，这种现象是多么普遍。其余的词组则是分析化形容词，我们在上一节中已经对其进行过分析。

从构词方式的角度我们将可做分析化定语的兼类词和同音异义词分为两大类：派生的和非派生的。

一、非派生的，主要是外来词：кантри, медиа, ретро, онлайн, шоу, бизнес, интернет, модерн, рок, фан, хит 等，这些词在进入俄语的过程中保持了源语言的搭配特征。我们在本文中总共收集了 56 个该类词，其中有 9 个属于外来名词或形容词。

二、派生的，主要是由名词和形容词切割而成的派生词，以及获得了全面独立性的前缀。我们分析了 29 个，并且又把它们分成了以下几组：

1）由静词切割而成的派生词，比如 авто < автомобиль, автомобильный; авиа < авиация, авиационный; мини < минимальный，共 13 个。

2）复合词中抽取出来的词汇：аудио < аудиокассета, аудиокассетный; видео < видеокассета, видеокассетны，共 6 个。

3）外来前缀或俄语本土前缀，在俄语中做独立的分析化词汇：гипер, супер, экстра, сверх 等，共 10 个。

三、外来缩略语做分析化定语。

下面一小节中我们来详细看看这些词，及其在报纸中做分析化定语的数量。

4.4.4　最常见的兼类词和同音异义词做分析化定语

下面我们挑选俄罗斯报纸中最常见做分析化定语的兼类词和同音异义词进行分析。我们按照上面的分类来分别描述：

一、非派生的兼类词

我们共收集了 56 个现代俄语中做分析化定语频率较高的该类词，它们通常兼做名词和分析化定语。有些是俄语中早已存在并且在词典中能查到的，比如：джаз, ретро, клёш, сервис, офис，有些是刚刚出现还没有被词典收录的，比如：аниме, веб, онлайн, вип。下面我们来详细看看。

Аниме，不变化名词，阴性，一种冒险电影，来自日语。该词尚未被新词词典收录。在句中常做名词，且性属不稳定，比如：

Сложно устоять перед обаянием японской **аниме**, поэтому число ее поклонников в России неуклонно растет.（НГ, 28. 03. 2002）

Душа японского **аниме**.（НГ, 04. 03. 2004）

在报纸中我们总共遇到 16 个 аниме 做分析化定语的词组，比如：японская аниме-графика, аниме журнал на русском языке, японская аниме-индустприя, аниме-каноны。

Арт，阳性，意为"艺术"。该词在 РО, НТС, ТС-ХХ, НСИС 中被看作是复合词的组成部分，不是独立的语言单位。然而在报纸中却经常做不变化名词，比如：

Наряду с высококачественным продуктом классиков современного **арта**...（НГ, 23. 07. 2002）

Манеж без **арта**.（АиФ, 12. 12. 2001）

该词经常做其他名词的定语，比如：

В Новом Манеже открылся седьмой Форум художественных инициатив – главное **арт** событие лета.（НГ, 12. 07. 2002）

Известно, что искусство соцреализма (то есть советское изобразительное искусство 1930-1970-х годов) прочно вошло в структуру **арт-** и даже антик-рынка.（НГ, 21. 02. 2003）

Художник Тимур Новиков – самый яркий из **арт-поколения** сорокалетних.（Известия, 24. 05. 2002）

我们共找到 109 个这样的词组。

Бизнес，阳性，意为"商业"。该词使用频率非常高，可做分析化定语。我们共找到 137 个该词做分析化定语的情况，这里只列举其中一些：бизнес-активность, бизнес-блокноты, бизнес-группировка, бизнес-истерия, бизнес-контора, бизнес-оппонент, бизнес-портал, бизнес-среда, бизнес-утка, бизнес-форум, бизнес-центр, бизнес-школа, бизнес-экспансия, бизнес-экспозиция, бизнес-элита。

Блюз，阳性，一种音乐风格，被 РО, НТС 和 НСИС 收录，常做分析化定语，如：

в Москву на ежегодный **блюз-фестиваль** Дилан является с ненавязчивой альтернативой их однородной массе.（НГ, 21. 11. 2001）

我们总共找到 8 个该类词组：блюз-баллада, блюз-группа, блюз-исполнитель, блюз-кафе, блюз-клуб, блюз-команда, блюз-рок, блюз-фестиваль。

Буфф，阳性，在 НТС 中的定义为"滑稽表演演员"。不过我们没有在报纸上找到该词做演员的例句，名词时主要是做"喜剧剧院"讲，比如：

Очень рада, что работаю в «**Буффе**», потому что это театр радости.（АиФ-Петербург, 03. 03. 2004）

Все артисты «**Буффа**» вкалывают в ночных клубах. (АиФ-Петербург, 24. 01. 2001)

该词常做不变化后置定语，我们共找到 6 个该词做 "滑稽剧剧院" 意义的情况：комедия-буфф, в концерте-буфф, пьеса-буфф, опера-буфф, в романе-буфф, театр-буфф。

Веб，意为 "互联网"，РО 将其定义为 "复合词的前半部分"，因此不是独立的单位。偶尔做阳性变格名词使用，不过更多情况下是做分析化定语，比如：

Особого внимания заслуживают иностранные **веб-ресурсы**. (АиФ, Твой курс, 11. 02. 2003)

Олегу 34, он **веб-дизайнер**. (АиФ, 11. 04. 2002)

Официальный сайт теннисного Кубка Дэвиса продемонстрировал существенно новые элементы в технологии **веб-трансляции** матчей. (КП, 11. 02. 2004)

我们总共找到 84 个该类词组。该词最开始是由英语字母组成的 Web и web，如今基本上是俄语形式。其中俄语形式与英语形式的比例大概是 200：40。

Гала，不变化，意为 "晚会"，有时做名词：

Кура покажет себя с разных сторон: будет петь со мной оперное **гала** в Кремле. (АиФ, 09. 10. 2002)

大部分情况下做分析化定语，比如：

Вот вам русский классик П.И.Чайковский от Мариинки во всех **гала-видах** и **гала-полоэюениях**. (Итоги, 21. 11. 2001)

Принцесса Стефания не придет на традиционный **гала-праздник** Круа-Руж. (МК, 01. 06. 2003)

我们总共找到 15 个该类词组。

Джаз，阳性，意为 "爵士乐"。主要做名词，比如：

В Питере решили посмотреть на историю нашего **джаза**. (Известия, 12. 10. 2001)

我们总共找到 15 个该词做分析化定语的情况：джаз-ансамбль, джаз-группа, длсаз-дива, джаз-квартет, джаз-клуб, джаз-музыка, джаз-музыкант, джаз-оркестр, джаз-панки, Джаз-радио, джаз-ритм, джаз-рок, джаз-танец, Джаз-тур, джаз-фестиваль。

Дизайн，阳性，意为"艺术设计"，在 РО 和 НТС 中被定义为名词，也可做不变化定语，比如：

Свое ателье певица открыла необычным **дизайн-концертом**. (Итоги, 15. 12. 2001)

我们总共找到 9 个该类词组：дизайн-ателье, дизайн-бюро, дизайн-галерея, дизайн-депо, дизайн-концерт, дизайн-проект, дизайн-разработка, дизайн-студия, дизайн-центр。

Диско，不变化名词，意为"迪斯科"，中性，在报纸上做名词：

Вся советская молодежь таяла на дискотеках от сладкого **диско**. (АиФ, 12. 11. 2003)

有时做分析化定语：

На маршрут № 709 вышел **диско-автобус** «Прокатись с музыкой!». (КП, 28. 03. 2003)

Звучал детский хор в разноцветных **диско-паричках**. (Известия, 25. 02. 2002)

我们共找到 14 个该类词组。

Интернет，不变化，阳性，意为"互联网"，在媒体语言中广泛使用，主要做名词和分析化定语，之前还有过英语的拼写形式：

Теперь спрашивается: ого-род или **Internet**? (Правда, 04. 05. 2002)

不过现在主要是俄语书写形式：

Накануне праздника мы через **Интернет** обратились к нашим читателям. (КП, 14. 02. 2004)

В русском **Интернете** – при всей его молодости – свои традиции. (НГ, 11. 04. 2001)

我们总共找到 126 个该类词组。

Кантри，不变化，中性，意为"乡村风"或"乡村音乐"，但大部分情况下是做分析化定语，比如：

Кантри-группа из Подмосковья номинирована на "Грэмми". (МК, 09. 01. 2003)

Это салон элитной **кантри-мебели**. (КП, 26. 08. 2003)

我们总共找到 19 个该类词组。

Капучино，不变化名词，阳性，НСИС 中该词意为"一种同奶油和糖一起煮的咖啡"。我们共找到 5 个该词做分析化定语的情况：

Система «**Капучино-контроль**» позволяет быстро достичь взбивания молочной пены.①

还有：капучино-бар, суп-капучино из молодого горошка, кофеварка капучино, сервиз капучино.（ср.: чайный сервиз）

Караоке，不变化名词，中性，意为"卡拉 OK"，可做分析化定语：

А в Японии даже были выпущены два сборника **караоке-версий** их композиций.（НГ, 17. 10. 2003）

Фактически Кремль превратился в дорогой видеосалон с возможностью **караоке-пения**.（Известия, 28. 09. 2003）

我们共找到 19 个此类词组。

Клёш，阳性，词典中的定义为"一种特殊的短裙，下摆很宽"。常做后置分析化定语，我们总共找到 5 个该类词组：брюки-клёш, джинсы-клёш, классический каблук клёш, стиль клёш, юбка клёш。

Латте，不变化名词，阳性，一种和牛奶一起煮的咖啡。我们共找到 4 个该词做分析化定语的词组：латте шоколад, Латте Амаретто, латте-арт, латте-шо。

Люкс，不变化阳性名词，一种高级房间。可做名词：

Почетных гостей помещают на вилле с тремя **люксами**.（МК, 20. 12. 2003）

做分析化定语时：

Пока **люкс-камеры** пустуют.（Известия, 04. 12. 2003）

Никаких **люкс-салонов**, VIP-мест и т.п.（Известия, 07. 05. 03）

В дорогом номере **люкс** с шикарным видом на Кремль...（АиФ, 05. 06. 2002）

我们共找到 18 个该类词组。

Мастер，阳性，不变化。做分析化定语时意为"高级技师的"：

Это генеральный продюсер кинокомпании «**Мастер-фильм**».（Известия, 02. 07. 2003）

Он создал продюсерскую фирму «**Мастер-ТВ**».（АиФ-ТелеГлаз, 29. 07. 2003）

我们共找到 19 个该类词组。

---

① http://www.tehnogid.ru/article/79

Медиа，不变化名词，复数，意为"媒体"。可做名词：

Произведение, выполненное с использованием современных **медиа**, автоматически воспринимается как модное и актуальное. (НГ, 23. 04. 2003)

也可做分析化定语：

Журналистика – это особый образ жизни. Это такая **медиа-профессия**. (НГ, 30. 09. 1999)

Минпечати нафадило руководителей **медиа-индустрии**. (КП, 03. 03. 2004)

我们共找到 51 个该类词组。

Модерн，阳性名词，意为"时髦，现代"，可做名词：

Одни любят рококо, другие – **модерн**, третьи – классику. (НГ, 26. 04. 2002)

也可做分析化定语：

сижу в гостинице "Минск" в номере **модерн**. (НГ, 03. 02. 2003)

我们共找到 10 个该类词组。

Мокко，不变化名词，阳性，一种咖啡。主要做名词，有时做不变化定语：мокко-глинтвейн, крем-мокко, мокко-клуб, мокко。

Онлайн，阳性，来自英语 on-line 和 online，意为"网上操作"。该词已跳出专业术语成为普遍使用的词，可做名词：

Мелкий и средний бизнес идет в **онлайн**. (НГ, 23. 05. 2003)

Клуб намерен наверстать упущенное и активно развивать свое присутствие в **онлайне**. (Известия, 06. 03. 2003)

也可做分析化定语：

Поступающие президенту в режиме **он-лайн** от пользователей трех сайтов вопросы. (НГ, 07. 03. 2001)

Постепенно приобщаются к современным **онлайн-технологиям** и пожилые россияне. (НГ, 21. 03. 2003)

Какова сейчас успешность **online** мероприятий в области? (Известия, 02. 10. 2003)

在现代报纸上我们一共找到 51 个前置的该类词组，以及 10 个后置词组。

另外该词还可做副词，比如：

Почему ТВЦ может себе позволить транслировать дебаты "**онлайн**"... （НГ, 05. 11. 2003）

Правительство должно быть "**онлайн**". （Известия, 21. 02. 2002）

我们共找到 6 个该类词组。

Офлайн，阳性名词，来自英语 off-line 和 offline，意为"离线工作"，可做名词：

Мероприятие по дискредитации "теневого кабинета" оппозиции <...> выплеснулось из Интернета в **офлайн**. （Правда, 24. 03. 2001）

不过更多情况下是做分析化定语：

По данным **оффлайн-опросов**, АиФ – лидер среди российских общественных изданий. （АиФ, Тур, 12. 07. 2001）

我们共找到 22 个该类词组。有时也做副词：

Отсутствие кого-то в компании современные пользователи Интернета обозначают просто: «Он сегодня **офлайн**». （АиФ, 16. 07. 2003）

Офис，阳性名词，意为"办公室"，可做分析化定语：

Канцлярский хит сезона – **офис-книга** с портретом Путина. （КП, 05. 08. 2003）

我们共找到 4 个该类词组。

Панк，阳性，意为"银行"，可做名词：

Страшный **панк** на столичных подмостках. （Известия, 13. 03. 2004）

也可做分析化定语：

С самых истоков зарождения **панк-культуры** в ней было очень много действительно хорошо. （АиФ, Я молодой, 18. 02. 2002）

Мы записываем альбом для **панк-дискотеки**. （КП, 10. 12. 2003）

我们共找到 31 个该类词组。

Поп，阳性，在词典中被定义为复合词的前半部分，意为"流行的；流行音乐"，在现代报刊中广泛使用。做名词的情况不多：

Балбесы и философы **попа**. （АиФ, Москва, 20. 12. 2000）

Стиль их музыки можно определить так: симбиоз шлягерного **попа** с клубными ритмами. （АиФ, Я молодой, 09. 12. 2002）

主要是做分析化定语：

В Италии открылся один из старейших мировых **поп-фестивалей**. （Известия, 02. 03. 2004）

Латиноамериканская музыка становится **поп-флагманом** современного мира. (Правда, 21. 11. 2003)

Мировая **поп-дива** и звезда фильма «Телохранитель» с нетерпением ждет встречи с Россией. (КП, 27. 01. 2004)

我们共找到 136 个该类词组。

Пресса, 阴性名词, 有时是 пресс-, 意为 "媒体", 在词典中被定义为复合词的前半部分。该词在现代报刊中十分常见, 常做分析化定语:

Пресс-рейтинг страховых компаний. (Известия, 20. 03. 2003)

Как сообщили "МК" в **пресс-слуэюбе** префектуры ЦАО, ордера вручат в торжественной обстановке. (МК, 26. 04. 2002)

Яковлев и Черкесов недавно поцеловались на людях – город вздрогнул – и даже провели совместную **пресс-конференцию**. (МК, 09. 07. 2002)

我们共找到 25 个该类词组。

Ретро, 不变化, 中性, 意为 "复古"。该词使用广泛, 常做名词:

Поклонникам **ретро** придется довольствоваться менее благоустроенным Белым залом ДК. (НГ, 13. 01. 2003)

В этом изящном **ретро** есть все для успеха. (НГ, 24. 05. 2002)

做前置分析化定语时常带有连字符号:

Он меланхоличным голосоммолодого Элвиса Пресли пел печальные **ретро-баллады**. (Известия, 10. 08. 2003)

Ваш концерт в столице подается скорее как ностальгический **ретро-проект**. (Известия, 31. 03. 2003)

Битломаны устроили **ретро-пикник**. (Известия, 22. 04. 2002)

Москва стала **ретро-градом**. В столице прошло ралли антикварных автомобилей. (МК, 02. 06. 2003)

我们共找到 34 个该类词组。偶尔也做后置定语:

На телешоумене – рубашка в полоску, брюки и пальто **ретро**. (КП, 01. 01. 2002)

Вы еще достаточно молоды, откуда же такое предпочтение музыке **ретро**? (АиФ, 03. 09. 2002)

我们共找到 11 个该类词组。

Рок, 阳性名词, 意为 "摇滚音乐", 在媒体中使用频率很高:

Я – поклонник русского **рока**. (Известия, 10. 07. 2003)

常做分析化定语：

Ветераны **рок-журналистики** любят ронять слезу. （КП, 15. 08. 2002）

Петербургский **рок-фестиваль** Юрия Шевчука исключен из программы. （НГ, 22. 05. 2003）

我们共找到 107 个该类词组。

Рэп，阳性，意为"说唱饶舌音乐"，在现代报刊中常做名词：

Теперь, главное, чтобы судья оказался любителем **рэпа**. （КП, 11. 08. 2003）

Наш популярный исполнитель хип-хопа Озолс спел недавно "Миллион алых роз" **рэпом**. （Известия, 18. 04. 2002）

也常做不变化定语：

Записать еще и какую-нибудь **рэп-композицию**! （АиФ, 28. 02. 2002）

Меня вдохновила, **рэп-культура**. （НГ, 14. 10. 2002）

Такого еще в Москве с иностранными **рэп-звездами** не случалось. （МК, 06. 06. 2003）

我们共找到 33 个该类词组。

Сервис，阳性名词，意为"服务"。可做分析化定语：

По **сервис-книжке** они должны служить по 60 тыс. км. （МК, 02. 12. 2003）

我们共找到 9 个该类词组。

Стрейч，阳性名词，来自英语，意为"伸缩性"。可做分析化定语：

Тем, кто все же предпочитает брюки, можно посоветовать **«стрейч»** или классические. （АиФ, Дочки-Матери, 27. 11. 2000）

我们共找到 12 个该类词组。

Тату，不变化名词，中性，意为"文身"，可做分析化定语：

Важно требовать полной стерилизации всех рабочих частей **тату-машин**. （АиФ, Здоровье, 16. 10. 2003）

我们共找到 6 个该类词组。

Техно，不变化名词，中性，来自英语词 techno（techno music），一种电子音乐，报纸上常做名词：

Вместо ожидаемого **техно** на критической для закрытого помещения громкости исполнялось открытие года – песня., «Гюльчанай»! （АиФ, Москва, 18. 07. 2001）

也常做分析化定语：

Египетская пирамида в стиле **техно** заманивает на дискотеку. （АиФ, 16. 07. 2003）

我们共找到 17 个该类词组。

Топ，阳性名词，来自英语 top，意为"高端的"，可做名词：

Последние опусы этого коллектива не выходят из "**топов**" некоторых отечественных радиостанций. （НГ, 17. 10. 2003）

可做分析化定语：

Российский игрок <...> смотрелся так впечатляюще, как будто никуда из **топ-тенниса** не исчезал. （Известия, 27. 01. 2004）

Вербицкая и Садовничий – **топ-ректоры** вузовского сообщества. （НГ, 07. 03. 2003）

Признайтесь, вы как **топ-поэт** много зарабатываете своими книгами? （МК, 20. 08. 2003）

我们共找到 48 个该类词组。

Фан，有时是 фэн，阳性名词，意为"粉"，可做分析化定语：

Снято четыре клипа, дано 67 спектаклей, возникло 52 **фэн-клуба** по всей стране. （МК, 05. 04. 2002）

В **фан-секторе** югославов было замечено даже несколько темнокожих молодых людей. （Известия, 06. 09. 2002）

我们共找到 10 个该类词组。

Фитнес，阳性，意为"健身"，可做名词：

Вам снова взбредет в голову помучить себя голодовкой или **фитнесом**. （АиФ, 14. 01. 2003）

也可做分析化定语：

Фитнес-клуб мирового уровня всего за $ 365 в год! （МК, 10. 07. 2002）

Настольный теннис, сауна и **фитнес-бар**, детский клуб. （МК, 10. 07. 2002）

Дорогостоящие клубы устраивают «**фитиес-часы**», предоставляя клиентам возможность... （АиФ, Москва, 12. 09. 2001）

Большинство желающих скорректировать фигуру с помощью **фитнес-занятий** делают это неправильно. （АиФ, Дочки-Матери, 24. 10.

2002）

我们共找到 23 个该类词组。

Хит，阳性名词，意为"音乐榜"，可做分析化定语：

Что последовало далее? "Опера" разнеслась по горячим ротациям и **хит-парадам**.（МК, 05. 04. 2002）

我们共找到 9 个该类词组。

Шоу，不变化，中性，意为"演出"，可做名词：

Это огненное **шоу** запомнилось многим.（НГ, 19. 05. 2003）

我们共找到 28 个该词做分析化定语的词组。

Экспресс，阳性名词，意为"特快列车"，可做名词：

Придется пользоваться маршрутками и **экспрессами**.（АиФ, Петербург, 14. 03. 01）

也可做分析化定语：

Кто и почему ведет охоту на лучшие умы российской науки? **Экспресс-расследование** провели корреспонденты "МК".（МК, 01. 03. 2003）

Похитили 50 сотовых телефонов и карточки **экспресс-оплаты**.（НГ, 13. 02. 2002）

После встречи с президентом Путиным Филипе в тот же день вылетел в Санкт-Петербург, где совершил однодневный **экспресс-обзор** красот Северной столицы.（МК, 28. 06. 2003）

我们共找到 55 个该类词组，而且该词的组合能力是无限的。

Экспрессо，不变化，阳性，意为"咖啡"，可做名词：

Грабеж-«**экспрессо**» по-культурному: кофеек-«**экспрессо**» в зависимости от ранга учреждения театральной культуры и размера чашки. (от «наперстка» до чайной) «вынет» из зрительского кармана от 20 до 55 рублей.（МК в Питере, 31. 01. 2004）

我们共找到 7 个该词做分析化定语的词组。

Экстрим，阳性，意为"偏激主义者"，可做名词：

Политический **экстрим**.（НГ, 22. 03. 2002）

Вылазки в пустыню Сахара – настоящий рай для любителей приключений и **экстрима**.（АиФ, Тур, 16. 08. 2002）

可做分析化定语：

Другой подобной сказочно-новогодней **экстрим-пары** – свободно летающих Деда Мороза и Снегурочки – нет не только в России и Украине, но и во всем мире.（НГ, 19. 01. 2004）

Скоро каждый канал обзаведется своим **экстрим-шоу**.（НГ, 22. 02. 2002）

我们共找到 13 个该类词组。

Яхта，阴性名词，有时是 яхт-，意为"游艇"，可做分析化定语：

Вчера из северо-двинского **яхт-клуба** "Север" (Архангельская область) стартовала...（Правда, 28. 06. 2002）

Проведение санкт-петербургского юбилейного Морского фестиваля учебных парусников и **яхт-регаты**...（НГ, 21. 08. 2001）

我们共找到 9 个该类词组。

二、派生的兼类词和同音异义词

一些词或介于词素和词之间且具有独立重音的单位也属于兼类词，这些单位必须至少能做形容词和名词两种词类，比如：авто, аудио, видео, радио, супер, экстра 等。其中有些还可做副词，比如：мега звезда, мега-популярный, супер-конкурс, СУПЕР вкусно。

我们搜集了不少此类单位做分析化定语的例子，比如：

Фонд развития **автотуризма** в России.（Версия, 10. 10. 2003）

В дороге нужно еще **видео-досье** пациентки посмотреть.（Внеклассное чтение, Т.1., 2002, 87）

ТЕЛЕВИДЕО АУДИО ЭЛЬДОРАДО БЫТОВАЯ ТЕХНИКА.（реклама в метро, 30. 07. 2003）

本文共收集了 29 个派生的兼类词和同音异义词，13 个是由静词切割而成，10 个是旧的外来前缀，6 个是从复合词中抽取出来。

1. 由静词切割而成的派生词

Авиа，不变化，中性，在 CHC 中被定义为副词（оправить письмо авиа）和形容词（конверты простые и авиа）。在报纸上常做分析化定语和副词，比如：

Повышение цен на **авиа-** и железнодорожные билеты.（Известия, 20, 05. 2002）

Китайские **авиа-власти** в четверг предупредили, что... （Известия, 29. 08. 2003）

Это билеты на любой **авиа-** и эюелезнодорожный рейс. （МК, 15. 03. 2004）

...ежемесячно случается до четырех **авиа-ЧП**. （МК, 13. 02. 2004）

Серьезные убытки несут не только **авиа-**, но и морские перевозчики. （АиФ, 14. 05. 2003）

У него карточка, вьщаваемая пассажирам на **авиа-** и морских линиях. （АиФ, 01. 02. 2001）

Вторая по численности "группа риска" – труженики предприятий черной и цветной металлургии, а также авто-, **авиа-** и строительного комплекса. （АиФ, 28. 07. 1999）

Поэтому **авиаконструктор** – профессия сложная, а журналист – простая. （НГ, 30. 09. 1999）

... железнодорожный транспорт перевозит в год 96 тысяч человек, автобусный <...> – 560 тысяч, **авиа** – 105 тысяч человек. （Известия, 29. 07. 2002）

Авто，不变化名词，中性，在所有的词典中都被定义为独立的语言单位。做名词时意为"汽车"：

Собственником машин является фирма-доверитель, от имени и по поручению которой поверенный продает **авто** потребителям. （МКмобиль, 29. 07. 2003）

做分析化定语时意为"汽车的"：

Авто-салоны идут на различные уловки, дабы заманить нуждающихся в транспорте. （МК, 29. 07. 2003）

И в жизнь столичных **авто-владельцев** вновь вернулся забытый было кошмар. （МК, 12. 08. 2003）

我们在报纸上共找到 27 个该类词组。

Био-，过渡单位，来自形容词 биологический，在词典中被定义为复合词的前半部分。在报纸上常做分析化定语：

ЦЕНТР "**Био** Мир XXI век" заслуженно пользуется репутацией профессионального, надежного... （АиФ, 10. 11. 1999）

Все, что связано с высокими технологиями, с информатикой,

коммуникациями, **био-** и генной технологиями... (НГ, 02. 12. 2003)

我们共找到 14 个该类词组。

Гос，阳性，通常是复数，来自形容词 государственный，过渡单位。有时候做独立名词，意为"国家考试"：

Чиновники Перми будут сдавать "**госы**" по Конституции. (Известия, 05. 03. 2002)

Единые **госы** будут в следующем году сдавать выпускники пяти московских округов. (МК, 05. 06. 2003)

该词常做分析化定语，我们共找到 27 个该类词组。

Евро-，过渡单位，来自形容词 европейский，可做分析化定语，我们共找到 24 个该类词组。随着欧元（евро）的出现，该词成为独立词的倾向越来越明显。

Кибер，阳性，意为"仿真机器人"，在词典中被定义为复合词的前半部分。我们共找到 47 个该词做分析化定语的词组：

Япония готовится к **кибер** войне против хакеров. (Правда, 25. 10. 2000)

Кибер-роман с кинознаменитостью. (АиФ, Телеглаз, 07. 04. 2003)

На **кибер-сердце** уже испытывают новые лекарства: компьютер моделирует изменение состава крови и выдает кардиограмму. (АиФ, 02. 07. 2003)

Мото，不变化名词，在词典中被定义为复合词的前半部分，可做分析化定语，意为"与摩托有关的"：

Виктору от отца досталась и еще одна страсть – **мото-** и автогонки. (МК, 16. 10. 2002)

Они искали по деревням ржавые **мото-раритеты**. (Известия, 20. 02. 2003)

Мото-яппи и робокопы меняют расклад в байкерской среде. (Известия, 12. 08. 2001)

我们共找到 10 个该类词组。

Спец，阳性，意为"专家"，过渡单位，报纸上常做名词：

Итогом многомесячных усилий местных **спецов** по госсимволике стало... (НГ, 15. 10. 2002)

同样也常做分析化定语：

Спецприз жюри завоевала картина «Отчуждение»... （ АиФ, 02. 06. 2003 ）

Спонсорских и **спец-призов** было еще много. （ НГ, 14. 05. 2002 ）

Однако есть и другая версия: якобы не было никакой **спец-операции**. （ КП, 23. 09. 2002 ）

我们共找到 28 个该类词组。

Тур，阳性，在词典中被定义为复合词的前半部分，可做分析化定语：

Еще один путь снизить цену: попробовать найти дом без московских **тур-агентств**. （ КП, 11. 11. 2002 ）

Официальный **турагент** администрации Санкт-Петербурга. （ Известия, 23. 05. 2003 ）

Реальный объем **тур-потока** раз в пять меньше, чем в официальных отчетах. （ Известия, 09. 02. 2004 ）

Турбизнес несет убытки. （ МК, 02. 02. 2003 ）

我们共找到 13 个该类词组。

Фото，不变化名词，中性，在词典中被定义为独立的名词，可做分析化定语：

Фото и видеосъемка. （ АиФ, Тур, 05. 12. 2002 ）

Ежегодная выставка "**Фото-графика**" впервые прошла в Новосибирской картинной галерее ровно год назад. （ НГ, 09. 04. 2003 ）

我们共找到 17 个该类词组。

макси 和 мини 也属于这一类，分别来自形容词 максимальный 和 минимальный，表示 "非常大" 和 "非常小"。

Макси，在词典中被定义为不变化名词和不变化形容词。在现代报纸中两种功能都很常见，做名词时：

Уже к концу XIX века новогодняя мода перешла с "**мини**" на "**макси**": популярностью среди горожан теперь пользовались елки высотой от пола до потолка. （ МК, 31. 12. 2002 ）

Длина – чаще всего чуть ниже колена. Но встречается и **макси**. （ АиФ, 28. 02. 2001 ）

做分析化定语时既可以后置，也可以前置：

Ирина Хакамада, по всеобщему мнению, выглядит стильно и в **юбке-макси**, и в широких брюках. （ МК, 18. 07. 2003 ）

Всего путешественнику предстояло преодолеть на своей **макси-яхте** 2022 миль. (МК, 16. 02. 2004)

Ведь ясно, что всероссийскую **макси-идею** – прогрессивную, продуктивную – могут родить и принять лишь люди, души которых свободны от рабства... (Известия, 12. 02. 2003)

我们共找到 20 个该类词组。

Мини, 词典中被定义为不变化名词和不变化形容词, 一般有两种意义: 很短的 (指衣服); 很小的。做 "很小的" 讲时只做分析化定语。做名词时一般指衣服的风格:

Марина Хлебникова не носит **мини**. (АиФ, 20. 09. 2002)

Мусульманки в платочках выступили против **мини**. (Известия, 29. 09. 03)

做分析化定语时:

Первая модельная **мини-юбка** появилась в начале XI века. (КП, 05. 02. 2004)

Мини-чудо современной техники, ставшее главным подарком на недавнем дне рождения певца. (МК, 12. 03. 2004)

К тому же, в качестве начинки они могут нести **мини** атомные бомбы. (Правда, 09. 13. 2003)

数据表明, мини 具有非凡的搭配能力, 几乎能和所有合适的词进行搭配。我们共找到 385 个该类词组, 是数量最多的, 且大部分都出现于近二三十年。

2. 由复合词按照词素切割形成的兼类词和同音异义词

Аудио, 不变化, 中性, 词典中被定义为 "复合词的前半部分", 因此不具备独立性。不过对报刊语言的研究表明, 该词具有宽广的语法价, 比如可做名词:

Иногда наши инспекторы записывают на видео или **аудио** некоторые разбирательства. (Известия, 04. 07. 2003)

Радиостанция вещает в Интернете в режиме реального **аудио**. (НГ, 25. 02. 2000)

可做分析化定语:

На днях выяснилось, что защищенные **ayduo-CD** либо привдят компьютеры к сбою, либо легко "рассекречиваются". (Известия, 22. 05. 2002)

Жанр музыки "лаундж" <...> по природе своей подразумевает не только **аудио-**, но и визуально-бытовой 246 ряд. (НГ, 09. 08. 2001)

занявшему первое место, достанется видеокамера, всем остальным – **аудио-** и бытовая техника. (МК, 04. 07. 2003)

Удержать информацию в век Интернета трудно: распечатка **аудио** записи уже появилась во многих изданиях. (Правда, 09. 12. 2000)

Как правило, либо доминирует отечественная продукция <., .>, либо импорт. (рынок **аудио**, видео, бытовой техники) (НГ, 24. 04. 2003)

我们共找到 18 个该类词组，且使用频率都很高。

Видео，不变化，中性，在词典中被定义为独立的名词。做名词时：

В мультике будут сочетаться рисованные фрагменты с реальным **видео**. (КП, 15. 08. 2003)

Воспроизведение мобильником не только текста, но также статической графики, **видео** и звука. (Известия, 24. 12. 2002)

做分析化定语时：

Одновременно в столице начнутся съемки **видео-фрагментов** и специальных вставок для мультфильма. (КП, 15. 08. 2003)

Возможность предложить <,..> мобильную **видео-конференц-связъ**. (Известия, 14. 10. 2003)

我们共找到 67 个该类词组。

Кино，不变化，中性，独立做名词时重音在 о 上，与其他词搭配时重音在 и 上。做分析化定语的情况很常见，我们共找到 52 个该类词组。比如：кино-детки, КИНО-ДЖЕКПОТ, кино-концерн, Кино-Мост, кино-мякины, кино-сказка, кино-хиты, кино-язык, Кино-Ялта, киноповесть, киноподполье, кинопоцелуй, кинопремия 等。

Радио，不变化，基本是做名词：

В официальном заявлении иракского **радио** говорится... (Правда, 21. 09. 2002)

Задания выпускникам будут сообщать по местному **радио** или телевидению. (КП, 06. 04. 2003)

有时做分析化定语：

Специально ради гостя из Москвы был устроен **радио** мост с судном. (КП, 03. 11. 2003)

«**Радио** любовь». (АиФ, 21. 01. 2003)

... устроили в клубе "Китайский летчик Джао Да" небольшую **радиовечеринку**. (НГ, 25. 07. 2000)

Радио-ведущий Раш Лимбау считает, что это было бы просто великолепно. (Правда, 08. 08. 2002)

我们共找到 52 个该类词组。

Mera，阴性，在词典中被定义为复合词的前半部分。在表示名称时可做独立的名词：

Кинотеатры часто появляются в больших торговых центрах типа «**Меги**» или «Рамстора». (АиФ, Москва, 25. 02. 2004)

在报纸上主要做分析化定语：

На каждом столбе по **мега** звезде. (АиФ, Суббота-воскресенье, 30. 08. 2002)

Юных зрителей ждут **мега-шоу** с участием героев известных мультфильмов. (АиФ, Тур, 05. 12. 2002)

Выборы, <...> будут восприниматься не как серьезное политическое испытание, а как "**мега-соцопрос**". (Известия, 20. 02. 2003)

Это другой **мегаклуб** Евролиги. (Известия, 14. 02. 2004)

我们共找到 44 个该类词组。有时候还做副词：

У **мега-популярной** телеведущей до сих пор не было авторской программы. (АиФ, Я молодой, 11. 07. 2002)

Мы отметили 3 таких случая: **мега-крутой, мега-популярный, мега творческий**. (Известия, 20. 02. 2003)

Нео-，过渡单位，词典中被定义为复合词的前半部分，常用作名称：

«Вимм-Билль-Данн» запускает линейку инновационных молочных продуктов под брэндом «**Нео**».[①]

Хочется верить, что и дети мои со временем поймут, что Растишка не виноват в случившемся, и будут его кушать, а то сейчас ни в какую- покупаю **Нео** или Чудо. (网络论坛)

---

① http://www.d2d.ru/DIR00/113O16.htm

例句表明，该单位有变成独立词的趋势。在现代报纸中更多是做分析化定语：

Обладая самоуверенностью дилетанта и настырностью уличного торговца пилюлями «от всего», он, безусловно, создал новый социокультурный феномен – **нео-нашизм.** (АиФ, 25. 03. 2003)

我们共找到 25 个该类词组。

3. 由前缀构成的兼类词和同音异义词

随着时代的发展和分析化进程的深入，гипер, супер, ультра, экстра 等单位如今已经变成了独立词，它们也拥有宽广的语法功能，通常用来替换副词 очень，以便增加表达性。супер, ультра, экстра 被词典定义为名词，гипер 则被定义为"复合词的前半部分"或者"前缀"，尽管在口语中也会被当作名词。如今它们越来越多地被当作分析化定语使用。

比如以 супер 为例，做程度副词时：

Питьевой йогурт Данон. **СУПЕР** вкусно! СУПЕР Рудобно! (реклама в метро, 12. 07. 2003)

Программа <...> висит на рабочем столе в виде крохотного окошечка, не загромождая рабочее пространство... **Гипер** удобно.[1]

Для лиц, интенсивно использующих ограниченный набор данных, имеется возможность **экстра** быстрой вставки и копирования.[2]

做形容词：

А делалось ведь это сто лет тому назад руками, а не **супертехникой.** (МК, 09. 07. 2002)

Модель идеальна для лыжниц **экстра** и высокого класса.[3]

Ультра-деньги. (Деловая хроника, 21. 01. 2002)

做名词：

Мюллер В.К. НОВЫЙ АНГЛО-РУССКИЙ СЛОВАРЬ. (в **супере**), 271 руб. (реклама на www.avtlg.ra)

Побывав хотя бы раз в таком "**гипере**" и вспомнив некоторые наши гастрономы, испытываешь... шок! (Частная собственность, №24)

---

[1] http://www.freesoft.kulichki.net, 03.07.2003

[2] реклама на http://www.subscribe.ra, 03.07.2003

[3] реклама горнолыжных ботинок на сайте http://www.ski-club.org.m

Торговые центры, **«гиперы»** и **«суперы»** 251 отличаются друг от друга дополнительным набором услуг. (АиФ, Москва, 21. 02. 2001)

下面分别看看这几个词。

Вице，不变化，在词典中被定义为复合词的组成部分，因此不是独立的词，意为"副的，助手"。不过我们在报纸中发现了该词做不变化名词的情况：

Кандидаты в **вице** приоткрьши лица. (КП, 05. 11. 2001)

Еще один **«вице»**. (АиФ, 23. 06. 1999)

也可做分析化定语，我们共找到 17 个该类词组，比如：вице-адмирал, Вице-Глава Мытищинского района, вице-губернатор, вице-директор, вице-канцлер, вице-консул, вице-король Индии, вице-министр, вице-мисс России 等。

Гипер，阳性，词典中被定义为复合词的组成部分，意为"超过某一标准的"。可做独立名词：

Тем, кто обнаружил у себя все признаки классического **«гипера»**, настоятельно советуем так не сделать. (АиФ, Москва, 05. 06. 2002)

也可做分析化定语，我们共找到 14 个：

А на вопросы «как» и «каким образом» – есть одна большая **гиперссылка** на любимого ВВП. (АиФ, 07. 11. 2001)

有时还做副词：

Следующий шаг к **гипер-удовольствию** – выбор и установка динамиков... (КП, 23. 07. 2003)

Романтическая кино-сказка рассказанная **гипер-современным** шершавым кино-языком. (Правда, 06. 01. 2004)

Квази-，过渡单位，在词典中被定义为复合词的组成部分或前缀，可做分析化定语：

Вместо возрождения союза Москвы и Пекина происходит скорее формирование **квази-альянса** Москвы с Вашингтоном. (НГ, 15. 07. 2003)

我们共找到 6 个该类词组。有时还做形容词的分析化定语：квази-домашний арест, квази-конструктивисткий, квазикристаллические сплавы, квази-научный, квази-рыночное государство。有时做副词：квазиофициально (пример из сборника НРЛ)。

Пост-，过渡单位，词典中定义为前缀。在报纸上可做分析化定语：

В итоге **пост-эффект** от 200 минут в зале кинотеатра настолько странен, что описать его почти невозможно. (Правда, 24. 01. 2004)

«Новая жизнь» – это **пост-опера**. Точнее, рефлексия о ней. (АиФ, Москва, 28. 05. 2003)

Татьяна Толстая – этакий салонный **постмодернист**, пишущая дама, но очень талантливая. (Известия, 10. 12. 2003)

我们共找到 8 个该类词组。有时候也做副词，我们共找到 10 个该类词组。

Псевдо，过渡单位，词典中被定义为复合词组的前半部分，可做分析化定语：

Получается: ему можно, а **псевдо-Сердючкам** нельзя? (МК, 20. 02. 2004)

Объявленная в середине мая **псевдо-амнистия**. (КП, 07. 07. 2003)

В "Механических проблемах" **псевдо-Аристотеля**... (НГ, 12. 02. 2003)

Прост и сложен, последователен и непоследователен, марксист и **псевдо-марксист**... (НГ, 01. 12. 1999)

我们共找到 29 个该类词组。有时也做副词：

Имитация широкого охвата всего на свете – и все мимо, все "**псевдо**", все понарошку. (НГ, 05. 12. 2003)

Сверх，词典中被定义为前缀，可做分析化定语：

Он всего лишь жалкий филолог, тогда как нужно быть биологом, **сверх-Дарвиным**. (НГ, 13. 10. 1999)

Эксперты объясняют это желанием олигархов зафиксировать свои **сверх-сверхдоходы**. (АиФ, 26. 11. 2003)

我们共找到 13 个该类词组。有时也做副词：

Возможность застройки какого-нибудь **сверх-элитного** района в центре. (Известия, 23. 01. 2004)

Супер，阳性，词典中被定义为前缀和名词（意为"防尘罩"）。近年来在报纸中语法功能很宽广，可做独立名词，意为"超级市场"：

Торговые центры, «гиперы» и «**суперы**» отличаются друг от друга дополнительным набором услуг. (АиФ, Москва, 21. 02. 2001)

做分析化定语：

это не просто Америка, а **супер-Америка**, как называют калифорнийцы свой процветающий штат.（НГ, 11. 08. 2003）

в Перовском стали делать "Электропоезда московские", тогда еще не претендовавшие на **суперсовременность**.（Известия, 09. 06. 2002）

我们共找到 81 个该类词组，其中 2 个是后置的：

В сети «Копейка» открылся супермаркет «**Копейка-супер**».（АиФ, Москва, 09. 01. 2002）（ср. такж: дихлофос-супер）

还可做副词：

А придя, например, в интернет-кафе, я думаю, старшеклассник полезет искать рефераты, писать письма друзьям, а не читать газету, пусть даже **суперинтересную**.（Правда, 08. 02. 2002）

我们共找到 20 个该类词组。

Ультра，复数，做名词时意为 "极端主义者"，数量不多：

Иммиграция неизбежна. Хоть это и не нравится популярным **ультра**.（НГ, 10. 06. 2002）

В западной прессе стало расхожим приемом сравнение движений **ультра** с приходом к власти нацистов в Германии в 1933 году.（НГ, 17. 03. 2000）

做前置定语很常见：

Из 11 кандидатов **ультра-националиста** Шешеля опередили лишь два безусловных фаворита.（Известия, 30. 09. 2002）

我们共找到 15 个该类词组。也可做副词：

Ультра-реальных актеров я не признаю.（Известия, 14. 07. 2003）

А что собой будет представлять это здание, какой-то **ультрасовременный** проект?（Известия, 17. 10. 2003）

我们共找到 16 个该类词组。

Экс，阳性，在词典中被定义为前缀和复合词的前半部分，意为 "之前的"。不过根据统计结果来看，该单位具有很高的独立性。在报刊语言中可做名词：

Два "**экса**" – Аяз Муталибов и Расул Гулиев еще на минувшей неделе объявили о возвращении.（НГ, 23. 04. 2003）

不过最常见的还是做分析化定语，我们共找到 216 个这样的词组，比如：экс-вокалистка, экс-вор, экс-вратарь, экс-вундеркинд, экс-гвардеец, экс-гендиректор, экс-генерал, наш экс-гений, экс-генпрокурор, экс-генсек, экс-гимназист, экс-гитарист, экс-глава Центробанка, экс-госдачи, экс-госминист 等。

Экстра，不变化，阴性，在词典中被定义为名词和形容词，意为"特级商品，特级的"。因此该词具有独立性和多个词类属性。在现代报纸中常做名词：

читает «Экстру». (газету)

от корки до корки, знаменитая «Экстра». (водка)

也常做分析化定语：

Тяжело быть **экстра-специалистом** в сегодняшнем глобализированном мире.（Известия, 12. 02. 2003）

Судья международной категории **экстра-класса**.（Известия, 19. 09. 2002）

Модель для лыжниц **экстра** и высокого класса.（из рекламы горнолыжных ботинок）

<...> в нашей стране, обделенной футбольными суперзвездами и **экстра-полями**...（КП, 08. 04. 2003）

我们共找到 15 个该类词组。有时也做副词：

Его (лака-Л9.Р.) цветовая палитра насыщена, и он бывает различных цветов от естественных до **экстра-авангардных**.（АиФ, Я хочу все узнать, 16. 12. 2003）

我们共找到 8 个该类词组。

三、外来缩略语做分析化定语

外来缩略语大部分是做名词，有些又能做分析化定语，这是现代俄语语法分析化现象的突出表现。

首先应该注意 CD, DVD, PR, пиар, VIP, вип, SMS 等不可派生的外来缩略语，这些词已经与派生出它们的词失去了关联。有很多人甚至不知道这些词的完整书写形式。有时候它们还直接按音书写，这更加剧了其不可派生性，比如：

дивиди, пиар, вип, эсэмэска Основным пиар-достижением партии власти стал торжественный проход демонстрацией по Красной площади.（МК, 04. 05. 2002）

Никакими <...> общественно-политическими **випами** публика не блистала.（МК, 11. 02. 2004）

下面介绍几个最常见的词。

DVD，дивиди，有时是 ДиВиДи，缩略语，来自英语 digital video disk，表示一种可视碟片。该词近年来很常用，常做名词，也做分析化定语：

Можно будет смотреть телевизионные передачи, **DVD** фильмы.（НГ, 06. 10. 2003）

теперь с помощью новейших **DVD-технологий** оно (искусство – Ю.Р.) обрело формат настенной живописи.（НГ, 20. 03. 2002）

我们共找到 31 个该类词组，全是英文书写，俄语书写只遇到一次：

На кассетах, компакт-дисках и **ДиВиДи-дисках** появятся "идентификационные марки правообладателя".（Известия, 01. 03. 2002）

ИТ 和 IT，发音为 айти，缩略语，来自英语 Information Technologies，常做分析化定语：

IT-рынок ждет либерализации.（Независимая Газета, 03. 10. 2006）

За перспективный рынок сражаются крупнейшие **IT-компании**.（Известия, 22. 01. 2003）

Больше всего на информационную защиту в СНГ тратят **ИТ-компании**.（Известия, 19. 09. 2003）

我们共找到 23 个该类词组。

IP，发音为 айпи，缩略语，来自英语 Internet protocol，可做分析化定语：

Другой хит последних лет – так называемая **IP-телефония**.（НГ, 17. 03. 2003）

Поразив компьютер, червь производит сканирование произвольных **IP-адресов**.（Известия, 13. 08. 2003）

我们共找到 4 个该类词组。

MP3，发音为 эмпэтри，有时是 МП3，缩略语，一种音频压缩文件。可做分析化定语：

Размеры носимых **mp3-плееров** все уменьшаютсяи уменьшаются.（МК, 29. 01. 2004）

Можно брать **МР3-записи** и излокальной компьютерной радиосети.（Известия, 30. 09. 2003）

我们总共找到 13 个该类词组。

PR，不变化，有时候是 пиар，阳性，缩略语，来自英语 public relations，意为"公关"，常做分析化定语：

Доктор Волков – не столько диетолог, сколько хороший психолог и **пиар-технолог**.（КП, 10. 12. 2002）

Всюду сопровождавшие Иглесиаса **пиар-менеджеры**...（НГ, 27. 06. 2003）

Но на сегодняшнем этапе наши затраты невелики – заявочная книга, кинофильм о Москве и другие **PR-задачи**.（МК, 02. 07. 2003）

我们共找到 22 个该类词组。近年来该词更倾向于俄语书写形式，不过带 пиар 的词组通常为贬义，我们共找到 107 个该类词组，比如：

В Ираке американцы тихо и мирно добиваются определенных **пиар-успехов**.（НГ, 16. 12. 2003）

В последние дни Иванов предпринимал беспрецедентные **пиар-усилия** по популяризации своей позиции...（НГ, 23. 04. 2003）

Пропагандистская под-держка <...> осуществляемая на высоком **пиар-уровне**.（НГ, 20. 06. 2000）

Конституция попала под **пиар-раздачу** партии Селезнева.（Известия, 22. 05. 2003).

CD，音为 сиди，有时为 СиДи，缩略语，来自英语 compact disc，意为"唱片"，在口语和报刊中都十分常见，常做分析化定语：

Музыкальные и видеорынки, торгующие кассетами, **CD** и DVD-палатки у станций метро...（МК, 16. 07. 2003）

После много писалось и говорилось о **CD-пиратстве**.（Известия, 14. 10. 2002）

我们共找到 23 个该类词组。

SMS 和 CMC，缩略语，来自英语 short message service，意为"短信"。可做分析化定语：

Специалисты предлагают потерявшим мобильник присылать на него **SMS-сообщение** с предложением выкупить находку.（Известия, 18. 10. 2002）

Специалисты прогнозируют, что огласка уязвимости этих телефонов может сделать **SMS-хулиганство** массовым явлением.（Известия, 19. 03.

2003）

我们共找到 19 个该类词组。报纸上更喜欢英文的写法。

ТВ 和 TV，不变化，中性，意为"电视机和电视节目"，可做名词：

Современное **ТВ** считает их меньшинством.（Известия, 30. 05. 2003）

做分析化定语时一般是前置，可组成无限个词组，我们总共搜到 57 个。根据我们的观察，俄语的书写更为常见。

ВИП, вип 和 VIP，阳性，缩略语，来自英语 very important person，意为"重要的人"。做名词时越来越倾向于使用 вип 的形式：

Народ и **VIP-ы**.（АиФ, 14. 05. 2003）

Илларионов продолжил общение в более тесном кругу **випов**.（АиФ, 18. 02. 2004）

做分析化定语时一般有两个意义：

а）地位很高或者名气很大的：

Б. Ельцин по-прежнему **VIP-пациент**.（АиФ, 07. 02. 2001）

Обыкновенная молодая женщина без каких **VIP-«причиндалов»**.（АиФ, Европа, 05. 02. 2004）

Места для **VIP-молящихся**.（АиФ, 12. 01. 2004）

我们共找到 140 个该类词组。

Б）有权威的、信任度很高的：

Тех, кто прошел **VIP-дистанцию** в 2003 метра, потчевали шашлычком и прочими разносолами.（КП, 11. 02. 2003）

Переезды: квартиры, офисы, дачи, **VIP-перевозки**.（из рекламы на сайте АиФ）

Номера – от **VIP** до "обычных".（Известия, 30. 01. 2004）

这种情况下 ВИП 更为常用，我们共找到 51 个该类词组。根据我们的统计，书写方面有 1013 次 VIP，46 次 ВИП，33 次 вип。而且近年来人们越来越多地选择俄语形式，这说明该词正在与其源语言逐渐失去关联。

ВИЧ，不变化，阳性，缩略语，意为"艾滋病"。可做名词：

В США успешно проведено тестирование новой вакцины от **ВИЧ** на обезьянах.（Правда, 21. 10. 2000）

Но некоторые вирусы, например, **ВИЧ**, сразу обнаружить невозможно.（Известия, 28. 02. 2003）

也可做分析化定语：

Мы привезли **ВИЧ-инструктора** – хорошо, ответили нам, пусть работает и с ВИЧ-инфицированными, и с персоналом. (Известия, 03. 09. 2002)

我们共找到 11 个该类词组。

大部分的俄语缩略语新词都是专有名词，其中有一些是可以做限定成分的：НТВ-дизайн, НГ-фото, МК-новости。

我们认为，具有扩展语法功能的非多产词汇还包括那些可同时表民族和语言名称的词，比如 банту, коми, сомали, суахили，表示语言时，它们是分析化形容词（ язык коми, язык банту ），表民族（ календарь коми, философия банту ）时可在句子中做名词。做分析化形容词时，它们既可以前置，又可以后置：коми-писатель, язык коми。表示语言时最常见的是后置。коми 等与хинди, эсперанто 等不同，后者只用于修饰功能，因此是分析化形容词，这在上一节中已经提过。这些词在媒体上并不常见。

4.5 动词

从斯拉夫语的发展历史可以看出，新的分析化现象很难深入到述谓领域。因为俄语动词是很重要的核心词汇，有其特有的变化形式，这些变化形式已经深入人心，很难撼动。且表行为的动词与表称名的名词不同，虽然随着社会的发展和新现象的出现，动词的数量也会发生变化，但总的来说，不会像名词那样剧烈，所以整个动词体系也不会向名词体系那样受到急剧增加的新词的影响。而且动词常在句法链条中承担着承上启下的作用，前受制于主语，后又限定着补语，牵一发动全身，一旦动词发生变化，整个句子就会面目全非，加之动词所承担的语法意义也不容易分担到其他句子成分上面，所以俄语动词在语言的发展过程中，是最稳定的、最难受到外来作用力影响的。不过某些传统的分析性述谓形式（比如助动词结构）是个特殊，它们在俄语中早已扎根。

因此，那些能够说明现代俄语述谓层面都出现了分析化趋势的语言现象变得尤其重要。尽管在综合形式的包围下，述谓的分析化现象也依然很弱，但却是不容忽略的。这说明了俄语形态学层面的分析化趋势的影响力之广之深。下面我们来看看近年来俄语动词领域出现的分析化现象增强的具体表现。

4.5.1 双体动词

双体动词（двувидовые глаголы）用法简便，减少了附加词缀和体对应组的烦琐性和复杂性，符合当今科技革命和社会生活对于语言经济原则的需求，因而运用极广，因此反映了现代俄语词法领域中分析性因素的快速发展。双体动词的特点在于词缀手段大为减少，"时""体"意义不再通过动词本身，而是借助该词语之外的其他手段，如：使用时间状语、副词和通过文本等表达，即用较少的语法形式体现各种词法、句法意义，把原来集中在一个词上的语法意义分担到其他成分上，因此综合性减弱，分析性增强，体现了词法层面的分析化现象。比如：

1. Мы в течение ряда лет **механизировали** наши предприятия.（未完成体意义通过时间状语 в течение ряда лет 表达）

2. Мы уже полностью **механизировали** наши предприятия.（完成体意义通过副词 уже полностью 表达）

在表达"体"的意义的同时，还兼具"时"的意义：

3. Мы уже ряд месяцев **реконструируем** наш завод.（通过文本 ряд месяцев 表达"未完成体现在时"意义）

4. К концу года мы окончательно **реконструируем** наш завод.（借助时间状语 к концу года 表达"完成体将来时"意义）

在社会因素的影响之下，механизировать, оборудовать, реконструировать 等双体动词所特有的体范畴的表达方式所占的比重大大提高。这一类动词的特征在于词缀手段大幅减少。大部分俄语动词在表达各种不定式、过去时和将来时、命令式和假定式，以及副动词过去时时都有相对应的完成体和未完成体形式，比如：дать – давать, дал – давал, дам – буду давать, дал бы – давал бы, дай – давай, давший – дававший。而对于双体动词来说，除了同音异义的将来时以外，所有的这些形式在表达完成体和未完成体时都不需要改变外形。这种原本由词汇本身外形来承担和表现的语法形式转而由文本来体现，体现了语言从综合向分析的转变，符合分析化现象的大趋势。

一、双体动词的分类

根据来源可以将双体动词分为两大类：

1. 斯拉夫本土的双体动词大概有 70 多个，它们是一个封闭的词群，比如：венчать, велеть, наследовать, ранить, женить, казнить, крестить,

напутствовать。这一类词在俄语中早就存在，由于过于古老有些词如今已经很少被使用。有些词在某种情况下还可以通过加前缀或后缀的方式构成对应体形式，比如：женить – поженить, обещать – пообещать, образовать – образовывать。这一类双体动词整体上不多产。

2. 外来双体动词，被词典收录的大概有 600 多个（К. С. Горбачевич, 1973），比如：военизировать, импортировать, иллюстрировать, конфисковать, модифицировать, планировать, реализовать, реформировать, рехонструировать, советизировать, схематизировать, систематизировать, субсидировать, узурпировать, эшелонировать... 它们多以 -ировать 为结尾，其数量占双体动词的 85%以上，基本上为科技词和书卷式词语。此外，俄语研究院还收集了一些还未被词典收录的该类词。这一类双体动词数量较多，大部分来自西欧语言。18 世纪以来，随着与西欧社会经济和文化来往的增加，俄语中出现了大量的外来动词，在融入俄语的过程中它们导致了许多新现象的产生，其中也包括动词体方面的变化。俄语中日益加强的分析化趋势也为双体动词这一动词体形式的多产性提供了基础。

根据后缀（或词尾）和重音可以将双体动词分为 5 组，其中两组是带有后缀（或词尾）ова-, -изова- 的动词，它们比较特殊，可以组成体的对应组。每一组动词的数量不尽相同。据统计，带有 -ова- 的有 40 个动词，带有 -изова- 的有 35 个动词，带有 -изирова- 的有 120 个动词，带有 -ирова- 的有 370 个动词，带有 -фицирова- 的有 35 个动词。（1968 年苏联出版各类词典中统计出的数据，其中反身结构中只考虑独立动词，被动语态不纳入考虑范围，比如 редактироваться。[①]）

这些动词大部分都属于专有词汇，主要是科技和职业术语。分析表明，专有词汇占了双体动词总量的 35%。有 50%属于一般词汇，还有 15%介于一般词汇和专有词汇之间。300 多个一般词汇属于双体动词，这也充分说明了双体性已经是俄语体系内不容忽视的现象。其中只有 150 个通过加后缀的方式构成了体的对应形式，其他的大部分是通过加前缀的方式。

双体动词的数量之多说明了双体性已经是现代俄语动词体系统的重要组成成分。外来动词选择一定的构词方式以及与之相应的体系这一过程取决于许多因素，有内部的也有外部的。其中有一个重要的因素在于，19 世纪

---

① Панов М В. *Позиционная морфология русского языка* [М]. Москва: Наука, Школа "Языки русской культуры", 1999: 289.

掌握了西欧语言的俄语标准语的使用者大部分都倾向于维护外来动词本来的面貌，这一点同外来不变化名词一样。因此双体动词的出现与发展也同不变化名词一样，与俄语语法结构层面分析化趋势增强这一普遍趋势紧密相连。

在这些因素的共同作用下，尽管在词汇材料上受限，早在 20 世纪初俄语体范畴层面更加分析化的新成分就已经得到了明显的确定和加强。

在新时期社会因素的影响下双体性的发展过程变得更加积极化了。社会环境的改变给许多双体动词的现象提供了支撑。十月革命前被广泛使用的非专有名词的双体动词数量很少，比如：телеграфировать, атаковать, арендовать, гарантировать 等。在十月革命后这一类构词模式的动词数量明显增多，比如：национализировать, реквизировать, индустиализировать, реквизировать, индустриализировать, революционизировать, демократизировать, советизировать, большевизировать, рационализировать, коллективизировать, машинизировать, электрифицировать, радиофицировать, экспроприировать, реконструировать, делегировать, конфисковать, организовать, реорганизовать 等。这些动词经常在报纸和杂志上出现，在各种口语演讲和日常生活中也会遇到。

双体动词的大量使用导致了这种构词模式的多产性大大增加。十月革命后这一构词类型的大量出现也充分说明了这一点。在 СУ 中就有 50 个苏联时期出现的双体动词新词，占了该词典总动词新词量的一半。其中有一部分新词的词干还是俄语本土的，比如：большевизировать, военизировать, советизировать 等。这也说明了该动词类型多产性的增加。带有后缀 -ицирова- 的动词的多产性尤其大幅增加，比如：электрицицировать, газифицировать, кинофицировать 等。

二、双体动词通过加词缀的方式构成体的对应组

在文本不能满足精准表达的需要时，双体动词会在系统对新词压力下通过加词缀的方式进入体系统，从而形成相对应的完成体和未完成体。然而不同构词类型下的新词战胜这一压力的过程各有不同，首先在于其现实语义的特点和重音形态面貌的区别。在这个受各种因素影响的复杂而又矛盾的过程中，可以分出两种现象：1）带有后缀 -ова-, -изова- 的前两组动词，2）其他三组动词，也就是带有后缀 -изирова-, -ирова-, -фицирова- 的动词。

前两组即可通过加前缀又可以通过加后缀的方式来构成体的对应组。因此对于它们来说来自动词体词缀聚合体的压力尤其大。而且只有其中几个动

词可以通过加后缀的方式来构成体的对应组，这在现代俄语中是最多产的。词典中通过加后缀 -ыва- 组成未完成体形式只有以下动词：арестовать, ассигновать, атаковать, организовать(ся), реорганизовать(ся)。不过动词 аттестовать, реализовать 有时也会有这些形式，比如：Там в день продают всего 10 тонн помидоров по цене 40 копеек, хотя город мог бы **реализовывать** гораздо больше.（Неделя, 15. 03. 1964）

大部分这两组动词不能通过加后缀 -ива- (-ыва-) 组成未完成体形式，这很有可能是因为这些动词的词汇意义接近完成体的意义。持续性（длительность）和结果性（результативность）是体意义的两个对立面，上述动词的词汇意义大部分是结果性的，而当有些需要表达持续性的时候，它们用文本或时间状语等来满足这一需要。

因此上述动词有着独特的双体性类型（тип двувидовости）。过去时形式通常只有完成体，大部分动词都没有将来时的复合形式。人们不说 буду конфисковать, буду арестовать, буду организовать 等。这些动词在体方面很接近那些只有完成体的动词，比如 возненавидеть, застрелить, воспрянуть 等。然而，与后者不同的是，它们可以是现在时形式。带有后缀 -ова-, -изова- 的动词大部分都具有这一特点，某些带有其他后缀的双体动词也有这一特点。

带有后缀 -ова-, -изова- 的动词在发展过程中，也同样承受了来自动词体词缀聚合体内部的压力。然而我们观察到的现象表明，大部分这一类动词克服了这些压力，仍然还是保持了其双体性，并没有通过加前缀或后缀的方式构成体的对应组，在需要表达体意义时借助文本来实现。

带有后缀 -изирова-, -фицирова- 的动词组成了双体动词的大多数（大约为 85%），它们不能构成后缀对应组。这种动词只能通过加前缀的方式来构成对应体。这一过程的具体实现方式是这样的：最初双体动词在失去完成体意义后，只作为未完成体用，而其相对应的完成体形式则通过加前缀的方式来构成。比如在双体动词 стенографировать 的基础上出现了对应组 стенографировать – застенографировать，还有 сконструировать, проинформировать, отрегулировать 等动词也是如此。最常见的前缀是：про-, за-, с-, от-，比如：крестить – окрестить\прокрестить, обещать – пообещать, оперировать – прооперировать, формулировать – сформулировать, патентовать – запатентовать, характеризовать – охарактеризовать, асфальтировать – заасфальтировать, иллюстрировать – проиллюстрировать, бетонировать – забетонировать, планировать – запланировать, информировать – проинформировать, регулировать – отрегулировать, конструировать – сконструировать。

当然，加前缀并不是消除双体性的唯一途径。也可以加后缀来组成未完成体。对于现代俄语来说，动词 атаковать, арестовать, организовать, образовать, согласовать 等是完成体形式，而由它们构成的 атаковывать, арестовывать, организовывать, образовывать, согласовывать 等是未完成体形式。构成未完成体后重音需要移到后缀前一个音节上。

体对应组的出现并不是一定会导致原本的双体动词的消失，经常会有三种形式共存的情况，比如：организовать НЕСОВ – организовать СОВ – организовывать, классифицировать НЕСОВ – классифицировать СОВ – расклассифицировать，有时还有四种形式共存的情况：стыковать НЕСОВ – стыковать СОВ – состыковать – состыковывать。

因此，双体动词可以通过加前缀或后缀的方式构成体的对应组，其数量本应该越来越少才对。然而另一方面，双体动词又从外来词那里不断得到补充，这些词进入俄语体系后又会被加入各种词缀。20 世纪末时这两种截然相反的过程都很积极：随着外来词数量的增加，双体动词的总数也在增加，同时它们在俄语动词体方面的差异也在不停地细化。这两个过程在世纪之交时表现得都很明显，然而由于时间过于近，所以一方面没有词典可以查到这些词加前缀或后缀的具体数据，另一方面也没有新的外来双体动词的具体数据。不过从整体上来说，双体动词这一类词群是稳定又多产的。

18 世纪和 19 世纪时，许多双体动词经历了完成体化或非完成体化，但相应的结构最终却没有保存下来，比如：заарестовать, заатаковать, обмеблировать, обраковать, окритиковать, отретироваться, проманкировать, атаковывать, конфирмовывать 等（Н. С. Авилова, 1964）。这种情况和外来名词差不多，外来动词刚开始也是试图融入俄语的变格体系，最终还是保留了自己的不变化性。这说明了俄语语法系统同意采用无词缀的手段来组成体的对应形式，即体的同音异义词。与此同时，在体意义表达方面，分析性的方式和文本手段的重要性也在增加。因此双体动词的大量增加也说明了俄语系统的分析化现象。

正是因为俄语总的分析化的发展才导致了双体动词数量的增多。与此同时，大部分的双体动词没有双体性消失的迹象。这些动词有很多，也远远不会消失，其中大部分都属于标准语范围且被广泛使用。比如：абонировать, авансировать, автоматизировать, акклиматизировать(ся), активизировать(ся), американизировать(ся), амнистировать, амортизировать(ся), анатомировать, англизировать, аннексировать, анонсировать, аннулировать, апеллировать, ассимилировать(ся), большевизировать(ся), бюрократизировать(ся), витиминизировать(ся), военизировать(ся), вульгаризировать, газифицировать, гарантировать, госпитализировать(ся), датировать, дезертировать, дезинфицировать, декларировать, деколонизировать, декретировать, делегировать, демаскировать(ся), демилитаризировать(ся), демобилизовать, деморализовать, денационализировать, детализировать, деформировать, децентрализовать, дисквалифицировать(ся), дикредитировать, дисциплинировать, европеизировать(ся), изолировать(ся), иммигрировать, импортировать, индустриализировать, инкубировать, инстценировать, интервьюировать, интернационализировать, интернировать, канализировать, капитулировать, кастрировать, квалифицировать(ся), коллективизировать(ся), колонизировать, компенсировать, конвейеризировать(ся), кооперировать(ся), ликвидировать, локализировать, машинизировать, механизировать, милитаризировать, модернизировать, монополизировать, национализировать, нокаутировать, озимизировать, оккупировать, оперировать(ся), переквалифицировать(ся), переориетировать(ся), политехнизировать(ся), популяризировать, премировать, протезировать, радиофицировать, радиоровать, рационализировать, реабилитировать(ся), реваншировать, революционизировать(ся), рекламировать, реконстуировать, репрессировать(ся), реставрировать, реформировать(ся), реэвакуировать(ся), реэмигрировать, санкционировать, систематизировать(ся), стандартизировать(ся), субсидировать, схематизировать, тарифицировать, терроризировать, торпедировать, транспортировать, узурпировать, утилизировать, фашизировать(ся), финансировать, финишировать, химизировать, эвакуировать(ся), экипировать(ся), экспортировать, экспроприировать, электрифицировать(ся), эмансипировать(ся), эшелонировать(ся)。

20 世纪末 21 世纪初，俄语中又出现了一些新的双体动词，如：индексировать, лицензировать, коммерциализировать, демонтировать, департизировать, деполитизировать, секвестировать, акционировать, блокировать, гарантировать, гармонизировать, гуманизировать, квотировать,

клонировать, девальвировать, декларировать, демократизировать, депортировать, деформировать, легализировать, либерализовать, разбалансировать, саботировать, санкционировать, сертифицировать, синтезировать, сканировать, спонсировать, стабилизировать, стагнировать, продюсировать, лимитировать, люббировать, дестабилизировать, дотировать 等，这些词在俄罗斯报刊中得到了大量的应用，比如：

В комитете и агентстве отмечают, что нужно законодательно стимулировать участие компаний в строительстве доходных домов. Во-первых, необходимо дать арендаторам право **индексировать** ставку найма по уровню инфляции или соразмерно росту реальных доходов населения в прошлом периоде. (Известия, 14. 12. 2012)

У ЦАИРа большие планы по популяризации портала и размещению контента. При этом, как отметил Тонких, они не планируют **коммерциализировать** свой продукт. (Изыестия, 11. 10. 2012)

Но в Краснодарском крае отутствует организатор, которого можно **лицензировать** в соответствии с критериями РАФ и ФИА, и за оставшееся время подготовить его в регионе невозможно. (Известия, 03. 04. 2013)

对现代俄语中的双体动词的发展过程进行研究之后发现，双体性虽然在词汇上受限，但仍然是俄语体范畴的重要组成部分。而且很明显，双体性绝不会将相应的动词排除出体范畴范围，而是通过一定的手段来改变其表达方式，扩展分析化手段的范围，缩减其词缀手段。

有些动词在语义结构上并没有明显地表示出体范畴语义的某一个方面，即延续性还是结果性，而双体性作为体范畴的表达形式不停对这些动词施加影响，比如动词 электрифицировать, механизировать, советизировать 等。

很多双体动词属于国际词，其出现在很大程度上是由时代所决定的。比如苏联时期带有后缀 -фицирова- 的构词模式突然变得很多产，它们就都有对应的国际结构形式：идентифицировать 俄语、-identifizieren 德语、-identifier 法语、-identify 英语。

为了保持动词结构的国际性，就不能在其体形式上出现不同。很明显，添加词缀会导致其偏离国际词汇。因此双体动词的现代进化趋势说明，双体性将会变成本质特性，尽管俄语中体范畴的词汇形式是受限的。虽然词缀手段是表达体范畴的基本和主要方式，但双体性作为体范畴的一种变体，也是大部分带有特殊结构和特殊语义动词加入体系统所必需的手段。双体动词尽管比较特殊，也是动词体系统发展不可或缺和不可忽略的重要部分。

双体动词的出现和进化过程体现了语言发展内外因素的互动。古俄语中就已经有一些动词（родить, обещать 等）通过非多产的加词缀的方式来表达体范畴。这种非多产性反映了当时俄语语法构造的综合化倾向。而在新的社会条件下情况发生了彻底的改变。俄罗斯同西方国家在经济和文化方面交流的大幅增加，也给俄语动词词汇内部带来了许多新的变化，动词体领域也出现了许多新现象。新动词语义和词干结构的特殊性，以及日益加强的分析化现象都导致了双体动词的相对多产性。新的社会现象给语言发展提供了新的条件，并推动了新的动词体模式多产性的增加。整体上来说，双体动词作为一种类别是稳定且多产的。双体性与俄语语法体系并不冲突。同时也体现了体意义表达分析性手段的重要性。

4.5.2　动词变位形式的简化

词汇复杂的语法外形的削弱是从综合向分析转变的重要体现之一。复杂的形态变化外形对交际和记忆来说都是一种负担，不符合现代社会对于快速交际的需求。在此大环境之下，某些动词的变化形式出现了弃繁求简的现象。我们认为，动词外形的简化必然意味着形态屈折性的减弱，因此这也是动词层面分析化现象增强的体现。比如最常见的有：

一、带有后缀 -ну- 动词的过去时截后缀形式代替了后缀形式，比如：достигнул – достиг, достигла, достигли; киснуть – кис, кисла, кисли; мёрзнуть – мёрз, мёрзла, мёрзли; озябнул – озяб, озябла, озябли; повиснул – повис, повисла, повисли; промокнуть – промок, промокла, промокли; слепнуть – слеп, слепла, слепли; вымокнул – вымок, вымокла, вымокли; воздвигнул – воздвиг, воздвигла, воздвигли; промокнул – промок, промокла, промокли; ввергнул – вверг, ввергла, ввергли; воскреснул – воскрес, вокресла, вокресли。有些非前缀动词也是如此：сохнул – сох, сохла, сохли; гаснул – гас, гасла, гасли。大部分词典中把以 -ну- 结尾的这一形式看作是旧时用语。但在 С. И. Ожегов 和 Н. Ю. Шведова 于 1998 年编纂的词典中却给出了两种形式 сохнул – сох, гаснул – гас，然而关于 -ну- 的形式的前缀构词方面却没有提及，只给了一种截尾形式：промокнуть – промок, воздвигнул – воздвиг, мёрзнуть – мёрз, озябнул – озяб, воскреснул – воскрес 等。

但从现代作家使用的情况看，大多数倾向用不带后缀 -ну- 的形式。上述倾向已经反映在 1976 年出版的《Словарь трудностей русского языка》辞典中。根据这本辞典对带后缀 -ну- 动词的说明，一部分词已不能使用带后缀 -ну- 的形式，如：исчезнуть – исчез (не исчезнул), достигнуть – достиг (не достигнул)；一部分词使用带后缀 -ну- 的形式，但具有陈旧的色彩，如：свергнуть – сверг (устар.свергну), мёрзнуть – мёрз (устар. Мёрзнул)；一部分词较少使用带后缀 -ну- 的形式，如：гаснуть – гас и (реже) гаснул, глохнуть – глох и (реже) глохнул；少部分词可以使用两种形式，如：прибегнуть – прибег и прибегнул, вторгнуться – вторгся и вторгнулся。

由这些动词构成的主动形动词过去时形式也和上述情况一致，现在常用的是不带后缀 -ну- 的形式，如：постигнуть – постигший 等（例外：исчезнуть – исчезнувший）。

由此可见，这类带后缀 -ну- 的动词过去时形式和主动形动词过去时形式，都倾向用不带后缀 -ну- 的形式，表现出简化的倾向。

二、俄语还有为数不多的动词在不定式和命令式形式方面有变体形式，例如：достигнуть – достичь, постигнуть – постичь, произвести – произнесть, зацвести – зацвесть, откупори – откупорь, напои – напой, выкрои – выкрой 等。可以看出第二种形式较为经济。虽然它们常被认为有口语和俗语的色彩，但有些动词，比如 достичь, постичь 在 С. И. Ожегов 和 Н. Ю. Шведова 于 1998 年编纂的词典中被给予中性的同等地位，而且这两个动词的这种形式还作为首例词条列出。这都说明俄语简化倾向和经济原则的发展。

三、在词的形态变化中，除了经济原则外，还有类似原则在起作用，比如非多产词形被多产词形所同化。这种情况一般首先出现在口语或俗语当中，随着时间的推移就可能被标准语接受。比如，在形态变化时带有辅音交替的动词有可能失去其固有特征而获得多产类的形式：брызгать – брызжет, брызгает; двигать – движет, двигает; полоскать – полошет полоскает; махать – машет, махает; плескать – плещет, плескает 等。例词中的第二种形式被认为是较为亲昵随和的形式，又与大多数动词的变位相同，它们正排挤着第一种传统的形式，特别是在日常生活口语中，第二种较为简单的形式已经完全占据了上风，取代了前者，比如 мяукает 替代了 мяучит, мурлыкает 替代了 мурлычет 等。而在 плескать – плещет, плескает; рыскать – рышет, рыскает; полоскать – полощет, полоскает; хлестать – хлещет, хлестает 这几组动词变位的变体中，第二种形式已经被确认为常用形式，并根据该模式构成相应的副动词：плеская, рыская, полоская, хлестая 等，而 плеща, рыща, полоща, хлеща 的形式则被认为是旧时用语。

这种语法外形变化的简化降低了形态层面的屈折性，符合交际的经济原则，体现了语言的分析化现象。

4.5.3 部分带 -ся 动词接第四格做直接补语

俄语中的直接补语通常受及物动词支配，以不带前置词的第四格来表示。按照传统规范，带 -ся 动词的后面不能接直接支配第四格补语。然而，在现代俄语中，部分带 -ся 动词后面要求接第四格直接补语的现象已经存在，不仅在书面语中有，口语中更为常见，特别是当补语是表示人的名词时，这种现象更为普遍。主要词有 бояться, сдущаться, ждаться 等，比如：

Проводи меня, а то я **боюсь Полю**. （И. Грекова）

Звери вполне уверены, что **машину бояться** не надо. （Комсомольская правда, 30. 08. 1970）

Гурьевич и сам **побаивался бабушку**. （Г. Федосеев）

Дедушку все побаивались. А Илюшке за чем чтобы его пугались? （Павел Фёдоров）

Она стала вспоминать, как наказывала им не ходить купаться на Кубань и во всём **слушаться бабушку и дедушку**. （Семён Петрович Бабаевский）

И он **послушался мать**, предал любовь и ребёнка. （Правда Украины, 02. 10. 1987）

Он **заждался Петьку** и пришёл теперь его навестить. （Конецкий）

Как-то он зашёл перед самым закрытием мастерской, **дождался Таню**, проводил её до остановки троллейбуса. （Лидин）

Мы с вами, сударыня, **польскую пройдёмся**. （А. Остр）

Ребята ещё достаточно молоды и **стесняются друг дружку**, прячут свои чувства. （Е. Карпов）

А сам сидел лопоухий, бровастый, насупленный – ужасно **стеснялся отца и мать.** （Шугаев）

Раз подгулявший Гордей Евстратыч сильно тряхнул стариной, то есть **прошёлся с Феней русскую**. （Мам-Сиб）

以上句子中不带前置词的名词（或用作名词的形容词）第四格形式显然

是句子中带 -ся 动词的直接补语。因为在俄语中不带前置词的名词第四格形式在句子中只有两种可能：一是时间或度量状语，二是及物动词所要求的直接补语。上面句子中的 Полю, дядю, бабушку, дедушку 等不带前置词的第四格名词（或用作名词的形容词）由于它们本身的语法形式和词汇意义的限制，既不能用来表示时间概念，也不能用来表示数量、重量或价值。因此，它们在上面句子中不可能是时间状语或度量状语，而只能是句子中带 -ся 动词所要求的表示客体的直接补语。既然如此，这些句子中的带 -ся 动词无疑是作为及物动词来使用的。

在以往的俄语书籍甚至俄语语法教材中人们都是找不到带 -ся 动词可以支配第四格直接补语用法的。这是一种新的语言现象，打破了 В. В. Виноградов 关于带 -ся 动词是不及物动词的界限，引起了语言学家们的注意。以动词 бояться 为例。20 世纪 40 年代、50 年代与 60 年代出版的辞书中，都未收录接第四格做直接补语的用法，而 20 世纪 60 年代出版、С. И. Ожегов 编的《 Словарь русского языка 》在增修版时却收进了 бояться кого-что 的用法。1976 年苏联科学院语言研究所 Л. К. Граудина 教授编纂的《 Грамматическая правильность русской речи 》在不带前置词的支配关系一节中，提到动词 дождаться кого（第四格补语）的问题，同时统计了第二格补语与第四格补语的出现率分别为 75.65%和 24.35%。1980 年的《 Русская грамматика 》在第 2693 节中描述及物动词的客体意义时，列举了 8 个词组，其中包括 слушаться родителей[①]。《俄语疑难用法辞典》[②]《俄语支配辞典》[③]等也都收进了动词 бояться кого-что 的这种用法。

之前这些词通常支配第二格或者其他格形式，但不便于记忆，于是有些人转用第四格形式了。以前还有的词支配两种格，现在也多用一种形式，比如 ждать кого-чего 和 кого-что，现在用后者的情况更为普遍。有时候不及物动词也可支配第四格直接补语，如 гулять собаку，以前被视为口语或不规范用法，现在已经得到学者的认可，被规范接受了。

我们认为，俄语中部分带 -ся 动词要求第四格做直接补语，这类用法是在分析化现象的大背景之下受第四格"扩张"的影响而出现的结果。首先，第四格的形式与其他间接格相比，明显形态性更弱，因此这种用法降低了句

---

① Шведова Н Ю. *Русская грамматика* [М]. Москва: Наука, 1980: 56.

② 山东大学. 俄语疑难用法辞典［М］. 济南：山东人民出版社，1984.

③ 刘同英，董政民. 俄语支配辞典［М］. 上海：上海译文出版社，1987.

法成分的屈折性。其次，非及物动词直接接补语也反映了句法层面黏着性的增强，我们前面已经说过，黏着性也是分析性的表现，因此这也是句法层面分析化现象的体现。最后，随着社会的发展，原来严格的语法限制框架也慢慢变得宽松，动词的接格中也出现了以前所不能容忍的现象，并逐渐被人广为接受。我们认为这种逐步摆脱既有语法框架的限制的现象，由形合转为意合的现象符合语言分析化现象增强的趋势。

其中要求第四格做直接补语的常用带 -ся 动词有：бояться, побаиваться, слушаться, ослушаться, дождаться, заждаться, стесняться, добудиться, пройтись 等。随着分析化趋势的深入，俄语中部分带 -ся 动词要求第四格做直接补语的现象会越来越普遍。

4.5.4 动词不定式的功能变异

在俄语语法规范中，动词不定式可以做定语和状语，但做定语时只能做非一致定语，其所限定的名词一般应是抽象名词；做状语时只能做目的状语，其所依附的动词一般应是运动动词，而且其位置通常是在抽象名词或运动动词之后。但在现代俄语中，出现了很多不定式做定语，但所依附的动词并不是运动动词的现象，而且不定式的位置也变得比较灵活，目的状语独立成句的现象也并不罕见。比如：

Я купила ножичек бумагу **разрезать**.（Земская）

Я всё делаю сама. Где теперь найдёшь женщину **убираться**?（Юнина）

Хозяйка, мне бы чашечку кофе. **Согреться**.（Бобров）

Я к тебе на минуточку. Дай мне учебник по математике, задачку **переписать**.（Михалков）

其次，是不定式的句位等价物（позиционный эквивалант）功能的活跃，即不定式在语句中可以代替某些名词第一、四格。用作等价物的不定式在语义上也是灵活多变。例如：

Валька, что у тебя там в сумке «**Есть пожрать**»（Гельман）

Закурить у кого есть?（Миндадзе）

Тут всё в первую очередь зависит от развитости финансового рынка. И здесь нам есть чем **работать**.（Итоги, 03. 05. 2005）

这种动词不定式不需要变化就能灵活地运用于句子中做各种成分，也属于分析化的表现之一，因为这种用法省去了形态变化，原有的语法意义转而通过文本语境体现出来，更加方便交际，更加节省交际者的力气，符合分析化的特点和大趋势。

4.6　数词

在俄语分析化现象这一普遍趋势的影响和带动下，俄语数词领域也出现了分析化的发展现象，这主要体现在俄语数词格形式的减少和不变化性的增加。正如我们之前已经反复强调过的，格形式的减少和不变化性的增加就是分析化现象的重要表现之一，因为原本集中在一个词身上，通过变化来体现的语法意义被分解到其他成分上面，这恰恰就是由"综合"到"分析"转变的最好表现。数词本身就比较复杂难记，如果再加上复杂的变化，必然给交际带来极大的不便。如今随着时代的发展，数词的屈折性大大降低，有些已经完全不变化，有些则只变一部分。这些都说明数词领域的分析化现象。

数词形式的变化发展首先发生在专业应用方面，之后有些进入了日常口语领域，有些则进入了报纸和杂志等一般标准语领域。数词形态的分析化现象在不同的标准语变体中有着不同的表现。下面我们分开看看不同类型数词内部分析化现象的具体表现：

4.6.1　минус, плюс 之类的数词

语言一直喜欢更简洁的不变化形式。因此，минус, плюс, минимум, максимум 这种不变化形式取代了 отнять, прибавить, наименьший, наибольший 等屈折形式。定律名称 минимакс 是 минимум 和 максимум 的组合形式，ПП-формула 是 правильно построенная формула 的半缩写形式，在实际应用中，这种缩写或组合形式比全写更受欢迎。

плюс 和 минус 作为数字和事物名词的数学指标，已经摆脱了语法范畴系统，比如：Температура плюс двадцать восемь в тени，плюс 和 минус 在这种情况下与数词搭配时是作为数词的不变化定语。它们语法形式的缺失在同前置词搭配时更为明显，比如：Температура поднималась до плюс трудцати, падала до минус пятидесяти。按照与前置词搭配的传统规则这里是需要屈折变化的，比如：до минуса, до плюса，然而这些定语的数学符号的本质使其保持不变化性。这种类型的用法在 20 世纪的标准语中很常见，但在 19 世纪中则并非如此。这种由变化到不变化的发展趋势也体现了数词变格领域分析化的发展动态。

максимум 和 минимум 作为"某种数量或性质的最高或最低等级"于 19 世纪最后 30 年从物理、数学术语领域进入一般标准语内。它们不仅做数词的定语（类似于 плюс 和 минус），还做名词的定语。

20 世纪这些词的基本用法一是前置与名词搭配，比如：максимум усилий, максимум энергии, максимум прибыли 等，二是后置做分析化形容词，比如：программа-максимум, программа-минимум, термометр-максимум, 另外还可以做不变化情态词，比如：нужно минимум, как минимум три дня 等。

这样一来，这些词最初作为术语的不变化性也同样深入到普通名词中。

4.6.2 数词 пол-

口语中某些数词已经不再变格了。比如，数词 пол- 本来有两种格的形式：пол-（第一格和第四格）和 полу-（间接格），如今它已经慢慢失去了第二种形式。下面 1998 年莫斯科大学开展的一项调查就反映了这一情形。被调查人被要求填写以下空格，按照传统下面空格处都应该填 полу- 的形式。

1. Не доезжая до аула (1/2) версты, молодая слезает с лошади и идёт пешком.

2. Ездил много, все больше по деревням. И в каждом месте жил по (1/2) года.

3. Взяли на двоих по (1/2) (бутылка) воды.

4. Ныне в рядая заводского комсомола – пять с половиной миллионов рабочих, до (1/2) миллиона техников.

5. Перед ними в (1/2) километре виднелось село.

最终的调查结果如下表：

表 4-8

词组	答案	
	пол-	полу-
(1/2) версты	98	2
(1/2) года	100	0
(1/2) (бутылка)		
по полбутылке	15	0
по полбутылки	85	0

（续表）

词组	答案	
	пол-	полу-
до (1/2) миллиона техников	55	45
в (1/2) километре	58	42

可以看出，无论哪一个例句中选择 пол- 的情况都是最多的，有时候还能达到 100%。

有些带有 пол- 的名词在间接格的情况下，пол- 的形式是不变化的，比如：полверсты, полгода, полбутылки，这显然是受了口语的影响，而其他一些名词此种情况是两种形式都用。比如：

Помимо постоянных авторов... «Май» заботился об остальных, в течение **полгода** собирая «брифинги» по пятницам. （Среда, 20. 03. 2000）

Согласно этому документу, теперь на ввоз лекарственных средств, содержащих этиловый спирт объемом более **полутора** процента, введены квоты. （МК, 17. 08. 2000）

书面语中有时候也只使用 пол- 的形式，比如：

«Прогресс» – новое по своей природе производственное объединение. Оно молодо – ему не и **полгода**, но успело проявить себя во многом. （Известия, 12. 04. 1962）

На самом деле Федор Петрович – истинный романтик, ибо только человек такого склада может увидеть в **полкопейке** большое государственное дело. （Эконом. газ, 09. 04. 1962）

Еще живы книжники, которые тогда были мальчиками в магазинах, и приходили за толстовскими книгами, и уносили их на плечах понемногу, по **полпуда**, на Никольскую улицу. （Известия, 04. 05. 1965）

以上都反映出在新的社会条件下人们对于该词不变化（分析性）形式的偏爱。

4.6.3 数词 сто

关于分析化趋势的加强还体现在其他方面，这些现象单独看起来并不明显，但是连起来看却是在系统内部的整体作用下产生的。

比如，数词 сто 如今有两种形式比较常见：一格的 сто 和间接格的

ста。20 世纪 50 年代，在老一辈俄罗斯作家的作品中还会有其他格的形式，比如 по сту, в стах：

Я заплатил за штуку **по сту** рублей. （В. Павнова, Метелица， 1958）

Их шесть автоматчиков – вот они, шагают метрах **в стах** от меня. （М. Шолохов Судьба человека， 1956）

Характер почты удивляет. Почему так много жалоб и так ничтожно мало предложений в тех нескольких **стах** письмах, которые я прочла? （Известия, 14. 03. 1957）

如今的作家已经几乎不用这两种形式了。

20 世纪后半期数词 сто, двести 做间接格时都用二格形式，即 ста, двухсот，比如：не хватает *ста* рублей, думает о *ста/о двухсот* рублях。

20 世纪末 21 世纪初，一格又开始取代二格形式，比如：

Погоду наблюдала лаборатория Михельсона в течение **сто лет**. （ЭМ, 19. 09. 2001）

в течение этих **сто** дней ничего не случилось. （НТВ, Герой дня, 04. 04. 2000）

从多种形式到两种形式，最后又到不变化的一种形式，这些无一不体现着数词的简化和形态屈折性的丧失。

4.6.4 普通数词和表几十的数词

甚至连普通数词和表几十的数词也表现出了不变化的趋势。

比如一格取代二格：

Более **пять тысяч** человек. （ТВЦ, 15. 11. 2002）

Нужно накрыть в течение **семь** дней матрешку белым платком. （ТВС, 15. 12. 2002）

Если скажут, что человек умрет в течение **десять** лет, то мы не замечаем. （ТВ, Культурная революция, 23. 01. 2003）

Количество машин сократится до **десять тысяч**. （Радио, Свобода, 14. 03. 2007）

Достигнет **шестьдесят тысяч** баррелей. （ЭМ, 28. 04. 2003）

Но вообще-то, если бы мне было там до **двадцать пять** лет, я бы покрасил волосы, да. （Известия, 26. 12. 2003）

一格取代五格：

Справедливость лежит, по мнению Путина, где-то между **двадцать-двадцать два и двадцать пять** долларов за баррель. (ЭМ, 17. 12. 2002)

4.6.5 复合数词

复合数词前半部分的变化也经历了由多种到一种，再到不变化的分析化进程。

20 世纪中期数词二格取代其他间接格形式，而对于 пятьдесят, триста 一类的复合数词则是：пятидесятью 取代 пятьюдесятью，двухстам 取代 двумстам，шестистами 取代 шестьюстами 等形式上的简化，比如：Он просил 700 рублей, в дополнение к прежним **трехстам**. (История создания романа, в кн. Достоевский Ф.М, Преступление и наказание. М. Наука, 1970) 这种由多种格形式统一为一种格形式也是一种简化，体现了形态变化的减少，是分析化现象的体现。

如今复合数词前半部分的变格进一步简化了，通常只有两种形式，即二格（间接格）和一格，而且二格形式越来越多地被一格形式所取代，尤其是当有 в количестве, на уровне 一类的词存在时，比如：

Цена остановилась на уровне **шестьдесят** долларов за баррель. (ТВ, ОРТ, Время, 07. 07. 2005)

一格取代二格的例句：

Здесь свыше **пятьсот** солдат. (Сегодня, НТВ, 01. 07. 1997)

Они вложили туда около **пятьсот** миллионов долларов. (ЭМ, 06. 06. 2002)

Экзотические машины будут стоить от **пятьсот** евро в сутки. (ЭМ, 06. 01. 2003)

Одно сердце из **шестьсот** пятидесяти может подойти больному. (ТВ, Момент истины, 02. 05. 2004)

Более **семьсот** новобранцев-пограничников приняли присягу. (ЭМ, 25. 01. 2004)

Некоторое время назад более **пятьсот** сектантов заживо сгорели в церкви. (Рабочая газета, 28. 03. 2000)

Например, одна из скважин имеет глубину больше трех километров, ее продолжение в горизонтали – более **шестьсот** метров. (Восточно-Сибирская правда, 10. 04. 2001)

4.6.6　合成数词

合成数词的变化则更为明显。20 世纪合成数词间接格的所有成分，除最后一个外，都不再变格，形态变化大大缩减，极大地方便了交际。

1915 年 В. И. Чернышев 在书中写到："部分基数词好像成了不变化的词类。"В. В. Виноградов 举出了以下例子：с шестьсот семьдесят двумя рублями; с двумя тысячами пятьсот пятьдесят двумя солдатами。他备注道："数词互相关联，一个接着一个，在大部分的间接格情况下保持不变化，最后一个数字除外，因为最后一个词承担着句法意义。"[①]

而到了 20 世纪 60 年代，"с пятьсот восемьдесят пятью рублями, более две тысячи пятьсот пятьдесят двух человек 就已经成为了标准的形式，基数词丧失了全部的变化性。"(М. В. Панов，1968：53)

标准语中有两个因素促使了合成数词个别成分的不变化性。(И. А. Мельчук，1997)

第一个因素是修饰数词的前置形容词，它们承担了所需的格形式，帮助合成数词摆脱格的约束，比如：со всеми своими пятьдесят тремя рублями; докажи всем этим тысяча триста двадцати посетителям。

第二个因素是在 20 世纪的最后几十年，随着自由政治谈话的出现，这样的不变化性经常在公共话语的口语形式中出现，直接用数字来表示数词已经成为一种新的习惯，人们并不需要像以前那样完整地写出所有词汇的形式，以及其必要的格。而且对电台或电视节目主持人来说，完整地说出数词的变格形式是比较困难的。

因而合成数词内部出现了一格取代其他间接格的情况。

比如一格取代二格（最后一个数字要变）：

Ученый совет в количестве **двадцать одного** человека. (филолог, профессор, заседание Ученого совета, 20. 09. 1999)

Он был из тех первых **сто шестнадцати** поездов… (ТВ, Культура, 26.

---

① Виноградов В В. *Русский язык. Грамматическое учение о слове* [М]. Лениград: Учпедгиз, 1947: 305.

05. 2003）

Эти доплаты от восемьсот до **восемьсот пятидесяти**.（ЭМ, 03. 02. 2002）

Штраф вырастет не менее чем до **семьсот пятидесяти** рублей.（ЭМ, 30. 01. 2004）

На сегодняшний день я провел около **шестьсот шестидесяти девяти** эфиров.（Субботник, 30. 06. 2001）

Сергей тоже засмеялся – так хорошо ему стало, когда он ее увидел, после **двести шестнадцати** дней разлуки.（Б. Акунин, Фантастика. М., 2005, 248）

一格取代三格：

Большое спасибо всем **восемьсот ста двадцати девяти**, позвонившим нам.（ЭМ, 03. 08. 1999）

Там власти регулируют цены по **сто шестидесяти** позициям.（ТВЦ, Деловая Москва, 18. 05. 2005）

一格取代六格：

Митинг проходил и в **семьсот семидесяти** городах.（ТВС, Новости, 07. 11. 2002）

现在还出现了合成数词所有成分都不变格的情况，比如：

Каждая (ракета) несла боеголовку, равную мощности **сто десять** бомб.（ТВС, 08. 02. 2002）

Атмосферное давление повысилось до **семьсот шестьдесят один** мм ртутного столба.（ЭМ, 27. 02. 2003）

Нет дня в году, из **триста шестьдесят пять** дней, когда не играли бы Кармен.（ТВС, 09. 03. 2003）

Вряд ли машины будут задержаны на оставшихся **тысяча пятьсот** километров.（ЭМ, 08. 05. 2004）

4.6.7　数词与前置词搭配

数词与前置词搭配时屈折性的丧失更能说明问题。早在 20 世纪前 30 年时数词与 по 搭配时还保留着其三格的形式，比如：по одному рублю, по сту рублей, по шести раз, по пяти килограмм, по семи человек 等。

后来这一结构不论在口语还是书面语中都使用四格形式（与一格形式一致）：по два человека, по три капли, по четыре часа, по пять рублей, по шесть пуговиц, по двадцать уроков, по сто раз 等。

口语中 по пять рублей, по семь человек, по несколько дней, по много денег 一类的前置词结构中数词使用不变化的形式已经成为了标准。下面的 1998 年莫斯科大学进行的填空问卷调查就是证明：

1. Я заплатил за штуку по (100) рублей.

2. Нижних чинов, признанных зачинщиками, прогнать шпицрутенами сквозь батальон по (6) раз.

3. Накануне Вера получила продкарточку, каждому дали по (5) кг сахару, по (10) пачек табаку.

4. Студентам раздали по (40) тетрадей.

5. Уселись по (7) человек в ряд.

6. Запрещаю вам в цехе находиться неотлучно по нескольк... дней.

7. По скольк... рублей вы получили?

8. Нельзя ей давать по мног... денег.

调查结果如下表所示：

表 4-9

词组	答案		词组	答案	
	无词缀	三格		无词缀	三格
По (100)	97	3	по (7)	85	15
по (6)	92	8	по нескольк...	74	26
по (5)	75	25	по скольк...	71	29
по (10)	80	20	по мног...	44	56
по (40)	95	5			

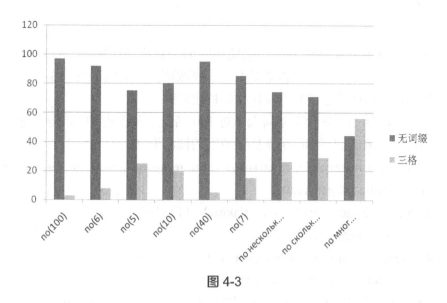

图 4-3

同上面的几个调查一样，每一个选项也都是不变化的形式占了多数，这说明在与前置词 по 搭配的时候，数词也更多地选择了更为简便的非屈折形态。

4.6.8　基数词做后置定语

基数词取代序数词作为编码定语使用数量的大量增加也导致了另一个语法性质的转变，比如：алгол-60，уран-235，ка-два-мезон，«электронная сиделка» Ритм-1，санция Зонд-3 等。

这种称名的大量出现首先是因为现实的需要。随着技术的进步和工业产品数量的急剧增加，需要对产品进行标记，比如：самолёты – ИЛ-18，ТУ-104Б，АН-10，МИ-6，В-2，автомашины – ГАЗ-51Л，МАЗ-200，ЗИЛ-164А，космические корабля и спутники – Восток-1，Луна-3，Восход-2 等。这种给产品编号的方法先是大量出现在报纸和工业杂志上，之后被读者广泛接受并应用到其他方面，比如：Москвич-403; Москвич-407，424，432 等。

这种使用导致了基数词和序数词功能的重新分配。基数词摆脱名词性的步伐又前进了一步。"数学的抽象思维进入了普通语言领域和数词系统，导致数词失去了名词形式，其名词和形容词的结构被剥夺。"（В. В. Виноградов，1978：289）基数词从而失去了其数量意义。丧失了屈折形态的数词的功能开始接近后置分析性形容词，其词汇意义也接近代词。它们纯粹是对一系列同类事物做区分意义使用，比如：Луна-1，Луна-2，Луна-3

等。

这也对基数词和序数词在日常使用时的关系产生了影响。在地址、火车、航班等名称中基数词后置逐渐取代了序数词。基数词不经过变化就行使定语的功能，这体现了语言的简化和分析化趋势。

比如 20 世纪 60 年代莫斯科大学对 100 名受过大学教育的年轻人进行过一项调查，要求他们写出以下空格里数字的词汇形式：

1. Войди в палату (3), схватываю глазами яркое пятно: красное платье молодой грузинской девушки.

2. Летишь самолётом? – Да. – Каким? – (ТУ-104).

3. Я живу в квартире (31).

4. Алексей ехал из Риги поездом (75).

5. Прислали один пакет из дома (№1.)

最后统计他们所填的基数词和序数词的数量，得到结果如下：

表 4-10

词组	答案	
	不变化的基数词	变化的序数词
в палату № 3	54	46
самолётом ТУ-104	92	8
в квартире 31	41	59
поездом 75	32	68
из дома № 1	90	10

如以上表格中所示，из дома № 1 和 самолётом ТУ-104 中不变化的数词形式比例最高。而在 19 世纪末 20 世纪初这种词组中却大部分是使用序数词，比如：пакет из дома номер первый, палата номер шестая, нитки номер пятидесятый 等。短短半个世纪之后情况就发生了改变，这说明了数词领域的分析化现象。

以上数词不变化性的发展倾向说明了数词内部的分析化现象。

4.7 代词和虚词

虚词同副词一样本身就是分析性的词汇，因为它们一直都是不变化的。而至于连接词、语气词和感叹词，因为它们数量不多，且受外界影响时变化不大，不能体现分析化程度加深的发展动态，所以我们这里不对其做更多分析。前置词的分析化我们将在下一节"句法层面的分析化"中进行论述，这里主要看一下代词的分析化。

物主代词 ero, её 和 их 是代词领域分析化现象最明显的表现。它们做定语时不变化，在现代俄语中通常也是作为最本源的分析性形式。因为它们自出现之初就是最分析化的现象，因此近年来并没有在这一趋势上有更多的发展，我们也不再对其进行过多描述，这里主要看一下代词性形容词 сама 近年来在分析化方面的发展。

сама 的变格也体现了俄语的分析化现象。近几十年来该词的变格已经大大简化了。其单数四格有两种词尾：-y 和 -оё。近几十年来俄罗斯媒体语言中大多使用 саму，而 самоё 的形式已经很少使用了。记者和作家们都倾向于更加简便的形式。我们认为，这也是俄语分析化现象的体现。因为该词变格体系的语法形式的简化符合了语言的"经济原则"。这种屈折简化不仅是形态上的简化，而且符合整个四格变化系统，方便了使用，以及更方便了对 саму 的理解，众所周知，самоё 具有多义性，既指中性物和现象，又是四格的阴性形态。其多义表达的综合性已被单义的分析性所取代，这样就能与四格系统的阴性单数形式相符合，做到了意与形的相统一。这就是综合性的减弱和分析性的增加。

近几十年的词典和语法手册、教科书中也能发现 сама 变格方面的进化，以及对单数四格形式评价方面的不统一。

在 С. И. Ожегов（1953）编写的《Словарь русского языка》中认为 сама 的单数四格只有一种形式：самоё。

《Грамматика современного русского литературного языка》一书中认为 -оё 是 -y 的变体。（《Русская грамматика》, 1970）

《Трудности словоупотребления и варианты норм русского литературного языка》一书中认为 саму 是基本的，而 самоё 是旧的用法。（К. С. Горбачевич, 1973）

《Русская грамматика 1980》一书对两种形式的定义更为详细："самоё 的形式显然是受了 она – её 这一组代词变格的影响，如今这种形式是陈旧用法，但依然在书面语中广泛使用。"[1]

在现代俄罗斯媒体语言中，不管是口语还是书面语，都更倾向于使用

---

[1] Шведова Н Ю. *Русская грамматика* [M]. Москва: Наука, 1980: 324.

саму 的形式。比如：

Не скрою, поводом к написанию этой статьи было развернутое выступление Евгения Альбац в "Новой газете", критикующее **саму** идею выдвижения Лужкова в президенты с идейных же позиций. (Итоги, 27. 10. 1997)

А на днях освобожден от должности генеральный директор телекомпании "Ариг Ус" Ярослав Николаев, **саму** же телекомпанию предупредили: еще раз дадите в эфир материалы ОТБ – лишим лицензии. (Известия, 18. 06. 1998)

Раз большинство педагогов **саму** идею поддерживают, надо придумать, как обезопасить школу от экзаменационной коррупции. Но пока ясно: школа с выпускных экзаменов ничего не имеет, а вуз боится потерять то, что имеет. (Известия, 17. 08. 2001)

Израиль провел **саму** масштабную за два года операцию в Палестине. (Известия, 20. 04. 2003)

Саму террористку разорвало на куски, вчера оперативники так и не смогли установить ее личность. (Известия, 05. 06. 2003)

Он не исключает, что террористка изначально намеревалась попасть на **саму** авиабазу, но в последний момент ей пришлось "скорректировать планы". (Известия, 05. 06. 2003)

Это словосочетание, пожалуй, как нельзя лучше выражает **саму** суть благородного библиотечного дела. (Известия, 10. 11. 2004)

广播和电视语中也经常使用 саму 的形式。这已经成为一种普遍的语言现象了。

因此，сама 的变格在 эта, та, одна, наша, вся, моя, чья 等其他代词变格规则的影响之下，已经抛弃了第二种四格的词尾形式：-оё。这种抛弃使得 сама 的屈折性降低，变化形式更加简洁、更加经济，符合分析化现象的要求。

4.8　本章小结

1. "分析性" 在形态层面的主要表现就是词的不变化性。众所周知，综合语最典型的特征就是词汇具有复杂的外形变化，并通过这些变化来表达各种语法意义，一个词具有形态聚合体，是一批词形的代表。而分析语则没有或者少有变化，语法意义通过重音、虚词和文本来表示，因此俄语形态层面不变化性的大量增加就是分析化现象增强的典型表现。具体就是指不变化词数量的增加和种类的增多，这在现代俄语的大多数词类中都有很明显的表现。

2. 形态层面的不变化涉及全部的俄语词类，除了名词和形容词之外，还包括动词，以及副词、副动词、无人称述谓词和助词类，如前置词、连接词、语气词等。

3. 俄语词汇层面不变化词汇大幅增加的原因主要是：第一，不变化词使用方便简单，在交际过程中减轻了人们记忆负担，符合省力原则和现代社会发展加速的需求。第二，词汇摆脱了复杂的形态变化，不能再同时承担词汇意义和语法意义，原本集中为一个词的意义现在只能由两个或更多个词来分别承担，拉大了语义缝隙，便于对其进行说明和修饰，符合人类思维的分析性特点。第三，词汇虽然不变化，但其原有的语法意义也可以通过和其搭配的动词或形容词来表达，这样更加省事。这本身也是分析化的典型表现。

4. 名词是近年来不变化词涌入数量最多的词类，这和语言接触有很大的关系。

5. 副词是实词中最基本的不变化（分析化）词类，也是俄语语法分析化现象的火车头。因为副词是俄语中存在最久、数量很多，且新词层出不穷，使用频率又特别高的一类不变化词。而且前面我们已经说过了，副词是一种表示"关系"或"性质"的词，对它来说搭配性是第一位的。正是因为这种"搭配性"才导致了副词和其他词类之间的密切关系，而又因为这种密切关系的存在导致了副词的不变化性能够进入到其他实词领域。

6. 20 世纪 20 年代末，出现了一种新的语法类别——分析化形容词（аналитическое прилагательное），如：платье беж, костюм хаки, театр-буфф。М. В. Панов 认为，这是"语言分析化进程中最具有革命性质、最罕见的现象，但就算如此罕见的现象也在俄语中出现了"[①]。

如今分析化形容词数量如此之多，以至于没有一个学者、一部词典能够确定其数量。（Е. А. Земская，1998）如果在 20 世纪 60 年代这种单位还只是言语现象的话，那么如今它们已经是"语言现象"了（Е. И. Голанова，

---

① Панов М В. *Позиционная морфология русского языка* [M]. Москва: Наука, Школа "Языки русской культуры", 1999: 289.

1998）这些都说明了分析化现象的增强在形容词这一词类领域的表现。

7. 除了分析化形容词之外，还有大量的兼类词和同音异义词做非一致定语的情况。从 20 世纪 80 年代至 21 世纪初，俄语报刊中带有兼类词和同音异义词做非一致定语的派生结构数量大大增加了，总量增加了六倍还多。这反映了形态层面俄语分析化现象的增加。

8. 动词作为句子的核心成分，一直是语言中最稳定的部分，很难被各种变化所影响。然而，随着社会的发展和分析化现象的深入，俄语动词也表现出了一些分析化的趋势。这主要表现在：双体动词数量的增加和广泛应用；动词变位形式的简化；部分带 -ся 动词接第四格做直接补语等方面。

9. 在俄语分析化现象这一普遍趋势的影响和带动下，俄语数词领域也出现了分析化的发展现象，这主要体现在俄语数词格形式的减少和不变化性的增加。

10. 代词和虚词领域也有分析化现象增强的体现，这里我们分析了代词性形容词 сама 变格的简化。

第五章　现代俄语句法层面的分析化现象

句法属于语言的结构架，是语言体系中最稳定的部分，不像词汇那样敏感、易变。然而即便如此，现代俄语的分析化现象也已经渗入语法从形态到句法的各个层面。因为形态学层面的分析化现象正是通过句法来体现的。A. A. Потебня（1968：66）认为："没有哪种形式的存在和功能是不通过意义，即它与其他词和形式之间的联系来体现出来的。"词在句子中的地位及其与其他词之间的联系决定了它的功能、角色和意义。所以说，纯形态学层面上分析化是不可能的，它必须通过句法得以实现。句法中的词与词之间是活的关系，词语必须调动其全部的力量来表现自己。语法意义通过各种形态来体现，同时又在各种语法形态中被抛光打磨，变成真正的言语。也就是说，语法意义在句法中得以实现。语言的任何变化最终都要达到句法这一层面。因此句子结构中的分析化现象正在变得越来越明显，分析性也越来越强。

现代俄语句法形成于 20 世纪中，与 19 世纪相比，现今俄语的句法面貌已经发生了非常大的变化。根据传统句法学的理论，句子和句子之间有明显的界线，句子内部的句法关系也一样清晰。但在如今带有分析性结构的句子中这种界线和句法关系会变得模糊，以往完整的句子被分割成许多部分，句子成分之间不再有明确的语法关系，语法意义只能通过其他手段（如词序、语调、停顿等）体现，句子中的语段链也被切断，有着重要语义的句子成分占据实义的位置（актуальная позиция）。以往连续的句法链条、鲜明的从属关系发展到今天较为松散的结构，各成分之间相对独立，句法联系较为隐秘。音律面貌也发生了变化：句段长度大大缩短，句子成分间的分散破坏了句子的句法框架，依附和并列类型的自由句法联系越来越活跃，句子的表现力越来越多地通过语法结构本身而不是词汇来体现。句法构造变得越来越分散，越来越片段化；形式上的句法联系越来越弱、越来越自由，黏着性的句法联系增强，各成分之间结合的紧密性降低，可分解性增加。这一切无形之中皆增强了俄语句法的分析性，削弱了它的严谨性、支配性和复杂的完整性。

在各种内外因素的影响下，俄语句法结构变得越来越分割，越来越不完整，句法关系越来越弱化、自由化，同时也使得文本的作用得以提升，独立句子中词序的作用得以进一步强化。换言之，文本的完整性不再由各个连接成分来构建，而是由内容来决定，或者说文本的完整性在很大程度上由句子间的逻辑关系来决定。这正是分析化现象的表现之一。

俄语句法发展变化的另一特点是简化趋势。21 世纪是新的科技革命时代，信息交流日趋频繁，社会生活节奏明显加快，这种情况必然要求作为人们交际工具的语言去适应这一时代特点，人们力求尽可能地在较短的时间内，以较快的速度传播信息、交流思想；即力求使语言的运用符合"经济原则"，句法结构的简化趋势正是顺应时代的产物。俄语句法的分析性倾向和简化趋势在句法的各个层次和各个方面都有所表现。具体表现在句子框架内格功能的弱化，以及提位复指结构和分割结构等功能的强化，不一致搭配，一格的扩张，语法意义不通过词汇来表达，意义一致原则的加强，等等。相应地，文本、词序和重音的作用越来越重要。这些都是分析化现象增强在句法层面的表现。

所以，俄语句法也在朝分析性方向发展。虽然分析化还没有彻底完成，但已经大大改变了传统句法的面貌，撼动了其不可动摇的权威地位。这一趋势正在继续发展，方兴未艾。现代俄语所出现的大量超出传统语法规范的特殊语言现象和特殊结构，就是它正向分析语方向发展的明证。

我们认为导致俄语句法分析化的原因主要有：一、分析性的句法结构变化少，更加方便使用，符合省力原则；二、分析性的结构短小精干，各成分之间可以轻松分解和再组合，便于对其进行修饰和加工，表现力更强；三、分析性的结构因为屈折性减弱，所以语序比综合性的结构更加符合思维的先后顺序，理解和表达起来都更容易；四、这种更接近口语性质的句法形式更加符合现在大众交际的需求。下面我们来详细看一下现代俄语中句法层面分析化现象的具体表现。

5.1　分析性动名词词组

我们在第二章中已经说过，句子层面的分析化可以分为句子成分的分析化（带有分析性联系的句子成分的形成）和句子的分析化（句子各成分之间分析性联系的形成）。句子成分的分析化主要体现在现代俄语中分析性动名词词组的大量出现和广泛运用。19 世纪的俄语书面语中出现了大量的动名词词组，这基本上是动词的对应词或同音异义词，比如：иметь намерение 和 намереваться，оказать помощь 和 помочь，дать указание 和 указать，делать анализ 和 анализировать，совершать кражу 和 красть，приходить в отчаяние 和 отчаяться。

　　分析性动名词词组的主要作用在于弥补对"非物质性事物"（诸如思维活动、心理过程和状态）称名手段的不足，并且在表示上述无法直接观察到的活动时竭力使命名具有可视性。大量实例表明，通过词缀构词来表示"非物质性事物"缺乏表现力，而词汇性描写方式则具有较强的直观性。因为，单个的动词是将"行为"与"行为名称"合为一体，而动名词词组则是用具体意义削弱的动词和意义抽象的名词，将"行为"和"行为的名称"分开表达，其中动词的引申意义使得抽象行为具有可视性。由于书面语体更多地记录了人类抽象思维活动，而动名词词组常用来表示抽象性强的行为，因而动名词词组常常大量出现在书面语中。例如：

　　Взрослые слишком часто **дают ребятам исчерпывающие ответы**, видят в этом даже особую педагогическую заслугу.（Известия, 03. 03. 2003）

　　Мы регулярно в прошлом получили Ваши заказы, но как следует из наших документов по продаже, два года назад мы перестали их получать. Мы хотим знать, вызвано ли это какими-н. причинами, за которые мы **несём ответственность**...（Известия, 05. 03. 2005）

　　Тридцатидвухлетний учёный вслед за английским профессором В. Смитом, но совершенно от него самостоятельно... **сделал описание** вируса гриппа.（Известия, 03. 09. 2008）

　　在动名词词组中，用于抽象本义的名词构成整个词组的语义核心，而动词的具体意义削弱、独立抽象意义尚未形成。它赋予整个词组以动词的语法属性，由此构成词汇体系中的特殊称名手段：通过组合的形式，分解式地表达实际上相当于一个单独的词所表达的意义（如：нести переписку "通信" 和 переписываться）。动名词词组的词法意义由名词成分确定，语法意义由动词承担，将原来集中在单个动词身上的词汇意义和语法意义分解开来，由不同的词分别承担，这恰恰是分析化现象的典型表现。因此，该形式是具有称名功能的、有分析性特征的一种词汇单位。动名词词组的形成取决于动词、名词的特点及其相互关系。与单一的动词相比，这种表达拉大了语义缝隙，增加了对成分进行修饰的空间，使得表达更为精细，而且使用方便，符合思维的顺推逻辑。大部分这一类的分析化结构在西欧语言中都有平行成分。В. П. Филиппова（1968）指出，这一类动名词词组大部分出现于 18 世纪，受法语的影响[①]。

5.1.1 分析性动名词词组的构成

分析性动名词词组中的动词一般是下述两类：

一、第一类动词的直义表示人借助肢体所进行的、改变物体在空间位置的活动，此种行为具体可见。如：нести（拿、取），вести（运、载），отдать（给），наносить（带、给）。它们在构成动名词词组时，从表示具体行为的直义转而表示抽象的行为，正如有的学者所指出的那样，此时动词表示引申或者说用于转义。比如：нести книги（拿书）与 нести ответственность（承担责任），вести ребёнка（领孩子）与 вести беседу（进行交谈），отдать журналы（还杂志）与 отдать предпочтение（偏爱）。在上述每对例子中，前一词组中动词用于直义，后一词组中的动词意义表示引申。

二、第二类动词是指人发挥心智施于具体对象的行为，如：испытывать（试验），пользоваться（使用），найти（寻找），питать（供养）。这类动词中的绝大部分在构成动名词词组时，从表示具体行为转而表示抽象行为，比如：испытать станок（测试机床）与 испытать голод（感到饥饿）；пользоваться телефоном（使用电话）与 пользоваться успехом（获得成功）；найти поддержку（得到支持）；питать больного（喂养病人）与 питать любовь（怀有爱意）；иметь деньги（有钱）与 иметь разговор（谈话）。可以看出，动词第二组里发生了意义的引申。与第一类动词相比，引申跨度较小。

动名词词组的名词既可充当直接补语，也可充当间接补语，如：принимать решение, поднимать панику, пользоваться успехом；名词前面有或无前置词，如：впадать в восторг, приходить к мнению, нести переговоры, иметь беседу。我们可以将名词分为以下几类：

---

① Милославски И Г. *Современный русский язык* [М]. Москва: 3-е изд, 1997: 178.

1. 受外界影响而引起的人的生理和心理反应或所处状态。如：ужас, гнев, восторг, усталость, давление, боль 等。

2. 对他人和外界事物的态度。如：уважение, сомнение, симпатия, претензия, сочувствие, ненавить, благодарность 等。

3. 人的思维活动类型、结果及对思维的评价。如：исследование, анализ, перевод, вывод, учёт заблуждение, путаница, ясность 等。

4. 对信息、知识的记忆、阐释、获得或传播。如：напоминание, сознание, интерпретация, расшифровка, учёба, расспрос 等。

5. 人的信念、欲望、信心。如：доверие, убеждение, вера, подозрение, надежда, жажда 等。

6. 人的社会性活动。如：приём, беседа, переписка, пропаганда, знакомство, столкновение, борьба 等。

7. 以物质世界为对象进行的活动。如：ремонт, загрязнение, расход, запуск, контроль, движение, стройка 等。

此外，动名词词组中，动词和名词的结合还带有极明显的约定俗成的特点，并非可以随意自由组合。

5.1.2　分析性动名词词组相对于动词的优势

一、表达更精确

经过对比可以发现，从节约言语力量消耗的角度来看，毫无疑问，综合的表达方式更能胜出。而分析形式的优势在于更加具有表现力和表达更精确。Ф. И. Буслаев（1959：233）指出，分析性的表达方式下可以对事物本身进行修饰，因而表达更加精准，比如用 держать умную речь 取代 умно говорить；比如以下三个例句中，在使用动名词的情况下，均可以对名词进行进一步的修饰：

Для локализации аварии и ликвидации ее последствий было необходимо … **провести полную дезактивацию** местности.（Встреча, 23. 04. 2003）

Это логичное решение для такой компании – **сделать долгосрочные инвестиции.**（Известия, 29. 05. 2002）

Это великолепно изданный, **снабженный богатым подбором** хорошо выполненных иллюстраций и к тому же недорогой том.（Известия, 30. 04.

1998）

二、义素增加

动名词词组含义不完全等同于相对应的动词，与后者相比一般会增加新的义素。比如 войти в привычку 并不完全等于 привыкнуть，而是借助动词 войти 突出了行为的开始，завести знакомство 并不完全等于 познакомиться，而是借助动词 завести 强调了行为中有意识的成分，бросить взгляд 并不完全等于 взглядеть，而是借助 бросить 突出了行为的强度。这种义素的增加之所以成为可能，是由分析性词汇单位的优势所决定的。动名词词组将"行为"与"行为的名称"分开表示后，为比单个动词表达更丰富形象的意义提供了可能。

动名词词组与相应的动词相比，更能表现不同主体、主动与被动、使动与受动、受动与解脱等关系的转换。例如：дать согласие 与 получить согласие，而 согласиться 则不能表明主体的变化；попасть в объятие 与 заключить в объятие，而 обняться 则不能表示主动与被动的变化；приходить в уныние 与 приводить в уныние，而 унывать 则无法表示使动与受动的区别；приводить в состояние 与 выводить из состояния，没有一个单独动词表示这对词组的意义和使动、解脱关系。

再者，动名词词组的运用还使得表达更丰富。比如，动词 балансировать 具有多种分析化的词组形式，这些形式通过动词的变化可以表达很多不同的意义，可使语言表达更丰富，交际者的选择更多，更能准确地传情达意：

1. составлять/составить баланс; ставлять/составить баланс

За годы Советской власти были **составлены семь таких межотраслевых балансов**: за 1959 г. с выделением 83 отраслей материального производства, за 1966 г.（Вопр, статистики, 23. 12. 2004）

2. проводить/провести балансировку

Если вы захотите купить в «Автотемпе» еще и новые зимние шины, то компания бесплатно их установит и **проведет их балансировку**.（Автопилот, 15. 10. 2002）

3. делать/сделать баланс

Попросили **сделать баланс**, в организации где нет бухгалтера. Фирма занимается и оптом и розницей.①

А именно как **сделать баланс** белого на фотографиях?②

Чем **сделать баланс** форсунок, если нет тестера форсунок?③

4. реализовывать / реализовать баланс, балансировку; осуществить / осуществлять баланс, балансировку

Так он ответил на вопрос о том, как **реализовать баланс** между чувством радости и работой по обеспечению безопасности во время Олимпиады.④

Поэтому колектив индивидов обладает иерархией, позволяющей более эффективно **осуществлять балансировку** ассоциативных характеристик своих индивидов.⑤

Любой разум конечного мира может **осуществить баланс** бесконечности в себе, следуя балансу точки бесконечности.⑥

Горизонтальные балансировочные станки позволяют **осуществлять балансировку** роторов различной конфигурации.⑦

Необходимо **реализовать баланс** трафика между отдачей и закачкой друзьями контента из интернета, между пользователем и торентом.⑧

А вот как **осуществить балансировку** исходящего траффика так, чтобы А ходил через А, Б через Б, в случае падения А – все через Б?⑨

Способов **реализовать балансировку** трафика между каналами достаточно много, начиная от динамический маршрутизации и заканчивая многотабличным роутингом.⑩

Но современные средства терминального доступа, как правило,

---

① http://buhgalter.by

② http://megauroki.ru

③ http://autodevice.ru

④ http://russian.xinhuanet.com

⑤ http://kia54.narod.ru

⑥ http://refferat.com

⑦ http://schenck-rotec.ru

⑧ http://bsdportal.ru

⑨ http://opennet.ru

⑩ http://nestor.minsk.by

способны работать с кластерами серверов и **осуществлять баланс загрузки.**①

三、分析化的单位可以平衡多义词的意义

比如动词 дифференцировать 有以下几个意义："разграничить (разграничивать), расчленить (расчленять), выделить (выделять) разнородные элементы при рассмотрении, изучении чего-л. 和 найти (находить) дифференциал"。因此，该词至少有两个派生的动词词组：осуществлять/осуществить дифференциацию (А между тем опыт жизни реального коммунистического общества в Советском Союзе позволяет **осуществить тут должную дифференциацию.)**② 以及 находить/найти дифференциал (Если бы можно было **найти дифференциалы** dL, dL1, то рассмотрение вариаций, обозначенных через D, стало бы излишним.) (Остроградский, 1854)③ 这种动名词的表达在苏联时期被认为是书面语形式，现在已经步入民间口头交际之中，越来越普及，日益大众化，已无书面语的味道。

5.2 前置词使用的积极化

语言的发展与思维的发展紧密相联。在高度发达的复杂的社会条件下，人们为了交际、记忆和传递信息，在交际中会选择那些具有最大信息含量的语言手段，那些在现代条件下能够很好地"工作"和能最大完成任务的语言手段。Н. А. Луценко 指出："语法形式的自由编程首先就是与说话人客观需求相适应的语言指向的实际分配。"④

随着人类思维的发展，格功能也在变得更加复杂化，最终导致了意义负荷过载，并催生了前置词结构的出现。我们可以将语法形式和意义看作是一

---

① http://compress.ru

② Зиновьев А А. *Советская контрреволюция* [M]. Москва: Советская Россия, 1998: 110.

③ Остроградский М В. *Научное познание и математическое творчество* [M]. Москва: Наука, 1854: 55.

④ Луценко Н А. *О сравнительном и других значениях творительного падежа* [J]. Русский язык в школе, 1998 (4): 65.

种标记。说话人借助它们可以实现自己的交际意图，克服形式的阻力，实现所需手段的自由选择。人们选择所需要的前置词，可以使得语言表达细化。现代俄语中充斥着很多派生前置词。这与语言中细化的逻辑语法关系的表达需求密切相关。前置词的大量出现导致了现代俄语中出现了"前置词使用的积极化"这一现象。前置词结构大量取代了意义相对模糊的格形式。

出现这种现象的原因在于前置词本身是有意义的，借助它可以使语法意义表达得更加精确，比如前置词 на 所携带的目的意义：тактика на ослабление, курс на реформы, политика на затягивание, цель на перспективу, скважины на воду 等。类似结构具有鲜明的政治话语的特点，并且开始排斥对应的无前置词结构以及其他前置词结构，比如：в перспективе, политика на затягивания, скважины для воды。

前置词本身具有意义，搭配名词后可使意义明确，而格意义一般呈多义性，还得要求读者选择其意义。使用前置词取代格形式的好处在于：一、去除原有的意义模糊性；二、增加了意义的准确性；三、加大了意义表达的范围；四、通过加前置词分摊语义并使之清晰明了化。比如：ссоры между соседями 和 ссоры соседей；книга для отца, книга от отца 和 книга отца；окружения против врага 和 окружение врага，带前置词的结构明显比二格结构表达意义更为精准。

前置词使用的积极化也是分析化现象增强的表现。В. В. Виноградов[1]早在 20 世纪 40 年代就指出，前置词语义系统的变化是俄语系统中分析语成分发展的征兆。这是因为首先前置词属虚词，具有鲜明的词属特征。就意义而言虚词不指称事物、特征、数量和动作，它的意义通过所表示的语法关系和附加色彩体现出来。就句法功能而言虚词不做句子成分，就形态结构而言虚词无形态变化，不能进行形态分解，因此前置词本身就是分析性的。其次，众所周知分析语的特点之一是借助虚词来表达语法关系，前置词作为虚词的一种，其数量和使用的增加也必然是语言分析化程度加深的表现之一。最后，前置词本身具有意义，使用它来分摊表达的意义并从句法上形成联系，使本来由单个词来表示的语法意义分解为两个词或多个词来承担，这就是分析化。这样做也能拉大语义间隙、拓展修饰空间，使表达变得更为精细，符合分析性语言的特征。

---

① Виноградов В В. *Русский язык. Грамматическое учение о слове* [М]. Лениград: Учпедгиз, 1947: 305.

现代前置词的搭配使用并不是一下子形成的。研究者将前置词系统的发展划分为两个阶段。第一阶段是 17 世纪之前，这一阶段的前置词的发展主要依赖俄语内部的资源。第二阶段是从 17 世纪末至今，这一阶段借助历时的转换形成了很多新的前置词，"从 8 世纪到 17 世纪出现了几个新的前置词：подобно, противно, смотря по…и…"[①] 从 17 世纪末开始，新前置词的出现则从没有间断过。

俄语中前置词结构的积极化早已存在，早在 1964 年俄罗斯学者 В. А. Белошапкова 和 В. М. Филиппова 就研究过这种语言现象。她们指出，带有二格、三格和五格的无前置词结构被前置词结构排挤的现象在 19 世纪就已经存在。最近几十年来这个过程继续发展。不仅名词，动词和形容词中也都出现了前置词排挤格的现象，前置词对于建立词与词之间语法关系的作用越来越大。

前置词重要性提升的现象最早出现于公文语体，如今非公文语体中也出现了这种前置词结构排挤非前置词结构的现象，最为常见的是前置词 с 和 по，比如：откладывать отъезд – откладывать с отъездом; закончить уборку – закончить с уборкой; задерживать выплату зарплаты – задерживать с выплатой зарплаты。其中 по 在文学作品中早已被过度使用，比如：слесарь-ремонтник – слесарь по ремонту; инженер-технолог – инженер по технологии; преподаватель истории – преподаватель по истории。至于 ателье по ремонту верхнего платья; совет по туризму, программа по добыче алмазов (ср.: программа добычи алмазов); план по выпуску (ср.: план выпуска...) 之类的结构，早在 20 世纪 70 年代时就已经得到了官方的认可。

而 19 世纪整个过程中都充斥着带前置词结构排挤无前置词结构的现象，比如：входить воротами > входить через ворота, далеко родины > далеко от родины и др[②]。这同样也可以理解为是受到分析性的西欧语言影响的结果。20 世纪这个过程继续发展，比如：пункт проката // пункт по прокату, теребить бороду деда // теребить деда за бороду, глаза Миши голубые // глаза у Миши голубые, опыт работы // опыт в работе, итог

---

① Виноградов В В. *Русский язык. Грамматическое учение о слове* [M]. Лениград: Учпедгиз, 1947: 125.

② Милославски И Г. *Современный русский язык* [M]. Москва: 3-е изд, 1997: 34.

полугодия // итог за полугодие, план выпуска // план по выпуску, похожий характером // похожий по характеру。

5.2.1 现代俄语中前置词重要性提升的分类

我们将现代俄语中前置词使用的积极化分为以下几点：

一、前置词数量的增多

通过对《1980 年语法》中统计可知，俄语中原始前置词的数量并不大，含对偶融合前置词（парный предлог-сращение）共 25 个，但由副词名词和动词派生而来的非原始前置词的数量却相对较大，其中由副词派生的前置词有 67 个，由名词派生的前置词有 93 个，由动词派生的前置词有 17 个。（胡孟浩等，1991）而据 M. B. Всеволодова 统计，俄语中的前置词现已达到 2000 多个。"据粗略统计，俄语句子平均 10—12 个词中就有一个前置词。有的句子中前置词的使用频率很高，可以占到句中单词总数的 1/3。"（穆慧春、曲雅静，2006：64）

实词搭配前置词的结构数量也急剧增加，比如：в деле, по пути, в области, в смысле, с целью, в целях, в качестве, в порядке, в виде, в направлении, в зависимости от, в соответствии с, во избежание。

19 世纪大量的派生前置词被广泛使用，这些词出现于 18 世纪，但在 19 世纪后半期才被广泛运用，而且是在书面语体中。它们大多来自对法语或德语的模仿，大部分在法语、德语或英语中都能找到类似结构。比如：по причине (<a cause de), ввиду (<en vue de, in Anbetracht), в силу (<a force de, kraft des), вследствие (<en cons`equence, zufolge, folglich), в течение (<im Laufe), с помощью, при помощи (<`a laide de, mit Hilfe von), благодаря (<grace`a, dank)。其中最明显的莫过于 благодаря тому<grace`a，因为动词 благодарить 是及物的，正常情况下由它派生而来的 благодаря 的接格应该是 благодаря то 才对，благодаря тому 明显是受了外来语接格的影响。

二、前置词的连用

20 世纪 70 年代，俄语大众传媒中曾经盛行将名词二格连续使用而构成冗长语句的现象，现在这种冗长句子的现象仍然存在，只是开始转而借用前置词来构建，因而在一句话中连续使用三四个前置词的情况十分常见，例如：

Весной 1993 года на IX съезде противники Ельцина имели значительное большинство, и они сумели протащить постановление «О мерах **по** обесцечению свободы слова **на** государственном телерадиовещании и **в** службах информации». (НГ, 12. 05. 2003)

Прокуратура Камчатки возбудила уголовное дело **в** отношении чиновников областной администрации **по** факту «злоупотребления должностными полномочиями, совершенного **из** корыстной или иной личной цели» Речь идет **о** нарушении федеральных законов **при** принятии местного положения **о** распределения долей общих допустимых уловов **для** прибрежного рыболовства. (Газета, 31. 03. 2004)

Об этом журналистам сообщил начальник оперативно-розыскного бюро **по** борьбе **с** экономическими и налоговыми преступлениями главного управления МВД РФ **по** Приволжскому федеральному округу генерал-майор Владимир Ярыгин. (НГ, 01. 04. 2004)

Федеральный закон **о** внесении изменений и дополнений **в** статьи 23 и 24 федерального закона «О воинской обязанности и военной службе».[1]

В Минсвязи России утверждены результаты проведения открытого конкурса **по** выбору исполнителей работ **по** реализации **в** 2003-2004 г.г. мероприятий ФЦП «Электронная Россия».[2]

三、前置词的冗余现象

目前俄语言语实践中经常会出现前置词冗余的现象，即在过去不使用前置词的情况下加入前置词结构，这是分析化趋势过度发展的一种体现，如геноцид против русских, террор против мирных жителей, сертификат о сдаче экзаменов 等等：

В любом случае **сертификат о сдаче** ЕГЭ вы можете разослать во многие вузы, в том числе и столичные. (Комсомольская правда, 01. 04. 2004)

В свете итогов правления Черномырдина голосование за его

---

① http://www. akd.iru

② http://www.egovernment.ru, 15.05.2003

утверждение означает поддержку политики **геноцида против собственного народа**, предательство национальных интересов России, оправдание расстреда парламента в октябре 1993 года и войны на Кавказе. （Эхо Москвы, 08. 08. 1996）

В Чечне боевики продолжают **террор против местных жителей.** （НГ, 22. 10. 2001）

Он остро нуждается в энергетическом подпитке **партнеров по работе**, своих сил явно не хватает. （АиФ, 21. 05. 2007）

В этих мемуарах, по собственному признанию, рассказывал правду о многих знаменитых **личностях от искусства**. （АиФ, 31. 03. 2008）原本通常用无前置词词组 личночти искусства。

Если я **за сегодня** не прочитал 5 толстенных книжек, то завтра меня отправят на переэкзаменовку и вопрос «чтобы съесть и где взять денег» уйдет на второй план. （АиФ, 20. 04. 2008）此句中前置词 за 完全多余，只用 сегодня 即可。

Всю страну возмутил **беспредел с демонтированием** в Таллине монумента воину-освободителю. （АиФ, 04. 06. 2007）这里用带前置词 с 的词组代替无前置词第二格词组 беспредел демонтирования，这种代替同样不必要。

四、搭配扩张

在现代俄语中，前置词不但出现了和非静词连用的言语事实（虽然有人认为这是名词化的现象），还出现了和句子连用的言语事实。例如：

Прикинем, что мы можем успеть сделать **за сегодня**. （В. Еременко）

Насчёт выпить не беспокойся. Всё есть. （Б. Шишаев）

Место **для когда** родился и умер. （С. Каледин）

现代标准语语法认为，前置词不能与动词原形连用，只能与动名词连用。但近些年在现代俄语报刊中可以经常遇到前置词直接与原形动词连用的现象。如：

Я не **против** встречи и **побеседовать**. （Известия, 31. 01. 1984）

Ни хлеба у вас, ни мяса, не говоря уже **о выпить**. （Куранты, 04. 01. 1993）

五、语用扩张

俄语前置词的语用扩张主要表现在，前置词的串用、独用和复用等方面。例如：

Можешь взять книгу **до после** каникул. （Е. А. Земская）

Только взвесив все **за и против**, принять окончательное решение. （Е. А. Земская）

Поедем **на трамвае на** 25-м. （О. А. Лаптева）

六、в 和 на 之间的竞争

前置词 в 和 на 之间的竞争也从未中断过。近年来，на Украине 越来越多地被 в Украине 所取代。普京的多次讲话中都使用了 в Украине，而不是 на Украине。我们认为这种现象出现的原因还是在于同类现象的一致性需求：其他国家都是使用前置词 в，只有 Украина 前面用 на，显得很另类，不符合表达习惯，所以为了方便表达，Украина 的搭配逐渐也会向 в 靠拢。而且从发音上来说，в Украине 显然比 на Украине 更顺口。

有些时候 в 和 на 又是两者共存的，比如：на кухне 和 в кухне；на огороде 和 в огороде；на поле 和 в поле。在 19 世纪时用 в 的情况偏多一些，比如：в концерте；идти в рынок；жить в улице；быть в маскараде。

Не угодно ли вам сегодня пойти **в концерт**? （И. Тургенев）

...Надев мужской наряд, Богиня едет **в маскарад**. （А. Пушкин）

19 世纪时 театр 一词表示"舞台，戏台"，因此常用 на театре，如今更常用的则是 в театре。"在企业"规范的表达方式应为 на предприятии，但现在却在报刊上见到了 в предприятии：

Проверка была проведена **в 120 предприятиях** торговли столицы. （Известия, 26. 06. 1996）

"出国"按规范应为 за границу，但如今出现了 на границу：

Слухи о том, что многие россияне готовятся к худшему в стране и скупают билеты «**на границу**», похоже, преувеличены. （Известия, 13. 04. 1996）

这种不同词功能的交叉和混乱也体现了前置词目前使用的积极性。

5.2.2 几个常见的前置词重要性的提升

一、前置词 по

前置词 по 的积极化现象在 20 世纪 60—70 年代被认为是非规范用法，现在已被视为规范。我们认为 по 的积极化现象也反映了俄语的分析化现象。因为，第一，по 广泛取代其他几种前置词的部分功能，把多个前置词的功能归于一个前置词，使得在表达同一意义的时候，词的形态只用三格形式，屈折性减少，形式简化，便于使用和理解；第二，与其他前置词相比，по 的含义通常是 "在……方面；针对……"，目的性和针对性更强。这种意义的单义化和功能的细化，也是分析化的体现。по 的积极化一般有以下几种：

1）替代前置词 в

Он (Евгений Леонов) был артист **по жизни**.（Аиф, 25. 04. 1996）

Это внесло раскол в арабские страны **по мирному процессу**.（Радио Свобода, 05. 05. 1999）

2）替代前置词 за

Долги России **по газу** резско поднимались.（Сегодня, 13. 04. 1994）

3）替代前置词 на

Брак **по картинке** связан с помехами на линии.（ТВ, «Итоги», 19. 03. 1995）

4）取代前置词 к

Их правительства предпримут дальнейшие шаги **по недопущению** эскалации кровопролития.（Радио Россия, 04. 03. 1996）

5）取代二格的形式

по+三格搭配代替二格的情况早在 19 世纪就已经大量出现了。俄罗斯学者 В. А. Белошапкова 根据主要词的意义分出了三组词组：1）人名；2）各种纸张、文件、机构、企业的名称；3）某种行为的名称。（В. А. Белошапкова，1964：164）Н. Ю. Шведова 在《 Активные процессы в современном русском синтаксисе 》一书中举出了多个此类搭配的例句：программа литературы – программа по литературе; ателье ремонта одежды –

ателье по ремонту одежды. 尽管这种词组大量出现，但在 20 世纪 60 年代它们的分组却没有太大变化，依然是：1）职业，工作的人；2）各种方式措施；3）机构、组织；4）书面文件；5）有针对性行为的压缩名称。（Н. Ю. Шведова，1966）

如今带有前置词 по 的模式是如此的牢固，以至于人们不再讨论有多少具体的词组被取代，有多少功能上相等或相近的带有 по 的新词组出现。比如：пункты по выдаче приватизационных чеков; группы по сбору подписей; рабочие группы по совместной подготовке документов; Комитет Верховного Совета по правам и обращениям граждан; Комиссия по расследованию событий в Тбилиси; комиссия правительства РФ по оперативным вопросам; кампания по организации референдума; меры по предотвращению конфликта; меры по спасению шведской кроны; план по уничтожению террористов; опыт по ликвидации региональных конфликтов; редактор «Известий» по отделу советского строительства...

其中有很多这样的词组在 20 世纪 60—70 年代被看作是非标准，如今却已经变成了标准。В. А. Ицкович 在《Очерки синтаксической нормы》一书中，以当时的语料为基础，举出了以下非标准的带有 по 结构：Рекомендации по обработке почвы, план по вводу в эксплуатацию животноводческих помещений, комбайны по уборке свеклы, машины по упаковке товаров.（Ицкович，1982：122）在 Н. Ю. Шведова 的著作中这样的词组也不被认为是有发展潜力的词组，而如今它们却已经完全变成大家熟悉的词组并广泛使用。

二、前置词 о+六格的扩张

前置词 о+六格取代名词二格（программа о закрытии）和四格（有时是三格）（подчёркивает о необходимости），是另外一格前置词重要性的提升的表现。之所以会出现这种情况，我们认为，第一，六格的形式比二格更简单；第二，о 本身是有意义的，它的增加必然会给表达带来新的意义，使得意义的表达更为细化、更为精准，符合分析化意义分摊的要求。现在出版语言和媒体语言中有大量的此类用法，比如：

1）附属于名词的

И главное – упорное отстаивание стратегии **об уничтожении** (вместо стратегии уничтожения) террористов любой ценой, с абсолютным равнодушием к судьбе тех, во имя кого операция и проводится. (АиФ, 05. 04. 1996)

Не удалось добиться гарантий **о прекращении** (вместо гарантий прекращения). (ТВ, «Вести», 29. 11. 1992)

Мои ожидания **о тёплом приёме** (вместо тёплого приёма) с треском провалились. (Сегодня, 03. 01. 1999)

2）附属于动词的

动词也总有前置词 o+六格取代格支配的例子。现代俄语中这种现象大大增强。首先是表示言语行为的动词，因为它们的语义中包含了可以支配这个前置词的动词 говорить：

Об этом (вместо это) отмечается в обращении. (ТВ, Вести, 25. 06. 1992)

Президент предсказал **об отмене** (вместо отмену) политической борьбы. (Сегодня, 06. 03. 2003)

Ну **об этом** (вместо это) мы обсудим не сегодня, не на обсуждении. (Известия, 04. 03. 2000)

Я хотела **об этом** (вместо это) описывать отдельно. (Правда, 12. 03. 2001)

非言语动词中也有 o+六格泛滥的情况。比如下面的表示心理、情感，带有智能操作意义的动词等。

3）表心理状态和行为

Я имел в виду **об их политической судьбе** (вместо их судьбу). (ТВ, Без ретуши, 22. 02. 1996)

Затем они стали подозревать **о серьёзном заболевании** (вместо подозревать заболевание). (Радио России, 04. 03. 1996)

4）表情感状态

Он удивляется **о двух возвращённых ей посылках** (вместо двумя возвращёнными ей посылками), сообщает о леди Каролине Кокс. (Коммунистическая правда, 09. 03. 1993)

5）表智能操作或证据

Нужно рассмотреть **о соответствии** (вместо рассмотреть соответствие) действий властей и их компетентности. (ТВ, Вести, 27. 02. 1996)

Судьба-то решалась не просто **о вишнёвом саде** (вместо вишнёвого сада), судьба-то решалась о Ясной Поляне. (вместо Ясной поляны) (Радио России, 22. 11. 1997)

三、词组 о том+连接词的积极化

词组 о том+连接词已经成为引出从句的最常见的结构。任何词，不管其搭配接格要求如何，带什么连接词，不管该句子中是否有代词 то，都可以使用这个结构。这个引出从句的方式符合说话人的利益，即"偷懒"的言语策略，这也是省力原则在起作用。"о том+连接词"的出现避免了相应的接格和形态变化，降低了语言的屈折性，符合分析化现象。比如：

Он утверждает **о том, что** выборы в Чечне будет проходить свободно. (Радио Свобода, 01. 02. 1995)

Я ни разу не слышал, чтобы Борис Николаевич Ельцин подчёркивал **о том, чтобы** Россия вышла из Советского Союза. (Радио Свобода, 05. 04. 1998)

Людям объяснили **о том, что** надо работать, что цены не повышаются. (Радио Свобода, 12. 04. 1994)

А **о том, что** пора подавать в отставку, ему даже и в голову не приходит. (Известия, 01. 06. 1993)

Там понимают **о том, что** кризис неотвратим. (Радио России, 02. 02. 1996)

А вообще, конечно, нужно продумать **о том, чтобы** в каждом районе были такие магазины. (Радио России, 19. 04. 1994)

Я добиваюсь **о том, чтобы** были конкретные решения по Чечне. (НТВ, Итоги, 14. 04. 1996)

Познакомьте, пожалуйста, радиослушателей **о том, что** произошло. (Радио России, 07. 09. 1994)

У нас не рекламируют **о том, как** нужно вести себя на улице. (Радио России, 20. 02. 1995)

Люди боятся **о том, что** им не дадут зарплату. (ТВ, Вести, 26. 03. 1996)

о том+连接词甚至连一格领域都入侵了，这更加说明了其"泛滥"程度。这是非典型的搭配，因为一格不搭配前置词，此外，变格本身就说明了入侵的存在，比如：

Совершенно очевидным становится **о том, что** скорого окончания военных действий ожидать не приходится. (ТВ, 26. 12. 1992)

Одна из задач для представителей нашего института – это **о том, чтобы** была техника для обработки земли. (Радио Свобода, 03. 09. 1997)

以 20 世纪 90 年代中期的语言标准来看上述例子还是一种错误，甚至是愚蠢的行为。许多使用此类表达方式的俄罗斯人都认为这是不标准的。然而随着时间的推移，却发生了彻底的变化，错误变成了标准形式，并被大家广泛接受。出现这种情况说明了大家更倾向于选择分析性的表达形式。(М. Я. Гловинская，2000：341)

5.2.3　前置词使用积极化的原因

人们积极使用前置词结构的原因主要有两个：一方面前置词结构使词组的意义更加明确，区分性更强，符合现代句法内部对于表达细化和精准的需求。如词组 операция почки 和 операция на почке，前者既可以表示整个肾完全切除，也可以表示在肾内部或表面做手术，而后者则只表示第二个意思；再比如之前常用的五格结构：выйти дверью, окном, ударить человеком, ехать лодкой 等，区分意义不够细致，如今更常用的是前置词结构：идти лесом – идти около леса, идти по лесу, идти через лес, идти вдоль леса。比间接格具有更大的精确性使得前置结构在公文语体中数量增加得最为明显。

下面再看几个借助前置词可以达到的语义区分的例子：

Жители были разбужены от страшного грохота (вместо страшным грохотом). (ТВ, 09. 12. 1995) Разбужены 的五格包括主体意义，前置词 от 则可以表示原因，比如：Также проснулись от грохота.

В конгрессе уже предпринимались – попытки видоизменить эти законы, чтобы получить возможность ответить «око за око» тем странам, что дискриминируют против Америки. (Известия, 23. 03. 1994) Дискриминировать кого-то 意为限制某人的权利，这种行为与客体的利益不

一致，借助前置词来表达更为明显。也有可能是受英语 to discriminate against somebody 的影响。

我们下面详细地来看看前置词 на 是如何令文本的语义更加清晰明确的。近几十年来在公文事务语言（尤其是政治语言）中带有目的前置词的形式正在排挤着相应的二格形式，比如：тактика ослабления – тактика на ослабление, курс реформ – курс на реформы 等：

И только слепой не видит за эксцентричными поступками Руслана Хасбулатова продуманной **тактики на ослабление** демократических институтов, **на укрепление личной власти**.（Независимая газета, 13. 10. 2002）

Его приход к власти означал бы **курс на реанимацию** командной системы.（Коммунистическая правда, 06. 06. 2000）

Конгресс связывал представление такого статуса с условием, что Китай будет и далее следовать **курсом на демократические реформы**.（Известия, 29. 09. 1995）

Россия будет настойчиво проводить **линию на уважение** украинского народа.（Известия, 11. 06. 1996）

尽管此类结构有着更加官方和公文的性质，但它们包含了某种隐含，即第一个名词所指的行为是指向有某种目的的行动，借助前置词 на 可以表明这种目的性。即使名词本身不带有这种行为运动目的指向性，比如 война, цель，在带有 на 的结构中也能产生这种目的。на 在表目的的时候支配第四格，而第四格几乎不变化，因为其后不是动物名词，而是动名词，因此更为简便。此外带 на 的结构正在变成一种政治话语的符号，并且除了开始排挤格结构之外，还排挤带有其他前置词的结构：

Гитлер издал ряд секретных приказов. В них он объявлял предстоящую войну расовой, расовой **войной на уничтожение** (вместо с целью уничтожение) славян.（Известия, 08. 03. 1995）

Но после-то мы же должны быть объективными, ведь после смерти Сталина первые **шаги на разрыв** (вместо к разрыву) с этой идеологией сделал Хрущёв.（НГ, 11. 11. 1998）

下面的例句中与格形式相比，前置词 на 能更加明显地表示出行为客体的针对性。

Кто показывает народам **мира на необходимость**.（ТВ, речь

международного комментатора, 05. 03. 1998)

Нужно уделить **внимание на обучение** (вместо обучению) студентов. Больше уделять внимания на искусство, на театр. (ТВ, До 16-ти и старше, 08. 04. 1996)

Характерно, что когда Хрущёв после долголетней сталинской **опалы на Югославию** нашёл путь к примирению, Тито отметил. (Известия, 13. 07. 1992)

文本的压缩也导致了 на 的大量使用，俄罗斯学者 М. Я. Гловинская（2000：42）指出："在文本压缩的情况下，前置词能更加经济有效地表达出句子被省略掉的部分。"比如：

Федеральные войска надеются подойти к 31 марта с максимальными успехами над формированиями Дудаева. (НТВ, Итоги, 31. 03. 1996) 省略掉的部分是：успехами (в достижении военного превосходства) над формированиями。

除了前置词比格形式表达更为精细以外，格结构被取代时可以发展出很多新的意义，前置词可以扩展自身意义，以便其获得更加普遍的性质，比如：обсуждение кандидатуры/по кандидатуре。在这种情况下前置词搭配的意义与格形式相比，并没有变得更加丰富，选择它也说明了人们更喜欢分析化形式的表达。近几十年来这种现象在俄语中变得十分常见，比如：

Каждая партия предлагает свои **рецепты на возрождение** России. (ТВ, Российские университеты, 16. 01. 1996)

Выборы могут обернуться для российских налогоплательщиков **в сотни миллионов рублей** (вместо сотнями миллионов). (Известия, 16. 10. 1998)

Бронированные двери, облицованные **из ценных пород** (вместо ценными породами) дерева. (Телохранитель, 22. 01. 1995)

Президент поручил премьеру **заняться с долгами** (вместо долгами) по заработной плате. (НТВ, Сегодня, 30. 01. 1996)

Любовные признания мужчины **к женщине**... (МК, 16. 09. 1998)

Мы ни в коем случае не преследуем цели **для органичения** наших гостей. (Радио Маяк, 23. 09. 1990)

分析性动名词和前置词使用的积极化属于句子成分的分析化，此外还有句子的分析化，下面 11 个方面（5.3—5.8）全部属于这一点。

5.3 格范畴的变化

众所周知，"格"是屈折语所特有的一种现象，属于句子中必须用到的一种范畴，它表示名词与其他词之间的关系，包括名词与名词、名词与动词、名词与形容词等，格意义通过词尾的屈折形态变化来表示。所以格功能的弱化必然意味着屈折形态变化的减弱以及外显的句法外形的弱化，从而导致形式上的句法联系越来越弱，句子成分的组合越来越自由。连续的句法链条、鲜明的从属关系变成了较为松散的结构，文本、词序和重音所携带的意义也随之增加。这都是分析化加强的典型表现。因此我们认为，格功能的弱化就是句子层面分析化加强的体现。В. А. Богородицкий，Н. С. Валгина 和 М. В. Панов 也都曾经指出，格数量的减少和格功能的弱化是俄语分析化的表现。

本节中我们主要从以下六个方面进行分析：格数量的减少、格区别性的减少、格之间的相互影响、一格功能的扩张、四格功能的扩张、名词结构 "как+N1" 的积极化现象等。

5.3.1 格数量的减少

格数量的减少意味着格功能的合并和压缩，以及形态变化的减少，方便了交际，符合语言的经济原则，也是分析化加强的体现。现代俄语语法中，一共有 6 个格，但是，在俄语的发展过程中，曾经有过 13 个格的时候。格的数量的减少早在古俄语时期就已开始，至今尚未结束。如古俄语中的呼语格（Звательный падеж）现在已经完全消失，但在某些感叹形式中仍可观察到其印记：Боже мой! Господи! 在这种情况下，"形式的消失并不意味着意义的消失，只是这些意义通过形式之外的其他手段来表达"（Н. С. Валкина，2003：157）。如：呼语格的专门表达形式消失了，但呼语功能和呼语语调仍保留了下来，现代俄语是用称名格（第一格）形式来表达呼语格的意义。格形式消失了，其功能转而通过语调来体现，这就是综合方式的弱化。因为任何一个综合方式的弱化都会导致词所处的组合关系重要性的增加，也就是导致了分析化方式的增强。名词格数量的减少使得词汇原本携带的语法意义更多地由文本来确定，即综合性减弱，分析性增强。

格数量减少的起源可以追溯到古俄语时期。俄语中一些用以表达某种语义或修辞色彩的特殊词尾形式，或某些古俄语残留的形式都是格数量减少的证据。比如现代俄语二格就包含了之前的两种格，即 атрибутивный（определительный）и партитивный（количественный）падежи（定语格和数量格），比如：прохлада леса 和 кубометр лесу，后者二格的形式现在已经可以替换成更常用的词尾了，即 кубометр леса。再比如我们已经可以说：Много народа(-у) собралось на площади。某些副词词组和固定表达中也有以 -у 结尾的格的形式，比如：с испугу, умереть с голоду, задать перцу, комар носу не подточит。在某些物质名词表示数量时也会有以 -у 结尾的形式，比如 стакан чаю（如今更常用的已经是 стакан чая）、кусок сахару（也可以用 кусок сахара）、тарелка супу（也可以用 тарелка супа）和 тарелка молока。如今以 -а 或 -у 结尾已经不仅仅是形式和意义的问题，还是修辞问题。以 -у 结尾格的形式是单音节阳性名词，个别有多音节的；格意义表数量，修辞意义表口语，随便亲昵，目前正在走向消亡。

现代六格也同样包含了之前的两种格，即 местный (гулять в саду) падеж 和 изъяснительный (говорить о саде) падеж（方位格和说明格），这两种形式在语义和修辞层面上有区别，但在格层面上没有。在修辞上也有同样的情况，比如：в отпуске и в отпуску, в цехе и в цеху, на мысе и на мысу。不过这种情况不多，而且大部分情况下都是唯一一种情况可用，比如 гулять в саду, гулять в саде 则不太合适。在选择时常常要考虑前置词：на Кавказе, в Крыму。有时候还要根据意义来判断，比如：в государственном строе – стоять в строю; готовить обед на газе – ехать на полном газу; победить в первом круге соревнований – провести отпуск в кругу родных; сад в цвету – погибнуть во цвете лет; быть в отпуске (в отпуску) – в отпуске ему отказали。这种情况下以 -у 结尾的格形式通常是阳性单音节名词，格意义则表处所，格修辞方面，口语色彩明显，也便于发音。

除了上面我们所说的呼格、定语格、数量格、方位格和说明格之外，俄语历史上还曾经有过：

一、失格 лишительный падеж

这个格在现代俄语中同样有所体现。这个格一般和否定词 не+动词连用，比如说：не иметь права, не знать правды。我们现在通常称其为"否定二格"。但是，我们也知道，随着时代的发展和语言的简便化，动词被 не 否定后，动词的补语就也有可能是四格：не водить машину, не пить водку。这是失格进一步丧失的体现。

二、等格 Ждательный падеж

这个格的用法，是比较复杂的现象。在谈论这个格的时候，我们主要以 ждать（当然还有 бояться, стесняться, остерегаться 等等）这个词为例，因为该词与这个术语密切相关。我们常说 ждать кого-то или чего-то，但有的时候，ждать 后面的补语用四格的形式，比如说：ждать письмо, ждать маму。而用二格 ждать письма, ждать мамы 则可能产生意义的变化。比如说 ждать письмо 的时候，我们并不是期待"信"本身，而是期待"信"发出和送达这个动作的出现，也就是说期待与"信"相关的现象的发生，"信"在这里是被动的。而说 ждать маму 的时候，妈妈一定回来，我们期待是"妈妈"本身，希望妈妈快点来，而无所谓如何来。如果名词表示的客体本身能够对自己的出现产生影响的话，那么，ждать 后面的客体就可以用四格来表达。相反，如果客体对自己的出现不会有任何影响的话，那么，ждать 后面的客体就可以用二格来表达。或者四格表示确定的客体的实现，而二格则表示某种心理预期、估计。

三、转变格 Превратительный падеж

这个格的形式通常用在类似于 пошёл в космонавты 或者 баллотировался в президенты 的结构中。

这个句子里的 космоснавты 很显然不是第一格，因为在第一格前不应该有前置词，同时，这里的 космонавты 不是主语，所以它是间接格，还有这里的 космонавты 不是回答名词第一格的问题 кто или что，因为不能说 в кто пошел，而是说 в кого пошел。因此按照正常的理解，这里的 космонавты 是第四格，它的四格形式应该同二格，应该变为 космонавтов 的形式，但在实践应用中都采用 космонавты 的形式，这就是转变格的体现。因此可以判断 превратительный падеж 的功能就是回答第四格的问题，但形式上等同于名词复数的第一格形式。

四、计算格 Счётный падеж

这个格的用法一般出现在一些名词和数词连用的情况下。例如：в течение (кого? чего?) часа 和 три часа。也就是说，名词和数词连用，名词不用二格，而采取特殊格的用法，即 счётный падеж。

以上 9 个格再加上现在俄语中常用的主语格、给格、补语格和工具格，总共有 13 个格的形式。从之前的 13 个格到现在的 6 个格，俄语格数量已经减少了一半之多。格数量的减少导致了词变方面的分析化特点，不同词尾之间互相竞争、互相排斥，从而导致词尾词变数量大大减少。它们的意义和功能也越来越从词汇本身转加到文本，有时候还有修辞意义上的差别。因此，格数量的减少就是句法层面分析化现象增强的体现。

5.3.2　一格使用的积极化

近三十年来，一格在很多情况下替代了间接格形式，开始由有标记成分向无标记成分转化，即书面语中本应为带前置词或不带前置词的间接格的名词可以不变格，这样的情况在口语中尤为突出，据统计，名词第一格在口语中的使用频率高达 32.6%。1966 年 О. А. Лаптева 在《语言学问题》杂志上发表了《论现代俄语的非典范语的范围》一文，在这篇文章中她提出了"一格扩张"的概念。而在她之前 А. А. Леонтьев（1965：202）把这一现象称为"部分的省略，即取消格范畴的对立性"。

名词一格功能的扩大是俄语分析化现象的典型表现。首先，一格与其他格相比，没有形态上的变化，因此一格使用的积极化必然意味着词类形态变化的减弱，这是在形态层面分析化加强的典型表现。其次，一格代替其他间接格行使功能也导致了句法链条的松散化，即句子各成分彼此限制的弱化，即形式上的语法外显减弱，隐形的语法关系加强，判断一个成分的语法意义不再依靠其语法外形，而是更多地依赖文本，这也是分析化的表现。最后，不变化的一格与其他格相比，外形更为简洁，更利于交际，符合语言发展的经济原则。

这种趋势往往首先发生在口语里，为现代俄语标准语里分析化趋势的发展提供了坚实的基础。俄语口语里分析性现象的扩大是和口语的以下特征分不开的：对情景的依赖、无准备性、共同统觉基础、非语词手段的运用，因为，口语里广泛使用那些不借助形态手段而依靠语言单位的同类并列的句法结构。表面上看是语言的结构问题，实际上还是深层次的逻辑概念联系。比如：

Квартира-**две комнаты**.

Вы **какая школа**? (= из какой школы?)

Какой материал твой костюм? (= из какого материала?)

Мороз **40 градусов.** (= В 40 градусов)（Театр, 1980, No5）

Парень-то **первый класс.**（В. Карасоев）

Эта рукопись *XVII* век.

А какой он язык?

Я достану молоко **бидон.**（О. А. Лаптева）

Дом **номер два.**

Ой как **эта сторона** у меня голова сегодня (болит).

А **английский** у нее и произношение очень хорошее.

По-моему они **никто** не мог уже слушать.

Ну **они** все/вся семья там жила.

Это чулки **полущерсть.**（Е. Красильникова）

Серый камень дома мне больше нравятся.

У вас есть **Гоголь и Чехов** статьи?

Как зовут **такая беленькая ваша подруга**?

Он жил **дом** двадцать один.（Земская）

Какой этаж вы живете?

某些一格使用的积极化现象还进入了书面语领域，比如：

Проблема **номер один**; «Буря в пустыне» **номер два** не состоялась.（Известия, 13. 01. 1993）

Выборы в Бангладеш состоятся в январе 2014 года. От их результатов будет зависеть и взятый правящей партией курс на выстраивание добрососедских отношений с Республикой **Индия.**（Исвестия, 20. 03. 2013）

Для сравнения, на сайте госзакупок есть заказ администрации города Прокопьевска на создание парной бронзовой скульптуры «Петр и Феврония» **высота** 160-200 см.（Известия, 27. 03. 2013）

Как уточнили в МВД, работы должны быть выполнены до **1 декабря 2013 года,** в то время как сам бронепоезд будет стоять на станции Моздок или станции Ханкала (первая находится в Северной Осетии в одноименном городе, вторая – в Грозном, в Чеченской Республике).（Известия, 09. 04. 2013）

Еще одной излюбленной моделью воров стал также внедорожник Toyota RAV4. Как и другие машины с системой бесконтактного доступа в салон и **запуска** двигателя, джип похищают относительно новым способом под названием «длинная рука».（Известия, 27. 03. 2013）

5.3.3 四格使用的积极化

另一个格方面的分析化（格功能的弱化）发展趋势就是直接客体第四格逐渐代替第二格。众所周知，与意义负荷过载且变化较为复杂的二格相比，四格的意义更为明确，变化更为简单，所以第四格日益代替第二格就意味着形态外形变化的减弱和格功能的弱化，因此是分析化的体现。例如在 19 世纪标准语中动词 искать 要求二格做补语，如：Он (Дубровский) встал и пошел исакть **дороги** домой.（Пушкин）但在当代俄语中，在这种场合，人们更愿意用第四格：пошел искать **дорогу** домой.

现代俄语中，我们可将四格取代二格的情况分为以下几种：

一、否定结构中的四格与二格

大家知道，当及物动词被否定时，客体补语可用第二格，也可用第四格，如：

Не делайте **рисунков** на полях книги!Не делайте **рисунки** на полях книги!

Он не узнал **своей жены.** Он не узнал **свою жену.**

下面这个例子中，被否定的及物动词的补语在同一句子中二格与四格混用，尤其说明问题：

Он заговорил, совершенно не скрывая **волнения,** зная, что граф не поймёт его **истинный смысл.**（И. Кичаков）

按照过去旧的语言规范，及物动词被否定时补语一般用第二格。Б. А. Богоровдицкий 教授（1938）在他的著作《Очерки по языкознанию и русскому языку》中这样写道："否定二格用于及物动词被否定的场合，如 я взял книгу, я не брал книги... 但在这种场合，也常可用第四格。"[①] 在苏联的语言规范中，否定二格和四格是有区别的：二格表示彻底否定事物及其事实，四格仅否定事物本身。现在则不一样了，两者的区别开始变得模糊，四格越来越多地取代了二格。

在一般语法著作中往往指出，动词被否定时补语可用第四格的一般是具

---

① Богоровдицкий Б А. *Очерки по языкознанию и русскому языку* [M]. Ленинград: Учпедгиз, 1938: 34.

体名词。可从当代语言的使用情况来看，抽象名词被否定时使用第四格的情形也日益增多。比如：

Я не искал **славу**.（Воеводин）

Я и не ставил перед собой **такую задачу**.（Молодая гвардия, 08. 07. 1977）

Граудина（1976）根据 20 世纪 60 年代语言材料统计表明，не давать разрешения 与 не давать разрешение 两种结构使用频率分别是73%和27%。（《Грамматическая правильность русской речи》）这说明，抽象名词也出现了否定四格的情况。

甚至连代词也可用否定第四格，如：

Ты это тоже не забудь.（М. Дудина）

二、部分数量二格的消亡

在传统语法中，某些及物动词要求直接客体用第二格，表示动作及于部分客体，叫部分数量二格（родительный частичный）。如：

Лаврецкий отведал **супу**.（Тургенев）

Марья Дмитриевна пригласила его откушать **чаю**.（Тургенев）

Я тебе, когда понадобится, огурчика дам, **рассольцу.**（Горький）

А **яду** кто давал?（Толстой）

这种部分数量意义二格过去一直被认为是规范的、标准的。如想说"买些香烟"，要说 купить **сигарет**。但是在当代俄语中，这种用法逐渐减少，在相应场合多用第四格：

Я сейчас, я куплю **сигареты**.

Он отхлебнул **пиво**, с аппетитным хрустом стал грызть соломку.（Ю. Бондарев）

Надежда Львовна внесла огромную яичницу. Золотухин налил **водку**.（Ю. Герман）

三、部分带 -ся 动词接第四格做直接补语

俄语中部分带 -ся 动词要求第四格做直接补语，这类用法是在分析化现象的大背景之下受第四格"扩张"的影响而出现的结果。因为，首先，四格的形式与其他间接格相比，明显形态性更弱，因此这种用法降低了句法成分的屈折性。其次，非及物动词直接接补语也反映了句法层面黏着性的增强，

我们前面已经说过，黏着性也是分析性的表现，因此这也是句法层面分析化现象的体现。最后，随着社会的发展，原来严格的语法限制框架也慢慢变得宽松，动词的接格中也出现了以前所不能容忍的现象，并逐渐被人广为接受。我们认为这种逐步摆脱既有语法框架的限制的现象，由形合转为意合的现象符合语言分析化现象增强的趋势。[①]

随着时间的发展，越来越多复杂多变、特殊另类、不利于交际的形式都将逐渐被形式简单、变化较少、便于交流和使用的形式所替代，这也是分析化现象大趋势的要求。

5.3.4 复数二格秃尾形式的增多

带有零屈折词尾复数二格形式使用量的增加是分析化现象的另一个表现。该现象主要发生在以 -ов 结尾的形式和以秃尾结尾（零词尾）的形式。总的来看，复数二格秃尾形式正在替代以 -ов 结尾的形式，这是语言经济原则和分析化的结果。因为秃尾形式与非秃尾形式相比，直接摆脱了形态变化的词尾，屈折性大大降低，形式更为简单，符合分析化现象的要求。同其他新的语言发展变化一样，秃尾形式也是产生于口语中，现已在标准语中争得了一席之地，已经经过职业化的运用转到了术语中来。复数第二格的两种形式涵盖了不少类型的名词，一些名词只用秃尾形式，另一些名词则用原始的结尾 -ов/-ев。按照 В. В. Виноградов 的观点，此处变体的前提是复数变化类型的混淆，即名词性别的不定性（В. В. Виноградов，1978），рельс 的复数第二格是 рельсов，рельса 的复数二格为 рельс，спазм 的复数二格是 спазмов，спазма 的复数二格是 спазм。这种情况下就要看原始形式：рельс – рельса、спазм – спазма。俄罗斯学者研究调查的结果是阴性形式是它们的原始形式，那么也就是原始形式被秃尾形式替代。我们可以根据其特征将词分为以下几种：

1）表民族、社会、宗教等群体所属的名词，比如：авары – авар, балкары – балкар, башкиры – башкир, буряты – бурят, грузины – грузин, мещане – мещан, мордвины – мордвин, мусульмане – мусульман, румыны – румын, татары – татар, туркмены – туркмен, туроки – турок, хорваты – хорват, цыганы – цыган 等；不是所有表示民族成员的词的复数第二格都能

---

① 这一点在本论文 3.2.5.3 中有详细论述。

构成秃尾形式，如 монгол, киркиз, узбек 等词在构成复数第二格时，词尾要用 -ов 的形式。但在某些作家的作品中还是能见到使用秃尾形式的情况。

2）某些常和数词连用表示度量单位的名词，它们的秃尾形式表现得十分彻底，比如：алтын, ампер, аршин, ватт, вольт, вольтампер, гаусс, грамм, килограмм, микрон, ом, рентген 等。

3）某些表示蔬菜、水果的名词，如：апельсин, абрикос, мандарин, баклажан, банан, помидор, яблок 等。

4）某些表示成双成对出现事物的名称，如：ботинки – ботинок, боты – бот, валенки – валенок, глаза – глаз, гольфы – гольф, кальсоны – кальсон, кеды – кед, колготоки – колготок, окасины – окасин, погоны – погон, сапоги – сапог, чулки – чулок, шаровары – шаровар 等。

以上这些词的复数第二格用秃尾形式，大部分已在过去的语法书中得到确认。但有些表示蔬菜、水果的名词（如 апельсин, мандарин, баклажан, помидор 等）的复数第二格，在过去是不能使用秃尾形式的；носки 的第二格用 носок 也是被认为不允许的。但是，现在在口语中是有使用秃尾形式的，有些词（如 амер, ватт 等）使用秃尾形式还更为常见。这都反映了俄语中分析化的发展趋势。

此外还有其他一些现象：

5）某些表示部队、兵种成员的名词，如：драгуны – драгун, солдаты – солдат, партизаны – партизан, гусары – гусар。

6）以 -ня, -ля（басня, вафля）结尾的阴性名词的复数二格秃尾形式占多数，以 -ей 结尾的形式在减少，比如：басен, вафель, простынь, башен, кухонь, пустынь, сабель, спален, часовен 等。极少数保留着变体：косуль – косулей, лютен – лютней。

7）ущелье, гнездовье, желанье 等以 -ий 结尾的中性名词的复数二格基本排斥了以 -ев 结尾的形式：ожерелий, объятий, нагорий, варений, ущелий 等，而 побережьев – побережий 这种变体形式的名词十分少见。

8）只有复数形式的名词二格形式也极不稳定，比如：выселки, выселок, выселков, грабли, грабель, граблей, пожитки, пожиток, пожитков 等，对这些形式各种词典的标注也各不相同；

9）以 -це 结尾的中性名词复数二格的变体大大减少，因为秃尾形式在竞争中胜出了，比如：полотенец, одеялец, солнц, сердец 等。根据 К. С. Горбачевич 的统计资料，至今仍保留变体的只有以下几个词：донце, копытце, поленце, щупальце, волоконце。（К. С. Горбачевич，1973：395）

应该提请注意 грамм, килограмм 等测量单位形式的对比搭配。蔬菜和水果的名称也常有零词尾的形式。口语中常见到的零词尾的形式 килограмм помидор, тонна апельсин 取代了标准的 килограмм помидоров, тонна апельсинов。《1980 年科学院语法》指出了这些形式使用方面的模棱两可性[①]。零词尾形式不仅对于口语形式很典型，还可在标准数量词组中与表示测量单位的词进行搭配，比如：сто грамм, пять килограмм, килограмм помидор, тонна апельсин。而在表示其他意义的时候只使用词尾带 -ов 的形式，比如：пять помидоров, запах апельсинов, ящик из-под мандаринов 等。

总之，从发展倾向看，特别是从 20 世纪 50 年代起，名词的复数第二格词尾使用秃尾形式的日趋增多。秃尾形式与非秃尾形式相比，省去了形态词尾，屈折性大大降低，形式更为简单，使用更加方便，因此是分析化现象的表现。

5.3.5　名词结构 "как+N1" 的积极化现象

当代俄语分析化现象的另一个句法层面的显著表现是 "как+N1" 结构的普遍使用，它直接替代名词的间接格，使用范围越来越广泛，"虽说这还不是一种规范的语言现象，但也是俄语走向分析语的表现之一"[②]。因为使用这个分解型的结构，可以使得某些成分摆脱复杂的格外形变化，有效降低了屈折性，更加简便易用，符合省力原则，是分析化的重要表现之一。

这个搭配通常出现在以下间接格的位置上：五格、二格、三格、四格和前置词组合 "в качестве+所属格" 等。比如：

一、在五格的位置上

Иногда это является **как уступка**。（ТВ, итоги, 19. 02. 1992）

Любая атака против целостности Молдовы и её граждан будет считаться в Румынии **как нападение** на её собственную территорию и граждан。（Известия, 03. 10. 1999）

Он назван **как лучший игрок** чемпионата。（ТВ, Вести, 30. 07. 1994）

---

① Шведова Н Ю. *Русская грамматика* [М]. Москва: Наука, 1980: 303.

② Виноградов В В. *Толковый словарь русского языка/РАН* [М]. Москва: Азбуковник, 1999: 237.

Встреча с журналистами была объявлена **как круглый стол**. (НТВ, Сегодня, 27. 01. 1995)

二、在二格的位置上

Это было типа **как выездная летная школа**. (из записей РР, 1994)

И все они работают на общественных началах **как дань** уважения нашему флоту (вместо в качестве дани уважения нашему флоту). (ТВ, Музобоз, 25. 12. 1996)

Бывшие страны СССР были признаны **как независимые государства** (вместо в качестве независимых государств). (Радио России, 08. 12. 1995)

三、在三格的位置上

Мы привыкли к войне **как нечто** само собой разумеющееся (вместо как к чему-то само собой разумеющееся). (ТВ, время, 07. 07. 1992)

Нельзя относиться ни к церкви, ни к Богу **как нечто** монументальное (вместо как к чему-то монументальному). (ТВ, время, 07. 07. 1992)

四、在四格的位置上

Нужно оформить этот объект **как военная база** на территории Азербайджана. (Радио Свобода, 30. 04. 1994)

Благодаря усилиям 88-летнего Дэна в фокусе внимания съезда будет находиться экономическая стратегия, которую характеризуют **как «социалистическая рыночная экономика»**. (Известия, 29. 09. 1999)

五、代替前置词词组

И все работают на общественных началах **как дань** уважения нашему флоту. (ТВ, Музобоз, 25. 12. 2002)

这种结构某些情况下可以被看作是省略结构，即其中一个成分被省略掉了：

произвела впечатление **как сложившаяся работа** (=такое же впечатление, какое произвела бы сложившаяся работа); типа **как летняя выездная школа** (=такого же типа, как летняя выездная школа). 在其他情况下省略的是比较短语部分：привыкли к войне **как** (если бы это было) **нечто** само собой разумеющееся; нельзя относиться ни к церкви, ни к Богу **как** (если бы это было) **нечто** монументальное; нужны люди, с которыми можно разговаривать **как** (разговаривает) **хозяин**; решимость – отвечать на вопросы хладнокровно **как** (отвечала бы) **совершенно непричастная свидетельница** и т.д.

这种分析性的语言结构之所以逐渐取代间接格，一方面它们比间接格能更省略地表达出比较的意义，因而从语义表达角度更符合交际的需要。另一方面"как+N1"结构能够更加明确、更加形象地表达事物间的比较意义，使语义更加明确，使用更加方便。与格形式相比，这一结构摆脱了形态变化，屈折性降低，反映了格功能的弱化，因此是分析化现象的体现。上述各种现象尽管各自的表现形式不尽相同，但它们的存在以及迅速传播本身有力地证明了现代俄语格功能部分弱化的总趋势。

5.4　意义一致原则的倾向

在表达意义时文本重要性的增加也是分析化现象的表现，比如 М. В. Никитин 认为："有关外延的信息与词的文本相关，它们通常由两部分组成：不可或缺的内涵特征及其个别隐含在文本中或在文本中明确表达的蕴含特征。"（М. В. Никитин，1983：25）词的内涵特征是一种语义常体，而隐含意义则是通过联想而成，也就是说，在说话人传达和听话人接收信息时，表达的语言手段必须在说话人和听话人的经验和知识背景下与文本和言语情景相结合（А. В. Бондарко，1978：176）。因此，总的意义量不变的前提下，当词的语法外形减弱时，文本和言语情景的重要性必然增加。反之也同样成立，表达不同语言意义时对文本的依赖性越高，该语言的分析化程度也就越高。因此上文重要性的增加也是分析化现象的表现之一。

我们认为意义一致原则的加强也是文本重要性提升的表现，这主要反映在性范畴和数范畴两方面，即原有的通过语法外形来表达的意义，现在转而通过文本来体现，屈折变化减弱，即综合性减弱，分析性增加。

5.4.1　性范畴意义一致性原则的增强

20 世纪在语言内部规律和社会因素的双重作用影响下，俄语标准语中名词语法性属的结构发生了很大的变化。表人称名词的性越来越倾向于语义上的区分，即名词的性不通过词本身的结构（词尾），而是通过结构之外的手段（交际语境和文本）来表达。

俄语中表人的名词里，除了阳性名词和阴性名词以外，还有一类共性名词（существительные общего рода）。共性名词第一格以 -a 为词尾，按特有的动作或属性表示人的名称，性的特征只能通过句法手段得到实现。共性名词不通过形态词尾而通过文本来表达性的概念这一特征也是分析性的手段。

20 世纪 20—30 年代又形成了一种特殊的共性名词，主要是职业和专业的称谓。比如 агент, автор, антрепренер, балетмейстер, баснописец, библиофил, бухгалтер, врач, востоковед, геолог, гинеколог, групповод, дегустатор, директор, жонглер, инженер, информатор, кондуктор, оператор, лауреат, нотариус, педагог, прозаик, психолог, ревизор, секретарь, суфлер, управдом, уролог, фотограф, хирург, эксперт, электрик, юрисконсульт, языковед 等。和其他共性名词一样，这一类词的语法性别也只能通过文本来判断，主要是靠谓语，通常是以 -л 结尾的动词过去时，有时可以靠形动词或形容词。这种分析性表达性属的手段就是分析性的。随着时间的推移它们的数量也在增加，在近几十年来的俄语标准语中已经成为了一种寻常现象，这是分析化现象的一个表现。20 世纪 60 年代，苏联科学院俄语研究所以"俄语与苏维埃社会"为课题，问及被调查者的身份时，青年女人（指 1930 年以后出生者）多用阳性名词（如 учитель），而老一代当时的回答则以阴性名词（如 учительница）为多，这反映了俄语性范畴分析化的发展。

用分析性的手段表达的"性"的概念成为大众传媒语言的突出焦点，上述这种搭配已经被当代的人们所接受，被视为一种普遍现象。随着女性从事职业的范围越来越广，现代俄语中此类情况下通过谓语搭配而非名词语法性词尾来表达性属的方式会越来越多，比如：Инженер **высказала** свое мнение. Кондуктор **дала** сигнал к отправлению. Директор еще не **пришла**. Врач уже **приехала**. Секретарь **разослала** письма всем членам комиссии. Управдом **выдала** справку. Бухгалтер **подвела** итоги. Я **была** батрачкой, горчной, домашним животным моего мужа. Я **стала** профессором, аргономом, парторгом.

这些名词的性属只能通过文本来表示。借助动词和形容词词尾不仅表示形式性属，还可以表达人称的生物性别，即该词在性属上是无标记、抽象地表示普通职业名称。因此，阳性名词的形式，除了可以表示阳性人称之外，还可以表示不论性别的人称，即作为共性名词来使用。（К. С. Горбачевич, 1973；Н. Е. Ильина, 1996；Н. Ю. Шведова, 1980）

这种结构出现的原因在于名词后缀系统不能很好地满足语言在一系列新职业方面的女性称谓需求。尽管《1980 年科学院语法》将 врач пришла, хорошая врач 一类的结构看作是现代俄语的常见形式，并未将它们列入规范形式范围①。但如今这种用法已经在俄语口语和书面语中大量出现，进入规范形式范围的时间也是指日可待。俄语中性的历史进化中存在着一般规律：当性属方面出现结构和语义的冲突时，语义会胜出（В. В. Виноградов，1972：39）。当内在的语义胜过外在的结构时，就是分析化的发展。20 世纪末的报刊语言中很好地体现了这一倾向，比如：

Дирижер **объявила** голодовку.（МК, 12. 05. 1993）

Начинается суд над фармацевтом, **отравившей** своего бывшего мужа, его беременную жену, двух детей и собаку.（МК, 24. 12. 1995）

Пилот до последнего **пыталась** мягко посадить машину, но, видно, из-за небольшого наклона поля Ми-2 упал прямо на нос.（МК, 24. 10. 1995）

Доктор **худощава**, невысокого роста. У нее спокойные, смуглые руки. Она берет больного за кисти и уверенно говорит, прощупывая пульс: «Ушибли спину несколько лет назад».（МК, 24. 09. 1995）

Вынося политику за скобки литературы, критик столь **размашиста**, что не знаешь, право, к какому жанру отнести «Лев Толстой как зеркало русской революции».（Культура, 29. 09. 1988）

由此可以看出，俄语报刊语言在性范畴的表达方面更加注重意义一致而非形式一致的原则，这符合语言的分析化现象。

除了上述这种名词外，俄语中表人的名词中有一些词虽然也有相对应的专门表示女性的名词，如 струдент – студентка, учитель – учительница 等，但是在正式公文语体中，一般使用阳性名词。因为在公文中首先注意的是一个人的社会地位、职务，而不是性别。例如：Товарищ А. Иванова работает лаборантом на кафедре химии. 当然在非正式场合，我们也可以使用阴性名词。

还有一些现象也反映了俄语分析化的发展，比如有些表示女性的词开始消失，现代俄语中下述的词早已经不用：архитектриса, адвокатесса, директриса, инспектриса, лектриса 等。过去曾在标准语中使用的一些带 -ша 的表示女性的词，如 генеральша, майорша, министрерша, партнёрша,

---

① Шведова Н Ю. *Русская грамматика* [М]. Москва: Наука, 1980: 567.

секретарша 等，在标准语中已经不被使用，只被用在口语中或俗语中。这些词除了过于陈旧外，表达色彩上有些贬义之外，也容易引起歧义，比如 генеральша 既可以表示女将军，也可以表示将军夫人。在正式言语中，如事务公文语体中，女性的身份、职务要用阳性名词表示。

有时会有一些用阳性名词加 женщина 和 девушка 的表达形式，比如：женщина-врач, девушка-продавец, женщина-скульптор, девушка-счетовод, женщина-рабочий, женщина-ученый 等。这种分析性名词性属区分的表达是非多产的、人为制造的，在口语中并不是常用。

名词的性通过句法手段得到实现以及新的共性名词的出现顺应了俄语中分析化趋势发展的要求，满足了现代社会下人们在语言表达上力求经济节约、表达自由、不受约束的需求。

5.4.2　数范畴意义一致性原则的加强

同性范畴一样，名词数范畴的表达方面也存在着分析化的发展趋势，即追求内在意义一致而非语法外形一致的原则。这里主要是指单复数的问题。按照传统的语法规则，俄语中的集合名词（ большинство, меньшинство 等）、确定数量和不确定数量组合形式（ двое студентов, много, мало предметов, несколько человек 等）做主语时，句中的谓语应该用单数形式，比如：

Большинство депутатов явилось на заседание.

Много книг лежало на столе.

Несколько студентов не прибыло на сессию.

而在现代俄语中，主语表示数量意义时，无论是确定的还是不确定的，都要求谓语用复数形式。包括主要是指和 более, менее, часть, группа 等搭配而成的词组，名词用第二格形式时（比如 группа студентов приехали к нам на практику ），谓语也要用复数形式，比如：

Снова несчетное число людей **обречены** на призрачное существование. （ МН, 06. 06. 1993 ）

Неудобно. Мол, без диплома даже замуж выйти. Все это и привело к тому, что определенная часть студентов **стали** учиться по принципу: Институт – как трамвай, раз вскочил, значит, довезет до конца. （ Комсомольская правда, 24. 06. 1996 ）

В узком коридорчике юридической консультации в ожидании своей очереди **сидели** человек восемь. (В. Белов)

В Москве в понедельник открылся 5-й съезд Союза архитекторов России. В его работе **принимают** участие более 640 делегатов из различных регионов РФ. (Труд, 03. 10. 2000)

Большинство писателей **пишут** по утрам, некоторые пишут и днем и очень немногие – ночью. (К. Паустовский)

21 человек **арестованы,** а следуствие устанавливает все новые и новые имена принимавших участие в противозаконных сделках. (Сов. Россия, 29. 04. 1990)

后来又发展为如果主语是表示"人"的话，谓语就用复数，如果主语是表示"物"，谓语就用单数。比如：

Работает машина, заменяющая труд ста человек, а вокруг **стоят** сто человек и смотрят, как она работает. (Известия, 14. 03. 1973)

В городе Уамбаго (Ангола) **погибли** 24 и ранены 67 человек. (Известия, 11. 11. 1978)

На борту теплохода **находились** 295 советских туристов и экипаж в количестве 129 человек. (Сов. Россия, 19. 05. 1988)

В 1915-м в битве при Галлиполи **погибли** так много коней, что земля не могла вместить все трупы. (Посл. новости, 28. 04. 2001)

Снова несчетное число людей **обречены** на призрачное существование. (МН, 06. 06. 1993)

还有一些更加极端但又很常见的例子，比如：

В последний раз «Назарет» **приезжали** к нам пять лет назад. Что изменилось в группе за это время? (МК, 09. 02. 1996)

Назарет 是一个摇滚乐队，这里甚至连 группа 一词都没用谓语就直接用了复数，俄语中数量意义一致原则的发展倾向由此可见一斑。

另外，修饰数词词组的副动词使用复数的情况也越来越常见，比如：

Несколько человек, **схватившись** за руки, опрокинулись спинами на тех, кто сзади. (М. Горький)

Большинство студентов, **приехавших** на сессию, были хорошо подготовлены по всем дисциплинам. (Сов. Россия, 20. 05. 1998)

Ряд вопросов, которые **были выдвинуты** выступавшими, еще не **были**

подвергнуты рассмотрению.（МК, 18. 02. 1999）

数范畴上遵循内在意义一致的原则从口语进入书面语中并得到广泛运用，并且成为了俄语中的一个明显的趋势。虽然形式一致的原则也并未彻底消失，比如在科技语体、公文语体中还保留着数范畴形式一致原则，但可以肯定的是，追求意义上的准确和表达上的一致原则已经成为了当今俄语句法的一个显著趋势。我们认为，这种重内在意义一致、轻外在语法外形一致是屈折性重要性降低，隐含的文本重要性增加的表现，因此也属于分析化现象的体现。

5.5 述谓单位的繁化

句法层面的分析化现象还体现在述谓单位的复杂化（условность предикативной единицы）。具体说就是述谓单位充当句子成分的功能，其出现的主要原因是口语句法对书面语句法的影响。这种结构的出现破坏了综合语完整的句法链条，把一个述谓结构直接拿来放在一个词的位置上，不需要变化，甚至都不需要加引号，这些都反映了句子成分灵活性的增加和句法链条松散化的增强，我们认为，这也是句子层面分析化加强的体现。按照 Н. С. Валгина 的观点，这种现象是在模仿说话的过程：当直接的交际没有可能深思熟虑和顾及话语形式时，当寻找句子合适的"传统形式"的过程陷入困境时，我们似乎在观察思维的形成，从一个结构进入另一个结构。（Н. С. Валгина，2003：206）比如：

В середине 90-х гг. Любовь Ивановна уговорила коллег приватизировать парикмахерскую, вложив в нее свои ваучеры. С тех пор коллектив живет по принципу **«сколько потопаешь-сколько полопаешь»**.（АиФ, 20. 05. 2007）

引号里的述谓单位只是形式上重复着简单的结构，事实上失去了句子的特征，甚至获得了一般词汇的手段，即可以在前面加上限定成分，比如：

От его **приветливого** «Я вас ждал» она повеселела.（Полевой）

Я не понимаю **такого** «поставь другую щеку». Я не могу выносить несправедливость.（АиФ, 02. 01. 2008）

带述谓性成语化单位的简单句繁化形式和被弱化了的复合句繁化形式与这种繁化形式近似，比如：

Он мне все оставил, сам сходил **куда надо**. Лиза **не бог весть** какая красавица.（А. Чехов）

Мы, конечно, продолжали делать **что хотели**.（Б. Половой）

从例句可以发现，述谓单位在行使一般句子成分的功能，基本丧失了述谓性特征。这在现代俄语中被广泛运用。比如：

Но «**жить не полжи**» (как призывает А. Солженницын) должна учиться не только власть.（АиФ, 01. 02. 2008）

Но мысль не отпускается: Нужен ли он был бы сегодня? С этим его «**Не ломаюсь, не лгу-все равно не могу!**». С его максимализмом, искренностью, «настоящестью».（АиФ, 18. 04. 2008）

Иногда кажется, наше общество живет сегодня по принципу «**сам воруешь-немешай другим**».（АиФ, 09. 03. 2007）

述谓单位还可以其他形式进入简单句，并以此来繁化句子的述谓形式。这种句子中，副句部分（以 когда, где, чтобы 开头的从属从句）来做谓语，并带有连接词 это，例如：

Везет – это **не когда действительно везет**, а когда есть изменения к лучшему по сравнению с невезеньем.（В. Распутин）

Именно частным клиникам мы обязаны появлением такого термина, как "гипердиагностика", это **когда человек приходит спростудой, а ему заявляют, что "у вас гайморит, и жизненно необходимы процедуры в течение 10 дней в нашем центре"**.（АиФ, 02. 05. 2007）

Пик формы – это **когда не катится, а летишь.**（Спорт экспресс, 15. 11. 2005г.[1]）

Юмор – это **когда смешно всем.**[2]

Самое главное – это **чтобы было интересно пройти со своим персонажем какую-то часть его жизни.**[3]

Подписная компания – это **когда газеты и журналы ближе к осени начинают убеждать читателей: в будущем году мы станем еще острее и интереснее.**（Комсомольская правда, 06. 11. 1990）

Счастье – это **когда ты кому-нибудь нужен**, – говорит она. – Если все

---

① http://www.sport-express.ru/ar.tshtm?l112599

② http://www.computerra.ru/18622/

③ http://www.kino-teatr.ru/teatr/person/2/

время ныть и думать о плохом, жалеть себя, то все это плохое навалится и раздавит. Надо улыбаться даже через силу и научиться радоваться мелочам. Солнечному утру, хорошей книге, общению. (АиФ, 15. 05. 1999)

Но есть инфляция понятий: это **когда невозможность достигнуть общественного согласия заставляет выбрасывать в обиход все новые и новые понятия, словосочетания в нажежде хоть до чего-нибудь договориться**. (Известия, 22. 05. 1991)

Демократия – это **когда еще не знают, кого слушаться, но уже знают, кого не слушаться**. (Известия, 29. 01. 1992)

Кризис власти – это **когда народ начинает ее бояться**. (Известия, 28. 07. 1995)

Старость – это **когда неблагоприятных дней больше, чем оставшихся**. (Известия, 07. 04. 1999)

На языке специалистов такой стресс называется доминантный, а проще говоря – это **когда, что бы ты ни делал, одна мысль не идет из головы**. (АиФ, 16. 02. 1999)

Хорошая пресса – это **когда пишет профессионал, а не дилетант с гипертрофированным воображением**. Когда критик дает творческой личности возможность подробно рассмотреть себя как бы в зеркале. (АиФ, 04. 03. 1990)

还有一种繁化形式就是副句，这不是减缩形式，而是同正常简单句成分处于同等地位并构成同等关系。述谓单位之间常用 и 连接，起客体或限定功能作用，这种结构很早就在文学作品中出现了，比如：

Была у него на этот счет особенная мысль, **скрытая всех** и которую он очень боялся. (Н. Гоголь)

Вы спрашиваете про ваши лица и **что я заметил в них**. (Ф. Достоевский)

Захочешь лечь, но видишь не постель, а узкий гроб и **что тебя хоронят**. (С. Есенин)

这种现象在现代的报纸和评论性文章里十分常见，报纸语言是口语进入标准语的必经之路，没有这一关是不可能有规范的变体的，比如：

Нам только рама нужна и **чтоб на ней был номер**. (В. Ардаматский)

Я понимаю все – немецких братьев шеи и **что лиловым гребнем**

Лорелеи садовник и палач наполнил свой досуг.（О. Мандельштам）

При возникновении слабой боли или **когда о возможной боли предупреждает врач**, больной прибавляет громкость белого шума.（Наука и жизнь, 02. 03. 2004）

这个类型的句子在报刊语体中的使用已经很普遍了，报刊文章的口语基调比较明显是原因之一。因此，不可否认媒体语言是口语结构向标准书面语渗透的必经途径。所以这种现象以后必然也会向书面语渗透。

此外句子的繁化中加入主题一格可以使得信息更直观、修辞更轻松、语流更自然流畅。在话语中一般是将重要的交际信息前置，而这种繁化则是将副句前置，比如：

Что хорошего в бесконечно большом и голом поле, – это трудно сказать и мудрому.（М. Горький）

Сшил людям несколько пар сапог, а крепко ли сшил, долго ли проносятся – это было еще не проверено.（В. Овечкин）

Любил ли я кого-нибудь в жизни? Маму любил. Бабушку, несмотря ни на что, любил. А так, чтобы влюбиться в какую-нибудь девчонку, да еще резать из-за нее вены – на это я никогда не был способен.（В. Войнович）

这种述谓繁化的现象主要表现在报纸、文学作品和科普文章中，并且不断普及。这种结构的出现破坏了综合语特有的环环相扣的完整的句法链条，一个述谓单位直接取代了一个词的位置，甚至不需要加引号，这些都反映了句子成分灵活性和句法单位"独立性"的增加，体现了句法链条的松散化。我们认为，这也是句子层面分析化加强的体现。因为当今俄语句法的发展趋势之一是从属句法成分独立性的增强。应该说这是语言内部规律所致，同时这种语言的内部需求也为书面语中述谓单位的繁化提供良好的条件。越来越多的述谓单位在句中替代完整词形做句子成分，毫无疑问是句法分析化特征的体现。

5.6　句子的接续结构和切分结构

我们认为，现代俄语句法层面的分析化现象还体现在接续结构（присоединение）和切分结构（парцелляция）的大量使用。因为：第一，这两种结构的特点都是：具有语法关系的断割性，与主句脱离，逻辑关系和语调上的分离，属于集合意义的分开表述，这符合分析和分解的概念。第二，一方面切分和接续结构都是独立的，即与主句脱离（以句号分开），另一方面又完全从属于主句，如果没有主句存在，切分和接续结构也就没有存在的必要。由此可见，文本在起很大的作用，文本重要性的提升也是俄语句法结构分析化现象上升的表现。第三，这种结构与传统的完整型的结构相比，各成分的独立性增加，由此导致了句子成分的屈折性也降低了不少，这也是分析化现象的特征。第四，使用这样结构的句子各成分之间的界限分明，句子的语法组成越来越分散，语义成分获得了现实的地位，组合链条遭到了破坏，语法意义的表达类型越来越分析化。如今无论是接续结构还是切分结构，在当今的报刊文章媒体语言中都可以找到不少的例句。

首先我们来看接续结构。"接续是一种建构语句的方式，即语句中的某一部分获得交际的独立性，并以独立的补充信息的形式固定到语句的基础信息上。"（Языкознание，1998：369）例如：

Я завтра вас увижу! И не здесь. И не украдкой.（Пушкин）

句中的后两个部分 И не здесь 和 И не украдкой 就属于接续成分。

俄语接续结构并非接续主从复合句，而是在一个句子中出现的接续成分。俄语中的这种结构也是受口语影响，说话人在一句话中先说出主要意思，之后要对主要意思进行补充，使得表述更加完整清晰，这就是接续结构。比如：

Умный в гору не пойдет. **Без телефона**.（АиФ, 05. 02. 2007）

Вот уже 15 лет, сначала строительства, когда сам по ночам клал кирпичи. **Вернее, со смерти Иры**.（АиФ, 08. 07. 2007）

Вообще-то это, конечно, секрет. **Врачебная тайна. Аллина боль**. Она сама вся худенькая, тридцатилетняя, одинокая-сжалась, как перед ударной волной.（АиФ, 25. 10. 2007）

И тогда Егор потонет в этом потоке, что уносит его от людей во внутренний мир. **Просто потонет**.（АиФ, 19. 10. 2007）

Сердце человеческое-это узел, в которой завязывается все. **Любовь и ненависть. Доброизло. Сострадание и нравнодушие**.（АиФ, 11. 05. 2008）

Рабочий день водителя центра Степана начинается с булочек. Двести штук булочек каждое утро нужно забрать из одного места и привезти детям. **Уже третий год**.（АиФ, 26. 04. 2007）

И еще одна проблема: у обоих редкая группа крови. **Четвертая**. У одного отрицательная, у другого положительная.（АиФ, 08. 11. 2008）

И опять надеемся только на вас, читателей «Аргументови фактов». Как надеется сестра Андрея. **Приемные родители Саши. И доктор Егоров**.（АиФ, 09. 05. 2008）

В очереди к доктору сидел весьма своеобразный народ. **Женщины в шляпах-котелках и средневековых платьях с кружевыми нижними юбками, мужчины, закутанные в цвет астые одеяла, в думчивожующие плиточный табак**.（АиФ, 30. 05. 2007）

可以看出接续结构对主句所补充信息的角度不尽相同。

下面我们再来看看切分，与接续这种补充性质的结构不同，切分的侧重点在于"分"，把一个整体分为几个部分，从而达到意义的分解，因此是分析化的表现。切分结构可以使书面语具备口语特色，即质朴和自然。此外还可以化繁为简，使语句更加工整、层次鲜明、节奏清晰、更加具有表现力，可体现迅速、突然、出乎意料等含义。

"切分是用几个交际功能独立的成分来形成一个统一的句法结构的方式。"（Языкознание，1998：399）例如：

Он...тоже пошел. В магазин. Сигарет купить.（Пушкин）

切分结构也是俄语口语中的常见现象。这种结构在 19 世纪主要见于文艺作品中的角色言语中，之后逐渐发展成作者的言语。20 世纪 40 年代以后，这种结构从文艺作品逐渐扩展到报纸杂志及科普文章。日常生活中，人们讲话并不是深思熟虑后才说出来，而是边想边说，并随时加以补充。在书面口语中，由一个简单句或复合句分割为两个或以上的独立语句，中间用句号隔开，这就是切分结构。这个超句统一体可分基本部分和附加部分。基本部分表示基本内容，是结构核心，后附加部分则起到补充、强调的作用。两个语段在语调上分割，书写上均以大写字母开始。切分结构的功能也是多种多样的，有些做状语，有些做定语还有补语，例如：

И он сделал. **Ириной молитвой**. Ей было 36, когда она умерла.（АиФ, 22. 09. 2007）

Ангел скорби, изваянный после ее смерти в логоть высотой, к моменту установки был уже ангелом милосердия. **В человеческий рост**.（АиФ, 25. 03. 2007）

Аутисты-люди, живущие сами с собой... **По ту сторону нормы, как в зазеркалье**.（АиФ, 11. 03. 2007）

Так говорит о себе Николай Поляков, заслуженный артист РФ, актер Академического русского драматеатра им. Вахтангова, что во Владикавказе, 54 года он работает Дедом Морозм. **Высокий, статный, с прекрасным голосом. Настоящий**... (АиФ, 31. 05. 2007)

Сейчас, я считаю, главная проблема нашего государства – спасти детей. **Чтобы они росли здоровыми, веселыми и разумными. Личностями, а не бездуховными и злыми маленькими эгоистами.** (Известия, 24. 02. 1999)

Меня схватили за руку. **Прямо на месте**. Не отходя от касы. От билетной кассы вокзала в Дюссельдорфе. **Спустя почти месяц после моего приезда в эту страну. В субботу**. (Известия, 16. 06. 1999)

Разговор был о насущном. **О структуре власти**. (АиФ, 08. 06. 2000)

...В свете последних данных науки преступлением становится даже неоправданное срывание цветка. **И не по сентиментальным мотивам, а по чисто практическим, касающимся элементарного выживания**. (Лит. газета, 01. 01. 2000)

Все больные – дети. **Даже когда им за семьдесят**. (Аиф, 31. 08. 2000)

Анатолий Ким – тот редкий писатель, о котором позволительно говорить высоким слогом. Хотя бы потому, что он сам относится к миру с любовью возвышенной и нежной. **Даже когда пишет об очень страшном, находящемся за пределами нормального человеческого понимания**. (Лит. газета, 23. 06. 1999)

切分结构与主句分离，但对主句却起着补充信息的作用，具体地说，它的功能是使句子的基本意义得以明确、延伸以及语义上的发展。切分结构和接续结构有时候很相似，下面这个例句中的斜体部分是接续结构，明确主句中 слова 一词的所指；黑体部分则是完全口语化了的句式，句子的各个成分都处在被分割的状态。

Идешь им построенными коридорами и-как слова в молитве перебираешься. *Нейротравматолог. Логопеддефектолог*. **Сенсорная комната. Комната мелкой моторики. Бальнеотерапия. Массаж. ЗалыЛФК. Лечение током, холодом. Теплом. 5-этажей. Взять ипостроить. В 60 лет. В разоренные 90-е годы. Не виллу, не лавочку... Не богач, не политик. Директор спортшколы олимпийского резерва**. (АиФ, 11. 08. 2007)

上述两种句法结构——切分和接续结构在语义和功能上不尽相同，但两者在以下方面都是相似的：都是与主句脱离，属于整体意义的分解；都是受口语影响的结果；都更方便更灵活地表达，满足了快速交际的需要。使用这样结构的句子各成分之间的界限分明，句子的语法组成越来越分散，语义成分获得了现实的地位，组合链条遭到了破坏，语法意义的表达类型越来越分析化。

5.7 复指结构

复指结构（сегментационные конструкции）也被称作二项式结构（двучленные конструкции），不仅在口语中，近几十年来在书面语中也被广泛运用。《1954 年科学院语法》（стр 419-420）中就提到了复指结构，在分析句子 Москва – она городам мать.时，把 Москва 看作主语，把 она 看作是连接主语和名词性合成谓语的"谓语系词"（предикативная связка），并指出这样的句子只能出现在口语中。

А. С. Понов 在 1968 年出版的《现代俄语语法、俄语词汇》一书中重点分析了前指成分为名词（或数词）一格的复指结构，认为说话人使用这种结构是想先把要表示的某种事物或现象以主题一格的形式提出，之后再针对这一主题进行判断或提出问题[①]。

Е. А. Иванчикова 把复指结构看作是现代俄语句法形成双部结构的典型现象。她认为复指结构"无疑来自活的口语"，在 19 世纪这种复指结构主要用于文学作品，但在今天已经被广泛运用于报刊、散文中。（Е. А. Иванчикова，1979：33）

无论学者们如何看待复指结构，在现代俄语中，尤其是在现代书面语中，该结构的出现次数越来越多，已经成为现代俄语句法中的一个鲜明特色。在这种句法中，句子和句子之间，句子各成分之间的界限分明。句子的语法组成越来越分散，语义成分获得了现实的地位，组合链条遭到破坏，语法意义的表达类型越来越分析化。这些在以前都是口语句法的特征，在语言内部规律和社会因素的影响下，书面语句法也开始具有了这些特征。

复指结构一般有两种，即前指和后指，它们虽然形式上相似，但功能却各异，下面我们来详细看看。

---

① Попов А С. *Грамматика и слова современного русского языка* [M]. Москва: Наука, 1968: 67.

前指结构中，主格的功能是明显和确定的，用途是单一的，即说出随后带有信息内容的话题，引起听话人对该话题的注意，以便重点突出话题。这种结构显然也是源自口语的无准备性，表明说话人对自己要说的内容还没有组织好，只是先把要说的主要概念提出来，然后再把该概念同其他成分一起连接成话语，补充具体内容。这也符合人类的逻辑思维顺序。这种结构如今已经广泛用于文学作品和报刊中，比如：

Правовой беспредел... Эти слова часто звучали со страниц печати, в печати, в передачах радио и ТВ. (Труд, 03. 12. 1992)

Телепатия. Сколь различную реакцию вызывает это слово у разных людей. (Наука и жизнь, 11. 02. 2003)

Россия и Белоруссия. На душе тревожно. (Лит. Газета, 02. 04. 1997)

Амазонки... Мы с детства привыкли, что это только легенда. (Вокруг света)

Космонавт-100, Восток-2, Молния-1. Вместе с ним он отправился на вертолете в горы на ледник, расположенный на высоте 3 тысячи метров над уровнем моря. (Лит. Газета, 19. 09. 2001)

Сын у меня. Семнадцать лет. Сегодня первый день токарем работает; **Село Борки. Псковская область. Литературно-художественный музей**. Здесь вы узнаете об истории Великой Отечественной войны в этих местах. (Сов. Россия, 19. 04. 1989)

第一格的形式还可以换成间接格、动词原形、其他词形或词组甚至整个句子，比如：

С сыном?... С ним, конечно, проще. Лежать на траве и смотреть на звезды – что может быть прекраснее и слаще! (В. Солоухин)

Быть красивой, стройной, здоровой... Какая девочка не хоччет этого! (Е. Назарова)

Приспособление земных существ к неземным условиям – это реально, переброска их в другие миры – тоже... Но чтобы они изменили облик целой планеты – возможно ли это? (Вокруг света)

问答结构中也能用复指结构：

Вот уж где не привился мемуарный жанр, так это среди архитекторов... (Сов. культура, 07. 04. 1990)

Чем еще знамениты молоканские села – так это своей капустой.

（Труд, 03. 01. 1992）

Что больше всего беспокоит таможенников, сообщает австрийская газета «Курир», так это появившаяся мода на скорпионов и соответственно рост их контрабанды. （Труд, 03. 06. 1995）

还有以疑问句为呼应句子的复指结构：

Двадцать месяцев – много ли это или мало в судьбе одного человека? （Неделя）

Реформы – ради чего? （АиФ, 05. 02. 1994）

Индициатива, созидание... Есть ли в нашей жизни что-нибудь более ценное, чем эти человеческие проявления? （МК, 24. 06. 1992）

呼应成分用代词一格来表示则更加增加了口语性和随意性，这种现象在当今文学作品和报刊语言中也有广泛运用，比如：

Закон, он хитрый. Он, извини – подвинься, о-о-о! （В. Распутин）

话题一格还可以后置，比如：

Журналисты читают материалы друг друга без особых эмоций – **профессия**. （МН, 23. 05. 1993）

后置式复指结构有别于前置式，与前置式相比后置式复指结构要丰富得多。虽然有些后置式复指结构也会指称句子信息主题，但大多数后置式复指结构的功能还是揭示主句内容。

主句位于后置式复指结构之前，它的主体内容自然已被指出，但这种指出通常比较笼统概括。后置式复指结构的作用在于揭示并使主句的内容具体化，其中包括以下具体功能，如：限定功能、阐释说明功能、评价功能等。在发挥这些功能时，后置式复指结构的作用与从属关系从句的作用相似，但不同于从句的是称名结构只指出主题，而不能体现句子间的逻辑关系。例如：

Вот тут-то Роман Харитонович и струсил, когда я пришел после гражданской войны. **Новая власть, новые порядки**. （В. Овечкин）

句中 новая власть, новые порядки 是后置式复指结构，它的作用是对前面的主句内容进行解释说明。又如：

Здесь не переделывается западная история под наш менталитет, и все написано про нашу жизнь, с нашим юмором... **Идея Славы Маругова**. （АиФ, 11. 02. 2007）

此句中的后置式复指结构显然起对前文进行概括总结的作用。

«Благодаря этим людям центр создан и живет». На стене у входа-10 длинных рядов имен. Кто-то с фамилиями, кто-то в тайне. **Безусловный рефлексм и лосердия**. （АиФ, 05. 02. 2007）

此句中后置式复指结构对前句不仅总结，而且给予正面评价：仁慈的力量。

Каждый Новый год ко мне насцену выходят...собаки. **Мистика какая-то**. （АиФ, 18. 09. 2007）

此句中后置式复指结构起评价作用：莫名的神秘。

Мы мчались на скорость 100 км в час. И одно такое животное подпрыгнуло перед «носом» нашего авто, задними ногами разбило стекло и влетело в салон! А лапы у них о-го-го какие сильные. Мне посчастливилось отделаться испугом, а музыканты мои получили травмы. Сам ка кенгуру тоже покалечилась, еле дышала у нас на руках. **Шок!** Мне всех было жалко. （АиФ, 08. 08. 2008）

此句中后置式复指结构所起的同样是既总结，又评价的作用：（上文发生的事件）让人惊诧，近乎休克。

А покоя Литваку нет. **Поднять зарплату врачами медсестрам, построить пансионат для приезжих**... （АиФ, 11. 06. 2007）

此句中的后置式复指结构不是名词形式，而是不定式，其功能是阐释前面主句的内容。

后置式复指结构有时还可以起到推动思绪发展的作用。例如：

И вдруг он понял: вот с кем он прожил все эти годы странствий и обманов, вот чьи он фотографии возил на дне пустых дорожных чеманданов. Да, **девочка**. И голубой дымок, и первых встреч неясная тревога, и на плечи наброшенный платок, казенный дом, и дальняя дорога. （К. Симонов）

句中 девочка 是后置式复指结构，引出紧接其后的 голубой дымок, и первых встреч неясная погода... 这一称名结构起指称作用，而且是主句思路的延续，展现回忆的繁杂画面。又如：

Да больно цены кусаются: что бы только подключиться к газу, всему коллективу надо два месяца беззарплаты сидеть. **А уже же месячные платежи**... Поэтому до сих пор топим углем. （АиФ, 25. 07. 2007）

该句中的后置式复指结构 "А уже же месячные платежи" 引出后面的句子 "Поэтому до сих пор топим углем"，作为对这一句的解释。

在某些情形下，后置式复指结构除了有对思绪发展的推动作用，还会赋予语句一定程度的感情或其他的语义色彩。例如：

Ведь только что жила еще на свете. И вдруг ушла. **Играющие дети, чужие окна, темная стена.**（К. Симонов）

该句中的后置式复指结构 играющие дети, чужие окна, темная стена 表达的是句子主要信息传递后引发的情绪波动。

还有一种特殊的复指结构，即全部用一格形式组成的表说明解释意义的结构。这在标题、报刊栏目名中十分常见，它们短小精干、引人注目，如同广告一般。其结构一般为，先指出问题，然后具体罗列细节。比如：

Крым: цветущий миндаль на фоне взрыво.（Лит. газета, 11. 02. 1998）

Нижний Новгород: кватиры в кредит.（Труд, 16. 12. 1997）

报刊语言中这种现象十分常见，比如：

Критика: опыт, проблемы, задачи. Гости из Космоса: сказки для взрослых. Наука и лженаука: четыре вопроса ученым. Парагвай: жертвы сговора диктаторов. Рига: круглый стол поэзии. Архитектура: комфорт, экономика.

同其他现象一样，复指结构也是同口语句法相关的，而且是现代俄语中非常常见的现象。该结构极力转向分解和分析化，使得句子有可能摆脱语言严格的句法规范。因为口语中人们表达思想时是有先后、层次和轻重的，而思想又总是遵循一定的语言规律。口语中信息是分解发出的，主要目的是使听话人更容易掌握和了解。复指结构所表现出来的分解化、直接干练、加强语气等特征是现代句法所追求的。这种口语句法已经广泛运用于书面语中，这也体现了语言内部的分析化趋势。

无论是切分结构、接续结构还是复指结构，它们都是现代俄语标准语中的句法分解结构。它们都与句法联系中断，与主要句子成分形式上割裂，以逻辑和语调等方式联系在一起。一方面，它们保持独立，处于主要句子成分之外，另一方面，它们又依附于主要句子成分，这表现了它们的语境依赖性和俄语分析化现象的特征。这些自由的、分析性的结构具有的经济性完全符合现代社会的需要，因而在书面语中被广泛运用。

5.8　句子的压缩和简化

与其他语言单位相比，句子能更好地反映语言外的现实世界。它能描述概念、事物、人类周围及外部世界中的各种现象间的关系和联系。人们通过句子形式对抽象出来的东西进行评价和判断，并以此来表达对语言外部世界的看法。因此对于语言使用者来说，句子的形式对于表达来说也是十分重要的。在语言演变过程中，句子的形式也在不停发展，变得越来越有效，越来越好用。为了适应社会节奏的变化，对句子来说很重要的一点就是表达手段的经济化，即尽量采用紧凑、经济节约的表达方式。达到这一目的的方法之一就是避免句子中词汇的冗余，使得句子短小，但意义含量大。词汇的压缩和意义的充盈是终极目的。语言越发展，这方面就越极致。这也是语言经济原则的体现。俄语句子本身在一直不停地努力缩减自己，具体体现在句子的压缩和简化，即从逻辑上在展开的结构中去掉或者省略多余的成分，留下能够保留句子语义的句子成分，即最主要的部分。逻辑语法和语义则是隐含在句子内部。这种信息的压缩，在口语中尤其常见，说话情景也有助于表达意思，实际的意义往往是大于句子表面的意思。句法手段的省略，导致原有的形态性有所缺失，人们对句子的理解转而借助于情景，即语法意义由句子的组合关系来体现，文本的重要性明显提升。这种形态性的减弱，对文本依赖性的增加以及形式的简化和压缩恰恰是分析化现象的体现。与此同时，压缩和简化后的句子句法链条较为松散，各部分结合的紧密性减弱，易拆分和再组合，这也是分析化的体现。

　　句子压缩和简化的特点是将叙述中的某一部分略而不用，在保留原有结构意义的基础上"省略"某些可以不用的结构成素。其中被"省略"的结构成素不需要恢复即可以理解，整个结构的意义是通过句子中表现出来的成分衬托和反馈出来的。如：Она вечно про свои дела.

　　句子的压缩可以在句子层面，还可以在词组层面。例如：шашлык по-карски, Москва ночью, этюды маслом, очередь на квартиру, заявление на конкурс, варенье из вишни, варенье на меду, раствор из сахара, операция на сердце 等明显是省略了搭配上的形动词，使得结构的语法面貌发生了变化，比如：библиотека на общественных началах; кофе из Бразилии; рисунок карандашом 和 библиотека, организованная на общественных началах; рисунок, выполненный карандашом; кофе, привезенный из Бразилии 相比，这些词组中不同的功能都让位于限定功能，从而变得更加简洁，言语更加经济，同时意义也没有减损。不过也并非所有的这种名词性词组都是由扩展的动名词形式转换而来。

　　句子的压缩在俄语书面语中也是十分常见，我们把常见的句子压缩分为两种主要类型。第一类是由名词第一格（主体）和名词的间接格形式（带前置词或不带前置词）以及某些副词表示的缩略结构。应当说，这并不是一种新的句法现象，但过去这种结构主要表示事物的来源、性质鉴定、外部特征或主体的内心状态和处所等意义。近几十年来这种结构不仅使用更加频繁，而且语义范围更为扩大。它可以表示领属、方向、时间、原因、目的、用途、对象、内涵等多种意义。如：

Эта книга моей сестры.

Я на каток.

Жара за тридцать градусов уже с середины мая (Г. Потавская).

Перерыв на обед с 12 до 14.

Я не в гость, я по делу.

Эта закрытая столовая, – обьяснил Борис, – для сотрудников (Дети Арбата).

Я за фильмы, которые делают людей сильнее.

另一类缩略结构是由名词第四格（直接客体）和名词的其他间接格或副词（做补语或状语）表示的结构。近数十年来它广泛用作报刊标题。其中以кому-что 的结构更为常见。例如：

Человеку – заботу и внимание.

Городам – чистый воздух; Стройкам – комплексное оборудование.

Качеству – особое внимание.

Опыт передовых – всем предприятиям.

Знание – народу.

Искусство – в массы.

Пятилетку – в четыре года.

Распределение жилья – под рабочий контроль.

План – досрочно.

Вузы – народному хозяйству, Горному земледелию – промышленную базу; Ученые – родине.

На отпуск – самолётом.

Со шпаргалкой – на экзамен.

Технологии – на поток.

Будущее детей – в учёбе.

这一类句子的最大特点是没有动词性谓语。这类句子是通过动词谓语消失的方法派生而来，句子中虽然没有动词，但却能表达动词句所擅长的行为意义，比如运动、给予、言语行为等。事实上已经完成了动词的省略，并形成了自己的结构语义模式，实现了从言语省略到语言中消失的转换，并能脱离文本进行单独交际，是完整的句型。如果填上所缺的动词反而会使句子很累赘。这是由于运动动词、言语动词、方位动词、给予动词等与其后面的成分一起组成了述体组合，在动词缺少的情况下，名词间接格形式也能承担起述体功能，表现其模式的典型意义。

还有一类句子压缩现象，即现代俄语中非常流行的句法弱化（синтаксическая редукция）。指句法结构中去掉原来必需的语法环节，例如：

Фирма гарантирует (что? кому?)

Тема волнует (чем? кого?)

Теннисисты радуют (кого? чем?)

Высокое звание обязывает (к чему?)

Портрет на фоне (чего?)

俄语句法的压缩和简化是近数十年来俄语中使用十分广泛并且最能代表俄语简化趋势的句子结构，可以使话语更加简洁紧凑。它们最初大量产生于非正式语体，之后又逐渐渗入官方正式语体中。这里有语言中的经济原则在起作用，不过根本原因还是语言内部规律，即语言符号自身的矛盾性和不对称性。通常情况下，所指层面上的单位数量要大于能指层面上的单位数量。语言通常使用两种手段来弥补这个差距，或者扩展句子，使能指和所指尽量拉近，或者相反，压缩句子，只保留一般意义。使用第二种手段的话句子中的某些意义就会变成隐含性质的，这样就产生了句子的压缩和简化。句子的压缩和简化导致原有的形态性有所缺失，文本的重要性提升，这是分析化现象的体现。另外，压缩和简化后的句子句法链条较为松散，各部分结合的紧密性减弱，易拆分和再组合，也是分析化的体现。因此，我们认为，句子的压缩和简化符合分析化现象。

5.9　从属不定式结构的积极化

从属不定式是指动词不定式在句子中直接做补语或者后置定语的现象。我们认为，从属不定式结构的积极化也是俄语从综合语向分析语转变过程中出现的新的分析化形式。因为带有从属不定式结构的大量增加有助于摆脱名词间接格形式的使用，是语法形式的简化，也是句子结构黏着性增加的表现。不变化的动词不定式直接取代了需要变化的四格和二格成分，大大减少了句子成分的形态屈折性，同时也体现了句法链条的松散化和文本重要性的提升。如今在俄语报刊中出现了很多这样的结构，比如：

В налётах участвовали штурмовики Су-25 – специализированные машины, предназначенные, в принципе, для поддержания войск непосредственно на поле боя, **не бомбить города в тылу**.（НГ, 08. 09. 1998）

Это великая страна, приучающая к небу путём воспитания **жить подальше от людей**.（НГ, 10. 01. 1999）

Это не потому что он сторонник **влиять на то, что пишет пресса**.（Радио Свобода, 06. 12. 1997）

В одном интервью он не исключил для себя **занять пост премьера**, если Горбачёв станет президентом.（АиФ, 05. 01. 1996）

从属不定式是在最近几十年内才发展出的一种现象。20 世纪 60—70 年代在《Очерки синтаксической нормы》一书中 В. А. Ицкович（1982：122）就对该形式进行了详细的描述。其标准化发展过程十分快，可用不定式的范围也在扩展。比如以下在 1982 年被 В. А. Ицкович 认为是语言错误或非标准的例句，如今已经被认为是标准形式：

ЕЭС избегают **приобретать готовые изделия** латиноамериканского происхождения.

Перст Божий указывает Британии энергично **заняться созданием благоприятных условий**.

从属不定式出现的原因有很多，В. А. Ицкович 提出了两个：一是在该情况下可用的相应动名词的缺失 Я понимал бесполезность говорить с ним (говорения)；二是词汇和句法类似情况的影响，比如：ходатайствует информировать – ср. просит информировать 与 о том, чтобы。（В. А. Ицкович，1982：122）

我们认为还有一个导致动词不定式支配成分被省略掉的原因。这些搭配通常是结构（то）+ чтобы 省略的结果。这种省略在 20 世纪变得十分积极，并且引起了一系列的句法结果，其中就有上述现象。可以清晰地看到，如果将这个结构放入带有从属不定式的非标准句子中，它们就会变成标准句子，比如：претендует (на то, чтобы) исчерпать, воздерживаются (от того, чтобы) говорить, предпосылки (того, чтобы) поправить, инициатива (состоящая в том, чтобы) собрать представителей и т.д. Кроме того, частое опущение при глаголе прямого дополнения, управляющего инфинитивом (ср. Вы нарушаете, об этом процессе см.), также служит одним из постоянных источников подобных ошибок: не исключил для себя (возможность) занять пост премьера, мы упустили (возможность) направить народ к свободному волеизъявлению, откликнулись (на призыв) посоревноваться более тысячи. 因此，口语中存在的压缩和省略的倾向也扩展了从属不定式的使用环境。

5.10 同等成分的分析化趋势

同等成分是由两个或两个以上的词形联成的并列组合表达的句子成分。同等成分最重要的语法特征是表示双向的句法联系：一方面，同等成分相互间处于并列关系，另一方面，它们又与句中的另一成分发生性质相同的句法联系，起着相同的句法作用。其中发生性质相同的句法联系是区别是不是同等成分的重要条件之一。如：Отныне твоя жизнь принадлежит не тебе, а партии.（Фадеев）这里的 тебе 和 партии 就是同等成分。

标准语语法里规定，同等成分必须是相同支配关系，同一词类的词，必须考虑同等成分之间的一致性和协调性。不允许把不同支配关系、不同词类的词并列在一起作为同等成分，否则被认为是语法或修辞错误。而现代俄语报刊却无视这一规定，不考虑同等成分的一致性和协调性，直接把不同词形的词连在一起用作同等成分，造成同等成分不同等的现象。如：

Решение наиболее острых социальных проблем, в том числе **жилищной, транспортной, здравоохранения, торговли и бытового обслуживания**.（Известия 20. 06. 1986）

Обязательные условия – **свободное владение английским языком, работа во всех средствах связи, уметь водить автомобиль**.（Известия, 30. 01. 1991）

甚至连动词支配关系方面也有此类现象的出现。众所周知，动词的支配关系有强支配与弱支配之分，通常标准语语法要求及物动词接直接补语，不及物动词接间接补语。对此有着严格的规定，不得混用。否则就会违反语法和修辞规范，犯语法或修辞错误，如：

Наш декан **организует и руководит** студенческие кружки.

而现代俄语报刊语言却将及物动词与不及物动词支配同一直接补语。如:

Эти три страны намерены реагировать на все, что может **блокировать, мешать или замедлять** этот процесс.（Известия, 19. 03. 1993）

将不同词类的词作为同等成分罗列,这在口语中可以允许,但在书面语中有违规范,如今这种有违规范的现象在书面语中常有发生,这种有违规范的并列,反映了人们言语自由度的增长和句法结构黏着性的增强。使用这种结构的句子中各成分的语法外形会有不一致的现象,这就减少了变化,降低了句子成分的屈折性,同时也增加了文本的重要性,各不同词类、不同支配关系的词的并列使用也反映了句法链条的自由化和松散性,这些都体现了俄语分析化现象的深入。

5.11 句法分析化现象的原因

俄语句法的分析化现象既是语言的内部发展规律所决定的,词汇、语音、语法的发展虽不平衡,但它们却总是处于一种相互依存、制约、协调的统一体之中,由不平衡到平衡,形成了语言的渐变性这一特点;同时也是外部社会条件变化所引发的,外界的影响力对于词汇来说非常大,对于句法来说也不是毫不相干的。语言发展的内外因素在句法中以其独特的方式相互作用。句法内部的改变取决于大众传媒的发展以及口语交际的拓展等社会因素。

外因（社会因素）对句法结构的变化所起的作用主要表现在口语句法结构的普及和它对书面语句法结构的巨大影响。书面语和口语同是现代俄语两种应用性变体,二者之功能相异,但却相互关联,书面语不断地从口语中吸取营养成分以及各种表达方式和手段,以获得进一步的充实和发展,不论是词法或句法皆如此。Л. Б. Щерба 院士曾说过:"语言中的一切变化,可以说都是在日常口语中铸就和积累起来的。"[1]口语所特有的结构一直在不停地丰富着标准语。（Н. Ю. Шведова, 1966: 45）20 世纪 70—80 年代,现代俄语发生了巨大变化,尤其是复合句,因受口语体的影响而有进一步简化的趋势。80 年代初期的报刊文章 85%以上皆为简单句,复合句已减至 15%以

---

① Щерба Л В. *"Субъективный и объективный метод в фонетике."* *Языковая система и речевая деятельность* [М]. Москва: Наука, 1974: 128.

下，而且，口语化趋向十分明显。这是俄语句法朝着简洁化的分析型结构发展的明证。

根据传统句法学的理论，句子和句子之间有明显的界线，句子内部的句法关系也一样清晰。但在口语的句法中这种界线和句法关系会变得模糊，以往完整的句子被分割成许多部分，句子成分之间不再有明确的语法关系，语法意义只能通过其他手段（如词序、语调、停顿等）体现，句子中的语段链也被切断，有着重要语义的句子成分占据实义的位置（актуальная позиция）。这一切无形之中都在促使俄语句法结构向着分析化的方向继续发展。

口语句法对书面语句法产生的影响主要有两种方式：一是句子的分割化，二是句子结构中语法关系的弱化甚至于消除。口语句法的特点是言语的片断性（фрагментарность）和可分离性（расчлененность）。这些特点导致了俄语句法单位中分析性结构的大量增加。分析性句法结构的共同特点是：语言符号减少，文词加长；主位一格的任意扩张和独立；无信息负荷而仅有语法意义成分的省略……这些因素皆增强了俄语句法的分析性，削弱了它的严谨性、支配性和复杂的完整性。比如连贯的文本为了加强表达会分成几个部分，用逗号隔开，比如：И вот наступил последний предстартовый день. Ясный, солнечный, тихий。这其实就是我们所说的切分结构。

在各种内外因素以及口语的影响下，俄语句法结构变得越来越分割，越来越不完整，句法关系越来越弱化、自由化，同时也使得文本的作用得以提升，独立句子中词序的作用得以进一步强化。换言之，文本的完整性不再由各个连接成分来构建，而是由内容来决定，或者说文本的完整性在很大程度上由句子间的逻辑关系来决定。而这正是分析化现象的表现之一：用分割的形式（而非一个完整的词形）来构成某一句子的成分。

5.12 本章小结

1. 俄语的分析化现象不仅仅表现在构词层面和形态层面，还深入到了句法层面。形态学层面上分析化必须通过句法得以实现。也就是说，语言的任何变化最终都要达到句法这一层面。在分析化趋势增强这一大背景之下，句子结构中的分析化现象正在变得越来越明显，可能性也越来越强。

2. 现今俄语的句法面貌已经发生了非常大的变化。涌现出很多分析型的句子结构，其特点是完整的句子被分割成许多部分，句子成分之间不再有明确的语法关系，语法意义只能通过其他手段（如词序、语调、停顿等）体现，句子中的语段链也被切断，有着重要语义的句子成分占据实义的位置（актуальная позиция）。以往连续的句法链条、鲜明的从属关系发展到今天较为松散的结构，各成分之间相对独立，句法联系较为隐秘。音律面貌也发生了变化：句段长度大大缩短，句子成分间的分散破坏了句子的句法框架，依附和并列类型的自由句法联系越来越活跃，句子的表现力越来越多地通过语法结构本身而不是词汇来体现。句法构造变得越来越分散，越来越片段化；形式上的句法联系越来越弱，越来越自由。句法联系以及自由依附关系和并列关系的大大弱化，这一切无形之中皆增强了俄语句法的分析性，削弱了它的严谨性、支配性和复杂的完整性。

3. 俄语句法层面分析化的具体表现有：分析性动名词词组的大量出现和使用、前置词使用的积极化、格范畴内分析化现象的体现、意义一致倾向、述谓单位的繁化、接续和切分结构、复指结构、句子的压缩和简化、从属不定式结构的积极化和同等成分的分析化趋势等。

4. 俄语句法的分析化现象既是语言的内部发展规律所决定的，词汇、语音、语法的发展虽不平衡，但它们却总是处于一种相互依存、制约、协调的统一体之中，由不平衡到平衡，形成了语言的渐变性这一特点；同时也是外部社会条件变化所引发的，外界的影响力对于词汇来说非常大，对于句法来说也不是毫不相干的。语言发展的内外因素在句法中以其独特的方式相互作用。句法内部的改变取决于大众传媒的发展以及口语交际的拓展等社会因素。

结　论

通过本文五个章节中的理论梳理、研究综述、术语界定和大量的例证对比、解释、说明之后，我们可以得出以下结论。

一、分析语和综合语作为不同的语言类型，各有特色，各有优缺点，它们在不同时期满足了不同民族的不同需求，都为人们的交际做出了贡献。每个民族都根据其需要选择了相应的语言类型。同一民族在不同历史时期所选择的类型也会发生变化。印欧国家大多选择了变化复杂的综合语，共同的原因主要在于：1）古拉丁语和古希腊语的影响，这两种语言随着基督教文化一起迅速传播至西方各国，它们严谨的语法结构和精细的表达方式有利于教义和各种政府告示的精准表达和传播，因而受到了旧时社会上层阶级的青睐；2）在封建社会，人的逻辑思维普遍不发达，综合语严密的语法变化规则有利于人们逻辑思维能力的提高，因而成了许多民族的选择；3）古西方国家多是法制社会，万事讲究以法理为准，各种法律条款的制定越精细到位越好，对语言来说亦是如此，语法也是法，只不过法律限制的是人，而语法限制的是语言单位，与法律条款的制定同理，越精细的语法规则统领下的语言表达就越精准到位。

如今的社会与之前相比，已经发生了很大的变化，在快速交际为主且人人都是交际参与者的信息爆炸时代，人们会倾向于选择形式更加简约、更加方便的分析语作为交际手段。而且此时人们的思维也已经十分发达，已经没有必要再通过学习复杂的语法系统来提升逻辑思维能力，此时过于冗余的语法反而对记忆和表达造成了负担。

我们不能就此判断综合语和分析语孰优孰劣，只能说存在即是合理，每一种现象、每一种选择背后都是多种主客观因素共同作用的结果。

二、语言的分析化就是一门以综合性表达为主的语言逐渐向分析性表达为主转变的过程。主要表现在：（1）语法意义从通过由词汇表达转向由句子表达；（2）语法意义从集中在一个词上变为分摊到不同的句子成分上；（3）

词、词组或句子的组成部分由不可分变为可分。

三、现阶段印欧语言中普遍出现了分析化的发展趋势，这是语言内外因素共同作用的结果。内因主要是指语言内部各种矛盾的互相作用、互相斗争，这决定了语言的发展方向；外因主要是指社会、文化、历史等因素，决定了语言的发展速度。现代俄语的分析化现象也是在内外因共同作用下出现的，本文中对这些内外因素都进行了分析。这种分析化正日趋明显，形成由量变到质变的发展，这也是我们所说的分析化现象。

四、语言的分析化现象也有其哲学依据，"分析性"与"可分解性"在概念上的相关就是语言哲学对分析化一词进行释义的基础。《新哲学词典》对语言的定义为，语言作为一种符号体系其基本的特征是能够全方位表达人类的认知过程和认知状态，以及作为认知结果的对世界的整体想象。既然分析和综合是认识世界和表达世界的必然过程，而语言又是对人类认识世界的过程、状态和结果的全方位的表达，那么语言必然是分析性的（其单位意义的可分解性，并可按照一定的规则将其组合起来）。

五、语言的分析化具体表现为语言各层级组成部分的可分解性程度的增强，不论是构词层面上的黏着性构词方式的积极化，还是形态层面上的不变化词的大量出现，甚至是句子层面上的各成分之间结合紧密性的下降、松散性的增加，均属于此。

六、语言是一个系统，俄语的分析化现象也绝不是孤立地呈现在某一语言层级上，而在语言的各个层级都有所体现，从构词到形态，到句法，其中表现最为明显的是形态层面，主要体现为不变化词的大量出现，除了常见的不变化名词、副词大量出现之外，俄语形态层面还出现了一类比较特殊的分析化形容词，以及兼类词和同音异义词做分析化定语。构词分析化的典型表现是黏着性构词方式的积极化。本文中对黏着性和分析性之间的关系进行了详细的阐释。句法层面的分析化主要指句子结构变得越来越松散，句子各成分之间结合的紧密性下降，比如句法层面格功能的弱化、前置词使用的积极化，复指结构、切分结构和接续结构的大量使用，文本重要性的增加等。

七、语言分析化作为一种符合现代人类社会心理需求的趋势，将会持续深入发挥作用。在此大背景之下，很多印欧语言都已经完成了这一进程，从复杂多变的综合语转变成了简单易用的分析语。我们不敢断言俄语将来一定会变成一门分析语，就像一百多年以前没有人敢断言英语会变成一门分析语一样。但是，分析化进程的脚步在俄语的各个层面都不会就此停止，发展就是趋势。

八、本文梳理并理清语言类型学中的基本概念及主要特征，并在此基础上对现代俄语各层级的分析化趋势进行归纳与分析，总结现阶段俄语各层级分析化现象的特点与产生原因，并对俄语的未来发展进行预测。因此本研究对认识语言的发展规律有启发作用，对俄语教学实践提供一定的理论指导，对 20 世纪末 21 世纪初俄语新词的描写和词典编撰也有着积极的意义。研究的结论和语料对有效学习和使用俄语进行工作和交流有积极意义。

九、由于时间仓促，研究者能力和精力有限，本文尚存在一些需要提高和完善的方面，主要有：

1）某些例句的精准性需要进一步的提高；

2）对分析化现象的原因还可以进行更全面的总结和更深入的挖掘；

3）多增加一些具体的可视化的数据对比，说服力会更强；

4）历时性的动态研究方面还需要提升。

以上不足将是我们下一步重点研究的方向。

参考文献

［１］Авилова Н С. *Слова интернационального происхождения в русском литературном языке нового времени (глаголы с заимствованной основой)* [М]. Лениград: Наука, 1967: 456.

［２］Акимова Т Н. *Аналитические конструкции в языках различных типов* [М]. Наука, АН СССР ИЯ. Москва: Академия наук, 1965: 58-69.

［３］Акимова Т Н. *Новое в синтаксисе современного русского языка* [М]. Москва: Высшая школа, 1990: 168.

［４］Астен Т Б. *Аналитизм номинации: когнитивное содержание и прагматика неизменяемых существительных в русском языке в сравнении с другими славянскими языками* [М]. Ростов-на-Дону: РГЭУ (РИНХ), 2003: 43, 227.

［５］Астен Т Б. *Аналитизм в системе морфологии имени: Когнитивный и прагматический аспекты* [М]. Ростов-на-Дону: РГЭУ (РИНХ), 2003: 301.

［６］Ахманова О С. *Словарь лингвистических терминов* [М]. Москва: Советская Энциклопедия, 1966: 67, 457.

［７］Балли Ш. *Общая лингвистика и вопросы французского языка* [М]. Эдиториал: УРСС, 2001: 416.

［８］Белошапкова В А. *Изменения в субстантивных словосочетаниях. Изменения в системе словосочетаний* [М]. Лениград: Наука, 1964: 164.

［９］Богородщкий В Ш. *Общий курс русской грамматики* [М]. Лениград: Гос. соц; экон-. издо-во, 1935: 354.

［１０］Бондаревский Д В. *Большой энциклопедический словарь* [М]. Москва: научное издательство, 1999: 48, 1100.

［１１］Бондаревский Д В. *Категория неизменяемых прилагательных в современном русском языке* [М]. Ростов-на-Дону: канд. филол. наук, 2000: 5-

9, 252.

［12］Бондарко А В. *Грамматическое значение и смысла* [M]. Лениград: Наука, 1978: 176.

［13］Бодуэн де Куртенэ. *Большая советская энциклопедия* [M]. Москва: Советская энциклопедия, 1969-1978.

［14］Борисенко В В. *Перестройка в современном русскоя языке, Международный конгресс русистов-исследователей: Труды и материалы* [D]. Москва: МГУ, 2007: 211.

［15］Бранднер А К. *Некоторым сдвигам на морфологическом уровне современного русского языка* [J]. Русский текст и русский дискурс, 2003 (4): 252.

［16］Буслаев Ф И. *Историческая грамматика русского языка* [M]. Москва: издание братьев Салаевых, 1959: 234-256.

［17］Букчина Б З. *Слитно или раздельно?* [M]. Москва: Русский язык, 1998: 11, 13, 482.

［18］Бытева Т Н. *Очерки по русской перифрастике* [M]. Москва: ООО Издательство «Элпис», 2008: 303.

［19］Валгина Н С. *Активные процессы в современном русском языке. Учебное пособие для студентов вузов* [M]. Учебное издание. Москва: Издательство «Логос», 2003: 156, 206.

［20］Васильев Л М. *Современная лингвистическая семантика* [M]. Москва: Высшая школа, 1990: 176.

［21］Виноградов В В. *Очерки по истории русского литературного языка* [M]. Москва: Высшая школа, 1938: 42, 137, 438, 530, 533, 534.

［22］Виноградов В В. *Понятие внутренних законов развития языка в общей системе марксистского языкознания* [J]. ВЯ, 1952 (2): 33, 79.

［23］Виноградов В В. *Русский язык. Грамматическое учение о слове* [M]. Лениград: Наука, 1972: 39, 102, 271, 302.

［24］Виноградов В В. *Основные этапы истории русского языка. Избранные труды. История русского литературного языка* [С]. Лениград: Наука, 1978: 88-90.

［25］Винокур Г О. *Язык. Культура. Гуманитарное знание* [J]. Научный мир, 1999 (6): 44-90, 134.

［26］Волкина Н С. *Активные процессы в современном русском языке* [J]. Логос, 2001 (3): 157, 304.

［27］Востоков А Х. *Русская грамматика Александра Востокова, по начертанию его же сокращенной граммтики изложенная* [M]. Санкт-Петербург: СПБ, 1838: 98.

［28］Воронцова В Л. *Функционирование морфологических средств в различных типах речи. Русский язык в его функционировании: уровня языка* [C]. Санкт-Петербург: СПБ, 1996: 405.

［29］Гак В Г. *Теоретическая грамматика французского языка* [M]. Москва: Добросвсет, 2000: 832.

［30］Гловинская М Я. *Активные процессы в грамматике (на материале инноваций и массовых языковых ошибок)* [C]. Москва: Языки славянской культуры, 1996: 304.

［31］Гловинская М Я. *Изменения в морфологии и синтаксисе* [M]. Москва: Издательство «Элпис», 1997: 67.

［32］Гловинская М Я. *Активные процессы в грамматике* [C]. Москва: ИРЯ РАН Русский язык конца XX столетия, 2000: 42, 245.

［33］Гловинская М Я. *Общие и специфические процессы в языке эмиграции и метрополии* [J]. Языки славянской культуры: венский славистический альманах, 2001 (6): 496, 341-481.

［34］Голанова Е И. *О «мнимых сложных словах» (развитие класса аналитических прилагательных в современном русском языке)* [C]. Москва: Лики языка, 1998: 45.

［35］Горбачевич К С. *Трудности словоупотребления и варианты норм русского литературного языка* [M]. Лениград: Наука, 1973: 395.

［36］Горбачёв М С. *Жанр: исторический источник* [M]. Москва: Политиздат, 1990: 35, 78, 96, 118.

［37］Граудина Л К. *Вопросы нормализации русского языка* [J]. Грамматика и варианты, 1980 (1): 33.

［38］Диброва Е И. *Словообразование* [M]. Санкт-Петербург: Академия, 2000: 81.

［39］Долешаль У О. *Несклоняемости существительных; и тенденции к аналитизму* [J]. Варваризация языка, ее суть и закономерности.

Санкт-Петербург: Академия, 2000 (11): 79.

［40］Есперсен О. *Философия грамматики* [M]. Москва: УРСС, 2002: 408.

［41］Жирмунский В М. *Развитие строя немецкого языка* [J]. Изв. АН СССР. Отд. обществ, наук, 1935 (3): 209.

［42］Жирмунский В М. *От флективного строя к аналитическому* [C]// *Вопросы немецкой грамматики в историческом освещении*. Москва: АН СССР, 1935: 66.

［43］Земская Е А. *Русская разговорная речь: лингвистический анализ и проблемы обучения* [M]. Лениград: Наука, 1979: 509.

［44］Земская Е А. *Активные процессы пополнения словарного состава русского языка в 80-90 годах X X века* [M]. Москва: УРСС, 1993: 306.

［45］Земская Е А. *Активные процессы современного словопроизводства: Русский язык конца XX столетия (1985-1995)* [M]. Москва: УРСС, 1996: 78.

［46］Земская Е А. *Лингвистическая мозаика: Особенности функционирования русского языка последних десятилетий XX в.* [M]. СПб: Ферм Л, 1997: 443.

［47］Земская Е А. *Активные процессы в русском языке последнего десятилетия XX века* [M]// *Русская речь.* Москва: УРСС, 1998: 209.

［48］Иванчикова Е А. *Синтаксис художественной прозы Достоевского* [M]. Лениград: Наука, 1979: 33, 123.

［49］Ильина Н Е. *Рост аналитизма в морфологии* [C]// *Русский язык конца XX столетия: 1985-1995.* Москва: УРСС, 1996: 327-356.

［50］Ицкович В А. *Очерки синтаксической нормы* [M]. Москва: Либроком, 1982: 122-123.

［51］Ицкович В А. *Очерки синтаксической нормы II* [M]. Москва: Либроком, 1992: 109.

［52］Касаткин Л Л, Клобуков Е В, Лекант П А. *Краткий справочник по современному русскому языку* [M]. Москва: Высшая школа, 1995: 77, 123-134, 225.

［53］Карцевский С О. *Язык, война и революция* [M]. Берлин: Русское универсальное издательство, 1923: 45.

［54］Клобуков Е В. *Теоретические проблемы русской морфологии* [M].

Москва: Издательство Московского университета, 1979: 35.

［55］Клобуков Е В. *Позиционная морфология русского языка* [J]. Серия литературы и языка, 2000 (4): 242, 636.

［56］Клобуков Е В. *Введение в морфологию* [M]// *Современный русский литературный язык: Учебник.* Москва: Высшая школа, 2001: 86, 462.

［57］Кнорина Л В. *Освоение новых слов в связи с тенденцией русского языка к аналитизму* [M]// *Языковая практика и теория языка.* Москва: МГУ, 1978: 23, 98-123.

［58］Кнорина Л В. *Грамматика, Семантика, Стилистика* [M]. Москва: Наука, 1996: 23, 54, 239.

［59］Колесников А А. *Аналитизм в грамматической системе современного русского языка* [M]. Москва: Измаил: б.и., 1992: 128.

［60］Костомаров В Г. *Языковой вкус эпохи* [M]. Санкт-Петербург: Издательство Златоуст, 1994: 45, 73, 87.

［61］Костомаров В Г. *Краткая русская грамматика* [M]. Москва: ИРЯ РАН, 2002: 270, 726.

［62］Крушевский Н В. *Очерк науки о языке* [M]. Казань: Издательство Эксмо, 1883: 73, 112.

［63］Крысш Ш Г. *Новые аналитические прилагательные, и явление хиатуса* [C]. Москва: Языки славянских культур, 2001: 544.

［64］Купина Н А. *Рецензия на коллективную монографию «Русский язык конца XX столетия* [C]. Москва: Вопросы языкознания, 1999: 76.

［65］Лаптева О А. *Живая русская речь с телеэкрана: разговорный пласт телевизионной речи в нормативном аспекте* [M]. Москва: Едиториал УРСС, 1999: 45.

［66］Ленин В И. *Философские тетради. Поли* [C]. Сочи: Издательство Жизни, 1969: 317.

［67］Левит З Н. *О понятии аналитической лексической единицы: Проблемы аналитизма в лексике* [M]. Минск: Издательство СКБ, 1967: 5-19.

［68］Леонтьев А А. *Слово в речевой деятельности* [M]. Лениград: Наука, 1965: 67-89, 202.

［69］Лопатина В В. *Русский орфографический словарь Российской академии наук: Виды плеонастических выражений в разноструктурных языках* [M]. Саратов: Издательство Знания, 1985: 101-105.

［70］Мейе А. *Введение в сравнительное изучение индоевропейских языков* [M]. 1938. Саратов: 3-е изд. URSS, 2002: 403-412.

［71］Мельников Г П. *Системная типология языков: Синтез морфологической классификации языков со стадиальной* [M]. Саратов: Издтельство РУДН, 2000: 68.

［72］Мельчук И А. *Курс общей морфологии. Слово* [C]// *Языки русской культуры.* Москва: Вена, 1997: 74.

［73］Мечковская Н Б. *Общее языкознание: Структурная и социальная типология языков* [M]. Флинта: Наука, 2001: 612.

［74］Мечковская Н Б. *История языка и история коммуникации: от клинописи до Интернета: курс лекций по общему языкознанию* [M]. Флинта: Наука, 2009: 268, 584.

［75］Мучник И П. *Грамматические категории глагола и имени в современном русском литературном языке* [M]. Флинта: Наука, 1971: 257, 259, 281, 298.

［76］Никитин М В. *Лексическое значение слова: Структура и комбинаторика* [M]. Москва: Высшая школа, 1983: 25, 321.

［77］Николенко О Ю. *Современные тенденции развития лексико-семантической группы наименований родства* [M]. Омск: Изд-во ОмГПУ, 2008: 56.

［78］Никуличева Д Б. *О функциональном и структурном понимании аналитического строя и о синтагматике дискретности как структурной доминанте аналитизма* [C]. Серия: Лингвистика и межкультурная коммуникация. Новосибирск: Наука, 2006: 39-47.

［79］*Новейший философский словарь* [M]. Москва: Книжный дом, 2003: 78.

［80］Ожегов С И. *Словарь русского языка* [M]. Москва: 3-е изд, 1953: 46.

［81］Ожегов С И. *Очерки по исторической грамматике русского, литературного языка XIX века: Изменения в словообразовании и формах существительного и прилагательного* [M]. Москва: Наука, 1964: 600.

［82］Панов М В. *Русский язык и советское общество Том III Глава* четвёртая: *Рост элементов аналитизма в предикативных морфологических единицах* [M]. Москва: Языки славянской культуры, 1968: 8, 24-32, 45-57, 105-111, 258, 432.

[83] Панова Г И. *Морфология русского языка: Энциклопедический словарь-справочник* [M]. Москва: КомКнига, 2010: 448.

[84] Панов М В. *Об аналитических прилагательных. Фонетика. Фонология. Грамматика* [M]. Москва: Наука, 1971: 6-7, 111.

[85] Панов М В. *Труды по общему языкознанию и русскому языку: I* [C]. Москва: Наука, 2004: 568.

[86] Панов М В. *Труды по общему языкознанию и русскому языку: II* [C]. Москва: Наука, 2007: 19, 848.

[87] Петерсон М Н. *Русский язык: Пособие для преподавателей* [M]. Москва: Гос. изд-во, 1925: 30, 78-89.

[88] Плоткин В Я. *Строй английского языка* [M]. Москва: Высшая школа, 1984: 24, 84, 254.

[89] Поливанов Е Д. *За марксистское языкознание* [M]. Москва: Наука, 1931: 456.

[90] Поливанов Е Д. *Русская грамматика в сопоставлении с узбекским языком* [M]. Ташкент: Наука, 1933: 182.

[91] Поликарпов А А. *Элементы теоретической социолингвистики* [M]. Москва: МГУ, 1976: 8, 99.

[92] Пономарева З Н. *Графический образ иноязычного слова в современных русских текстах* [J]. Мир русского слова, 2001 (2): 501.

[93] Потебня А А. *Из записок по русской грамматике* [M]. Москва: Академии Наук СССР, 1968: 66, 320.

[94] Приорова И В. *Идеографическое поле несклоняемых существительных* [M]. Волгоград: Наука, 2001: 18.

[95] Реформатский А А. *Лингвистика и поэтика* [M]. Москва: Наука, 1987: 28, 88.

[96] Рощина Ю В. *Проявления тенденции к аналитизму в современной русской морфологии (на материале предметных и 190 признаковых слов)* [D]. Москва: МГУ, 2005: 333.

[97] Руберт И Б, Генидзе, Н К. *Аналитические тенденции в языковой*

эволюции [J]. Филологические науки, 2003 (8): 54-63.

［98］Руберт И Б. *Русский язык: Вопросы его истории и современного состояния* [M]. Москва: Наука, 1978: 182, 289.

［99］Руберт И Б. *Русский язык: исторические судьбы и современность* [M]. Москва: Изд-во МГУ, 2001: 27-28, 260.

［100］Сепир Э. *Язык. Пер. С англ* [M]. Москва: Соцэкгиз, 1934: 128.

［101］Серебренников Б А. *Роль человеческого фактора в языке: Язык и картина мира* [M]. Москва: Наука, 1988: 216, 240.

［102］Серебренников Б А. *Современный русский язык: Теория. Анализ языковых единиц. Фонетика и орфоэпия. Графика и орфография. Лексикология. Фразеология. Лексикография. Морфемика* [M]. Москва: Академия, 2003: 35-42.

［103］Солнцева Н В. *Анализ и аналитизм. Аналитические конструкции в языках различных типов* [M]. Москва: Наука, 1965: 80-89.

［104］Стахеев Г А. *Аналиты и образования с ними в современном русском литературном языке (вопросы чистого сложения): автореф. дис. канд. филол. наук: спец* [J]. Русский язык, 1973 (10): 10.

［105］Степанов Г В. *Язык. Литература. Поэтика* [M]. Москва: Наука, 1988: 44.

［106］Супрун А Е. *Вероятностный характер языка и описание грамматической системы* [C]// *Грамматическое описание славянских языков: Концепции и методы*. Москва: КРАТСиУ, 2003: 354.

［107］Тимофеев Б. *Правильно ли мы говорим* [M]. Москва: Лениздат, 1963: 90.

［108］Тираспольский Г И. *Морфолого-типологическая эволюция русского языка* [M]. Москва: КРАТСиУ, 2003: 354.

［109］Успенский Б А. *Структурная типология языков* [M]. Лениград: Наука, 1965: 72.

［110］Ушакова Е М. *Синтаксические функции несклоняемых прилагательных в древнерусском языке* [M]. Лениград: Наука, 1974: 78, 126-128.

［111］Филин Ф П. *Противоречия и развитие языка* [D]. Москва: Вопросы языкознания, 1980: 8-20.

［112］Чернышев В И. *Правильность и чистота русской речи* [M]. Москва: ЛКИ, 1915: 37.

［113］Шапошникова И В. *Становление аналитизма как диахроническая типологическая константа в английском языке. Аналитизм германских языков в историко-типологическом, когнитивном и прагматическом аспектах* [M]. Новосибирск: Знание, 2005: 7-26.

［114］Шарафутдинов Д Р. *Аналитические глаголы в современном русском языке: к вопросу о глагольных междометиях* [M]. Екатеринбург: Изд-во, Уральского университета, 1997: 517, 357-390.

［115］Шахматов А А. *Историческая морфология русского языка* [M]. Москва: Учпедгиз, 1957: 28.

［116］Шведова Н Ю. *О некоторых активных процессах в современном русском синтаксисе* [J]. Вопросы языкознания, 1964 (2): 66.

［117］Шведова Н Ю. *Активные процессы в современном русском синтаксисе* [M]. Москва: Просвещение, 1966: 40-52.

［118］Шведова Н Ю. *О некоторых активных процессах в современном русском синтаксисе* [M]. Москва: Наука, 1974: 11-23.

［119］Шведова Н Ю. *Русская грамматика в 24х: I* [M]. Москва: Наука, 1980: 666.

［120］Шведова Н Ю. *Русская грамматика в 24х: II* [M]. Москва: Наука, 1980: 556.

［121］Шведова Н Ю. *Русская грамматика в 24х: III* [M]. Москва: Наука, 1980: 239.

［122］Шлейхер А. *Темы имен числительных (количественных и порядочных) в литво-славянском и немецком языках* [C]. Москва: Академия наук, 1866: 376.

［123］Шлейхер А. *Электронная версия, «Грамота Ру»* [M]. Москва: Издательство Мир и Образование, 1990: 390.

［124］Шлейхер А. *Языкознание* [J]. Большой энциклопедический словарь, 1998 (5): 159, 332, 512.

［125］Шлейхер А. *Языкознание* [J]. Большой энциклопедический словарь, 2000 (7): 31, 456.

［126］Якобсон Р О. *Некоторые вопросы лингвистический семантики*

[R]. Москва: Доклад на ученом совете Института русского языка АН СССР, 1966: 88, 205-213.

[127] Ярцева В Н. *Проблема аналитического строя и формы анализа* [J]. Языкознание, 2000 (7): 56.

[128] Nicolas Berdyaev. *The Russian idea* [G]. Translated by R M French. London: Geoffrey Bles, 1947: 7.

[129] Frei H. *La grammire des fautes* [M]. Bellegarde: Saanen Hans ErhardL, 1929: 567.

[130] Jakobson R, Fant G, Halle M. *Preliminaries to Speech Analysis* [M]. Cambridge: MIT Press, 1963: 34.

[131] Jespersen O. *Language, its Nature, Development and Origin* [D]. London: George Allen and Unwin, Ltd, 1922: 78.

[132] Martinet A. *La linguisrique, Guide alphabetique* [J]. R'egularisation d"in'equations variationnelles par approximations successives, 1969 (3): 10.

[133] Leech G, Myers G, Thomas J. *Spoken English on Computer: Transcription, Mark-up and Application* [M]. London: George Allen and Unwin, Ltd, 1995: 1, 45.

[134] Meillet A. *Linguistique historque et linguistique generale* [M]. Paris: E. Champion, 1936: 17.

[135] Passy P. *Etudes sur les changements Phonetiques et leurs characteres generaux* [M]. Paris: E. Champion, 1890: 88.

[136] Palmer F R. *Semantics* [M]. London: Cambridge University Press, 1981: 12-17.

[137] Sapir E. *Language: An introduction to the study of speech* [M]. New York: Harcourt, Brace & co, 1921: 134.

[138] Sapir E. *Internal linguistic evidence suggestive of the Northern origin of the Navaho* [J]. American Anthropologist, 1936 (11): 38.

[139] Saussure F de. *Course in General Linguistics* [M]. Geneva: Charles Bally Albert Sechehaye, 1916: 64.

[140] 汉斯·约阿西姆·施杜里希. 世界语言学史 [M]. 吕叔君, 官青, 译. 济南: 山东画报出版社, 2009: 208—214.

[141] 裴特生. 十九世纪欧洲语言学史 [M]. 钱晋华, 译. 北京: 世界图书出版社, 2010: 102—110, 254.

［142］崔卫．俄语口语句法中的分析化趋势［J］．外语研究，1998（3）：30—40．

［143］崔卫，刘戈．对比语言学导论［M］．哈尔滨：黑龙江人民出版社，2000：35．

［144］达尔文．物种起源［M］．周建人，叶笃庄，方宗熙，译．北京：商务印书馆，1995：35—39．

［145］洪堡特．论人类语言结构的差异及其对人类精神发展的影响［M］．姚小平，译．北京：商务印书馆，1999：47—49．

［146］刘丹青．语言类型学与汉语研究［J］．世界汉语教学，2003（4）：78—89．

［147］穆慧春，曲雅静．俄语前置词与汉语介词差异研究［J］．吉林省教育学院学报，2006（6）：56—64．

［148］王远新．语言理论与语言学方法论［M］．北京：教育科学出版社，2006：113．

［149］章宜华．语义认知释义［M］．上海：上海外语教育出版社，2009：10．

［150］万献初．汉语构词论［M］．武汉：湖北人民出版社，2004：124—156．

［151］牛立伟．当代俄语的分析化趋势：描写与分析［D］．洛阳：解放军外国语学院，2005．

［152］何荣昌．俄语口语与俄语语法新现象［J］．外语研究，1993（3）：78—85．

［153］何荣昌．现代俄语语法结构中的新现象［J］．外语学刊，1987（1）：132—145．

［154］李玮．谈谈现代俄语中的减缩词［J］．俄语学习，2001（6）：105—110．

［155］刘丹青．语言类型学与汉语研究［J］．世界汉语教学，2003（4）：88—92．

［156］高本汉．Le proto-chinois, langue flexionelle（原始汉语是屈折语）［J］．亚细亚杂志，1920（1）：15．

［157］高本汉．Cognate words in chinese phonetic series（汉语语音系列中的同源词）［M］．BMFEA，1956：28．

［158］高本汉．Word families in chinese（汉语词族）［J］．远东文物博

物馆馆刊，BMFEA，1933（3）：5.

[159] 岑麒祥. 语言学史概要 [M]. 北京：北京大学出版社，1988：253—255.

[160] 金理新. 上古汉语形态研究 [M]. 合肥：黄山书社，2006：45—67.

[161] 金理新. 论形态在确定汉藏同源词中的重要意义 [J]. 温州师范学院学报，2000（4）：37—40.

[162] 金理新. 上古汉语的~*l- 和 ~*r- 辅音声母 [J]. 温州师范学院学报，1999（4）：78—89.

[163] 金理新. 上古汉语的 *-l- 中缀 [J]. 温州师范学院学报，2001（5）：50—60.

[164] 金立鑫. 什么是语言类型学 [M]. 上海：上海外语教育出版社，2011：108—115.

[165] 林玉山. 世界语言学史 [M]. 长沙：湖南人民出版社，2009：305—315.

[166] 钱军. 共时与历时：布拉格学派理论研究之一 [J]. 外语学刊，1996（2）：145—156.

[167] 曲辰. 语言形态类型学的分析和综合概念 [J]. 语文学刊，2014（12）：80—90.

[168] 什维多娃. 苏联科学院俄语语法：上卷 [M]. 胡孟浩，译. 上海：上海外语教育出版社，1991：275—304.

[169] 徐通锵. 历史语言学 [M]. 北京：商务印书馆，1996：205—210.

[170] 徐英平. 俄语词语组合分析化趋势解析 [J]. 中国俄语教学，2006（4）：110—120.

[171] 徐英平. 俄汉词语构造的多维思考 [M]. 哈尔滨：黑龙江人民出版社，2012：120—130.

[172] 朱蝶，杨可. 现代俄语词法分析化趋势的发展 [J]. 中国俄语教学，2005（2）：78—89.

[173] 庄晓惠. 浅论俄语发展的几个显著规律 [J]. 内蒙古财经学院学报，2004（2）：83—89.

[174] 褚敏. 当代俄语句法结构中的分析化现象 [J]. 外语与外语教学，2009（1）：108—118.

［175］褚敏．现代俄语中的分析性形容词［J］．中国俄语教学，2010（1）：75—85．

［176］周绍珩．马丁内的语言功能观和语言经济原则［J］．国外语言学，1980（4）：135—145．

[17]『　　』「　　　　　　　　　　　」　　中国　　　，2010
（1）：75-78。

[18]『　　』「　　　　　　　　　　　　　　　　」　　　　　，
1981（7）：155-145。

个人科研成果

1.《从俄罗斯笑话看俄罗斯文化》，收入《俄语语言与文化研究新视野》，哈尔滨：黑龙江人民出版社，2011 年版。

2.《俄语语言游戏与网络语言研究》，载《外语教学》，2012 年专刊。

3.《古典修辞学与西方新修辞学核心理论对比研究》，载《四川外语学院学报（哲学社会科学版）》，2012 年第 2 期。

4.《俄语网络语言的特点》，收入《俄语言语学研究》，2012 年版。

5.《汉俄军事大词典》，北京：军事谊文出版社，2012 年版。（合著，排名第 9）

6.《俄语初级视听说教程（学生用书）》，北京：外语教学与研究出版社，2013 年版。（合著，排名第 4）

7.《俄语初级视听说教程（教师用书）》，北京：外语教学与研究出版社，2013 年版。（合著，排名第 4）

8.《论现代俄罗斯报纸定位的演变》，收入《东北亚语言文化研究》，南京：东南大学出版社，2014 年版。

9.《现代俄语中不变化外来名词的主要类型》，收入《俄语·俄罗斯研究论丛（第一辑）》，广州：世界图书出版广东有限公司，2015 年版。

10.《基于 М. В. Панов "二元对立论"的俄语分析化发展趋势分析》，载《解放军外国语学院学报》，2016 年第 3 期。

致　谢

　　本篇论文总共将近 20 万字，历时五年完成，在写作期间，我受到了很多人的热心帮助，其中有我的导师、我的家人、我的同事、我的朋友……没有他们的帮助，我是不可能完成这样一部作品。

　　最应该感谢我的导师——令人尊敬和景仰的孙汉军教授，在我读博期间，他不辞辛苦地对我进行培养和教导，哪怕是在节假日，或身体不适的时候，也都坚持为我批阅修改论文。他渊博的专业知识，严肃的科学态度，严谨的治学精神，精益求精的工作作风，诲人不倦的高尚师德，严以律己、宽以待人的崇高风范，朴实无华、平易近人的人格魅力都深深地影响和激励着我。老师不仅为我树立了远大的学术目标，使我掌握了基本的研究方法，也教会了我许多待人接物和为人处世的方法。在此对他表示诚挚的谢意和崇高的敬意！

　　感谢学校给了我学习的机会！感谢所有授我以业的老师，王松亭教授、易绵竹教授、崔卫教授、杨仕章教授、陈勇教授都曾精心地培养和指导过我，没有这些年知识的积淀，我就没有这么大的动力和信心去完成这篇论文。感谢张凤教授、赵亮副教授、徐艳宏老师在开题过程中对我提出过宝贵的建议！感谢熊友奇教授在教学任务分配上给予的照顾！感谢预答辩时北京大学的王辛夷教授、广东外语外贸大学的杨可教授对我的论文给予的肯定、鼓励和指导！

　　还有我的同事们，这五年来他们替我分担了不少课业任务，还对我的写作给予了真诚的帮助和鼓励。在此也对他们表示真诚的感谢！

　　家人也给我付出了很多。为了让我有更多的时间学习，他们主动承担了很多的家务，为我提供了温馨和谐的创作氛围，这是我完成这部论文所必不可少的先决条件！感谢我的孩子，为了完成论文，几乎没有时间陪伴她！

最后，我要向百忙之中抽时间对本文进行审阅、评议和参与本人论文答辩的各位老师表示感谢！感谢各位老师对我的论文批评指正，使我及时完善论文的不足之处！

作　者

二〇二〇年四月